石油教材出版基金资助项目

石油高等院校特色规划教材

燃气站场工艺与设备

(富媒体)

吴晓南 主编

石油工业出版社

内 容 提 要

本书主要讲述了燃气站场的工艺和设备,具体包括天然气输气站场、天然气门站和储配站,以及压缩天然气站场、液化天然气站场、液化石油气储配站的工艺和设备等。本书依托西南石油大学城市燃气虚拟仿真实验中心,以二维码为纽带,加入了富媒体教学资源,帮助读者更深入学习燃气站场的相关知识。

本书可作为建筑环境与能源应用工程专业燃气工程方向、油气储运方向学生的本科教材,也可作为相关专业的参考教材,还可供从事燃气工程的科研、教学、设计和技术人员学习参考。

图书在版编目(CIP)数据

燃气站场工艺与设备:富媒体/吴晓南主编. —北京:石油工业出版社,2019.1(2022.3重印)
石油高等院校特色规划教材
ISBN 978 – 7 – 5183 – 3091 – 1

Ⅰ. ①燃… Ⅱ. ①吴… Ⅲ. ①煤气输配—站场—高等学校—教材 Ⅳ. ①TU996.6

中国版本图书馆 CIP 数据核字(2018)第 302453 号

出版发行:石油工业出版社
　　　　 (北京市朝阳区安华里2区1号楼　100011)
　　　　 网　　址:www.petropub.com
　　　　 编辑部:(010)64256990
　　　　 图书营销中心:(010)64523633　(010)64523731
经　　销:全国新华书店
排　　版:北京密东文创科技有限公司
印　　刷:北京中石油彩色印刷有限责任公司

2019 年 1 月第 1 版　2022 年 3 月第 2 次印刷
787 毫米×1092 毫米　开本:1/16　印张:10.25　插页:7
字数:283 千字
定价:29.90 元
(如发现印装质量问题,我社图书营销中心负责调换)
版权所有,翻印必究

前　　言

近年来，燃气行业快速发展，大量的城镇燃气输配设施投入建设，各种输配站场的设计理念及要求在不断发展，相关设备类型及设计选型也在不断更新与完善。为此，依托西南石油大学在天然气产业的学术优势，从2012年开始，在建筑环境与能源应用工程专业燃气方向开展了"燃气站场设计"这门课程的教学。该课程使学生设计能力得到极大的提高，在毕业设计和学生就业中得到印证。2015年通过教研室几位老师的努力，形成了校内印刷讲义，经过了4年的试用，几经修改得以成稿。2017年西南石油大学将本书列为培育教材，2018年又列为校级规划教材，同年得到"石油教材出版基金"的资助。

本书以燃气站场工艺为主线，对传统的教学内容和课程体系进行了重组和整合，从燃气站场工艺的实际出发，加入了燃气工程设计标准、手册、图册等技术资料，还加入了大量的实例，注重燃气工艺原理的实际应用，以适应培养燃气工程技术应用型人才的需要。本书培养学生对燃气场站的规划、设计、建设以及管理能力，并具有良好的工程思维能力、解决工程实际问题的综合能力。

全书由西南石油大学土木工程与建筑学院组织相关教师编写，由吴晓南担任主编。具体编写分工如下：第一章、第二章、第五章由吴晓南编写，第三章由吴晓南和张鹏共同编写，第四章由吴晓南和侯向秦共同编写，附录由卢泓方编写。硕士研究生苟珈源、唐忠智、李倩、余思颖参与了虚拟软件的录屏以及稿件的校对整理。全书由吴晓南统稿。

本书参考和引用了许多文献，特向原作者致谢。鉴于编者水平有限，谬误之处在所难免，望读者批评指正。

编者
2018年8月

目 录

第一章 城镇燃气输配系统 ······ 1
 第一节 燃气分类 ······ 1
 第二节 燃气质量要求 ······ 2
 第三节 燃气输配系统 ······ 4
 思考题 ······ 7

第二章 天然气输配站场 ······ 8
 第一节 天然气输气站场 ······ 8
 第二节 天然气门站和储配站 ······ 14
 第三节 调压站 ······ 22
 第四节 分离除尘设备 ······ 27
 第五节 压缩机组 ······ 35
 第六节 调压设备 ······ 39
 第七节 流量计 ······ 45
 第八节 储气罐 ······ 54
 第九节 加热炉 ······ 56
 第十节 加臭装置 ······ 59
 第十一节 站内管线 ······ 61
 第十二节 阀门 ······ 64
 思考题 ······ 72
 参考文献 ······ 72

第三章 压缩天然气站场 ······ 73
 第一节 CNG 加气站 ······ 73
 第二节 CNG 储配站 ······ 83
 第三节 脱硫、脱水系统 ······ 85
 第四节 天然气压缩系统 ······ 92
 第五节 储气设备 ······ 95

第六节 其他设备	99
思考题	100
参考文献	100

第四章 液化天然气站场 ... 101
 第一节 LNG 气化站 ... 101
 第二节 LNG 气化站设备 ... 112
 第三节 LNG 加气站场 ... 115
 思考题 ... 135
 参考文献 ... 135

第五章 液化石油气储配站 ... 136
 第一节 LPG 储配站工艺 ... 136
 第二节 LPG 储配站设备 ... 146
 思考题 ... 151
 参考文献 ... 152

附录 ... 153
 附录1 工程项目建设阶段 ... 153
 附录2 设计阶段文件 ... 154
 思考题 ... 156

富媒体资源目录

序号	名　　称	页码
1	视频2-1　支线末站流程	14
2	视频2-2　支线末站实景	14
3	视频2-3　门站实景	14
4	视频2-4　区域调压站流程	23
5	视频2-5　区域调压站实景	23
6	视频2-6　小区调压箱流程	24
7	视频2-7　小区调压箱实景	24
8	视频2-8　楼栋调压箱流程	24
9	视频2-9　楼栋调压箱实景	24
10	视频2-10　过滤分离器	33
11	视频2-11　过滤器	34
12	视频2-12　调压阀	39
13	视频2-13　燃气流量计	46
14	视频2-14　球阀	64
15	视频2-15　闸阀	64
16	视频2-16　蝶阀	65
17	视频2-17　截止阀	66
18	视频2-18　止回阀	68
19	视频2-19　弹簧式安全阀	69
20	视频3-1　CNG标准站实景	75
21	视频3-2　CNG加气母站实景	75
22	视频3-3　CNG加气子站实景	76

序号	名　称	页码
23	视频 3-4　调压计量流程	79
24	视频 3-5　过滤、调压及计量	79
25	视频 3-6　脱硫流程	79
26	视频 3-7　脱硫系统	79
27	视频 3-8　脱水流程	80
28	视频 3-9　脱水系统	80
29	视频 3-10　增压流程	80
30	视频 3-11　增压系统	80
31	视频 3-12　储存加气流程	81
32	视频 4-1　LNG 加气站实景	115
33	视频 4-2　L-CNG 加气站实景	115
34	视频 4-3　LNG 加气站流程	117
35	视频 4-4　低温泵	118
36	视频 4-5　LNG 储罐	119
37	视频 4-6　调压气化器	120
38	视频 4-7　LNG 加气机	120
39	视频 4-8　LNG 加注枪	121
40	视频 4-9　LNG 槽车	122
41	视频 4-10　L-CNG 加气站流程	123
42	视频 4-11　CNG 顺序控制盘	124
43	视频 4-12　CNG 储气瓶组	124
44	视频 4-13　CNG 加气机	125
45	视频 4-14　LNG 高压泵	125

本教材富媒体资源由主编吴晓南提供,来源于西南石油大学城市燃气虚拟仿真实验教学中心开发的虚拟仿真软件的录屏,若有需要虚拟仿真软件的学校和单位可与吴晓南联系,联系邮箱:wuxiaonanswpu@126.com。

第一章　城镇燃气输配系统

我国城镇燃气由天然气、液化石油气、人工煤气等3类气源构成。我国天然气产业的快速发展引领城镇燃气进入了新的发展期。

2004年年底"西气东输"管道投入商业运营，使得天然气的用气人口首次超过人工煤气。2009年，天然气消费量占领了56.4%的燃气市场，首次超过液化石油气，成为燃气领域的主导气源。

2020年前，我国天然气市场将继续保持快速增长的态势。预计2020年我国城镇燃气行业天然气需求量将达到约$1000 \times 10^8 m^3$，天然气用气人口将超过6亿人。

第一节　燃气分类

城镇燃气是指从城市、乡镇或居民点中的地区性气源点，通过输配系统供给居民生活，商业、工业企业生产，采暖通风和空调等各类用户公用性质的，且符合《城镇燃气设计规范》（GB 50028—2006）燃气质量要求的可燃气体。

城镇燃气是由多种气体组成的混合气体，含有可燃气体和不可燃气体。其中可燃气体有碳氧化合物（如甲烷、乙烷、乙烯、丙烷、丙烯、丁烷、丁烯等烃类可燃气体）、氢气和一氧化碳等，不可燃气体有二氧化碳、氮气和氧气。

根据生成原因，城镇燃气可以归纳为天然气、人工煤气和液化石油气三大类。其中天然气是自然生成的；人工煤气是由其他能源转化而成的，或是生成其他产品的工艺副产品；液化石油气是石油加工过程的副产品。

(1) 天然气：一种主要由甲烷组成的气态化石燃料，主要存在于油田和天然气田，也有少量存在于煤层。

压缩天然气（compressed natural gas，CNG）是利用气体的可压缩性，将常规天然气施以高压进行储存的气体，其存储压力通常为20~25MPa，天然气可压缩至原来体积的1/200~1/250，极大降低了储存容积。

液化天然气（liquefied natural gas，LNG）是天然气的液态形式，它充分利用了天然气在常压、-162℃下液化，体积缩小至原来的1/600的性质，为天然气的高效输送提供了新的途径，也扩大了天然气的利用领域。

(2) 人工煤气：由煤、焦炭等固体燃料或重油等液体燃料经干馏、气化或裂解等过程所制得的气体。按照生产方法，人工煤气一般可分为干馏煤气和气化煤气（发生炉煤气、水煤气、半水煤气等)。人工煤气的主要成分为烷烃、烯烃、芳香烃、一氧化碳和氢气等可燃气体,并含有少量的二氧化碳和氮气等不可燃气体,热值为16000~24000kJ/m³。

(3)液化石油气(liquefied petroleum gas,LPG):从石油加工或石油、天然气开采过程中得来的气体,其主要成分是丙烷、丙烯、丁烷和丁烯。

为区别不同燃烧性质的燃气,《城镇燃气分类和基本特性》(GB/T 13611—2018)中根据燃气的高华白数和高热值将目前城镇燃气常用的人工煤气、天然气和液化石油气进行了分类,见表1-1。

表1-1 城镇燃气的类别及特性指标

类别		高华白数 W_s,MJ/m³		高热值 H_s,MJ/m³	
		标准	范围	标准	范围
人工煤气	3R	13.92	12.65~14.81	11.10	9.99~12.21
	4R	17.53	16.23~19.03	12.69	11.42~13.96
	5R	21.57	19.81~23.27	15.31	13.78~16.85
	6R	25.70	23.85~27.95	17.06	15.36~18.77
	7R	31.00	28.57~33.12	18.38	16.54~20.21
天然气	3T	13.30	12.42~14.41	12.91	11.62~14.20
	4T	17.16	15.77~18.56	16.41	14.77~18.05
	10T	41.52	39.06~44.84	32.24	31.97~35.46
	12T	50.72	45.66~54.77	37.78	31.97~43.57
液化石油气	19Y	76.84	72.86~87.33	95.65	88.52~126.21
	22Y	87.33	72.86~87.33	125.81	88.52~126.21
	20Y	79.59	72.86~87.33	103.19	88.52~126.21
液化石油气混空气	12YK	50.70	45.71~57.29	59.85	53.87~65.84
二甲醚[①]	12E	47.45	46.98~47.45	59.87	59.27~59.87
沼气	6Z	23.14	21.66~25.17	22.22	20.00~24.44

注:(1)燃气类别,以燃气的高华白数按原单位为kcal/m³时的数值,除以1000后取整表示,如12T,即指高华白数约计为12000kcal/m³时的天然气。

(2)3T、4T为矿井气或混空轻烃燃气,其燃烧特性接近天然气。

(3)10T、12T天然气包括干井气、油田气、煤层气、页岩气、煤制天然气、生物天然气。

① 二甲醚气应仅用作单一气源,不应掺混使用。

第二节 燃气质量要求

一、天然气质量要求

天然气的质量应符合《天然气》(GB 17820—2012)的要求,在该规范里,将天然气分为三类。其一类、二类天然气主要用作民用燃料,三类天然气主要用作工业原料或燃料,见表1-2。

表1-2 天然气质量指标

项 目	一类	二类	三类	试验方法
高位发热量[①],MJ/m³	≥36.0	≥31.4	≥31.4	GB/T 11062—2014
总硫(以硫计)[①],mg/m³	≤60	≤200	≤350	GB/T 11060.4—2017
硫化氢[①],mg/m³	≤6	≤20	≤350	GB/T 11060.1—2010
二氧化碳体积分数,%	≤2.0	≤3.0	—	GB/T 13610—2014
水露点[②③],℃	在交接点压力下,水露点应比输送条件下最低环境温度低5℃			GB/T 17283—2014

① 本标准中气体体积的标准参比条件是101.325kPa,20℃;
② 在输送条件下,当管道管顶埋地温度为0℃时,水露点应不高于-5℃;
③ 进入输气管道的天然气,水露点的压力应是最高输送压力。

二、人工煤气质量要求

人工煤气中含有焦油、粉尘和萘。萘饱和后会以白色结晶存在,与焦油和粉尘黏合后,易堵塞管道和燃具。人工煤气中含有氮,燃烧后会生成NO、NO_2等有害气体。

人工煤气的质量标准遵循《人工煤气》(GB/T 13612—2006)规定的技术指标,见表1-3。

表1-3 人工煤气质量指标和试验方法

项 目		质量指标	试验方法
低热值[①],MJ/m³	一类气[②]	>14	GB/T 12206—2006
	二类气[②]	>10	GB/T 12206—2006
燃烧特性指数[③]波动范围应符合			GB/T 13611—2006
杂质	焦油和灰尘,mg/m³	<10	GB/T 12208—2008
	硫化氢,mg/m³	<20	GB/T 12208—2008
	氨,mg/m³	<50	GB/T 12208—2008
	萘[④],mg/m³	$50 \times 10^2/p$(冬天) $100 \times 10^2/p$(夏天)	GB/T 12208—2008
含氧量[⑤](%,体积分数)	一类气	<2	GB/T 10410—2008 或化学分析方法
	二类气	<1	
一氧化碳量[⑥](%,体积分数)		<10	GB/T 10410—2008 或化学分析方法

① 该标准煤气体积(m^3)指在101.325kPa,15℃状态下的体积。
② 一类气为煤干馏气;二类气为煤气化气、油气化气(包括液化石油气及天然气改制)。
③ 燃烧特性指数:华白(W)、燃烧势(CP)。
④ 萘是指萘和它的同系物α-甲基萘及β-甲基萘。在确保煤气中萘不析出的前提下,各地区可以根据当地城市燃气管道埋设处的土壤温度规定本地区煤气中含萘指标,并报标准审批部门批准实施。当管道输气点绝对压力(p)小于202.65kPa时,压力因素可不参加计算。
⑤ 含氧量是指制气厂生产过程中所要求的指标。
⑥ 对二类气或掺有二类气的一类气,其一氧化碳含量应小于20%(体积分数)。

三、液化石油气质量要求

液化石油气质量根据其来源不同而遵循不同的标准,石油炼厂生产的液化石油气符合《液化石油气》(GB 11174—2011)规定的质量技术指标,见表1-4。

表 1-4 液化石油气质量技术指标

项　目	质　量　指　标			试　验　方　法
	商品丙烷	商品丙丁烷混合物	商品丁烷	
密度(15℃),kg/m³	报告			SH/T 0221—1992①
蒸气压(37.8℃),kPa	≤1430	≤1380	≤485	GB/T 12576—1997
组分②				
C_3 烃类组分(体积分数),%	95	—	—	
C_4 及 C_4 以上烃类组分(体积分数),%	2.5	—	—	SH/T 0230—1992
(C_3+C_4)烃类组分(体积分数),%	—	95	95	
C_5 及 C_5 以上烃类组分(体积分数),%	—	3.0	2.0	
残留物				
蒸发残留物,mL/mL	≤0.05			SH/T 7509—2014
油渍观察	通过③			
铜片腐蚀(40℃,1h)/级	≤1			SH/T 0232—1992
总硫含量,mg/m³	≤343			SH/T 0222—1992
硫化氢(需满足下列要求之一):				
乙酸铅法	无			SH/T 0125—1992
层析法,mg/m³	10			SH/T 0231—1992
游离水	无			目测④

①密度也可用 GB/T 12576—1997 方法计算,有争议时以 SH/T 0221—1992 为仲裁方法。
②液化石油气中不允许人为加入除加臭剂以外的非烃类化合物。
③按 SY/T 7509—2014 方法所述,每次以 0.1mL 的增量将 0.3mL 溶剂—残留物混合液滴到滤纸上,2min 后在日光下观察,无持久不退的油环为通过。
④有争议时,采用 SH/T 0221—1992 的仪器及试验条件目测是否存在游离水。

油田的原油伴生气和气田的凝析油生产的液化石油气,符合《液化石油气》(GB 11174—2011)规定的技术要求。

四、燃气加臭指标

依据《城镇燃气设计规范》(GB 50028—2006),城镇燃气应具有可以察觉的臭味,燃气中加臭剂的最小量应符合下列规定:

(1)无毒燃气泄漏到空气中,达到爆炸下限的 20% 时,应能察觉。

(2)有毒燃气泄漏到空气中,达到对人体允许的有害浓度时,应能察觉。对于以一氧化碳为有毒成分的燃气,空气中一氧化碳含量达到 0.02%(体积分数)时,应能察觉。

第三节　燃气输配系统

一、管道天然气输配系统

管道天然气输配系统由天然气长距离输配系统及城镇天然气管道输配系统组成。天然气长距离输配系统主要由输气干线、输气支线、首站、中间调压计量站、压气站、燃气分配站、管理维修站、通信和遥控设备、阴极保护站(或其他电保护装置)等构成。

输气站场是输气管道工程中各类工艺站场的总称。其主要功能是接收天然气、过滤分离天然气、给管道天然气增压、分输天然气、配气、储气调峰、发送和接收清管器等。一般输气站场包括起点站、压气站、分输站、清管站和线路阀室。管道天然气长距离输配系统示意图如图1-1所示。

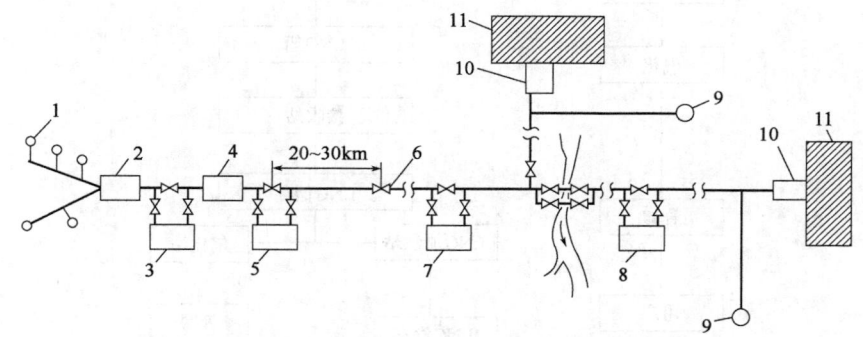

图1-1 管道天然气长距离输配系统示意图

1—井场装置；2—集气装置；3—矿场压气站；4—天然气处理厂；5—起点站(或起点压气站)；6—管线上阀门；7—中间压气站；8—终点压气站；9—储气设备；10—燃气分配站；11—城镇或工业基地

城镇天然气管道输配系统一般由干线输气管末段、门站、输配气管网、储配站(储气站)、调压站(调压装置)、供气站、加气站、管理设施及监控系统等组成。其示意图如图1-2所示。

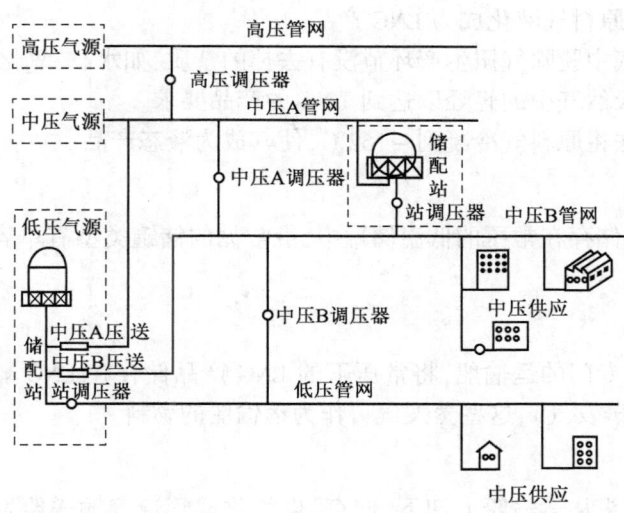

图1-2 城镇天然气管道输配系统示意图

二、液化天然气产业链

液化天然气(LNG)产业从气源的开采、天然气预处理、液化、储存、运输、接收、再气化后进入输配管网输送给终端用户或直接作为汽车燃料，形成了一个完整的产业链。LNG产业链如图1-3所示。

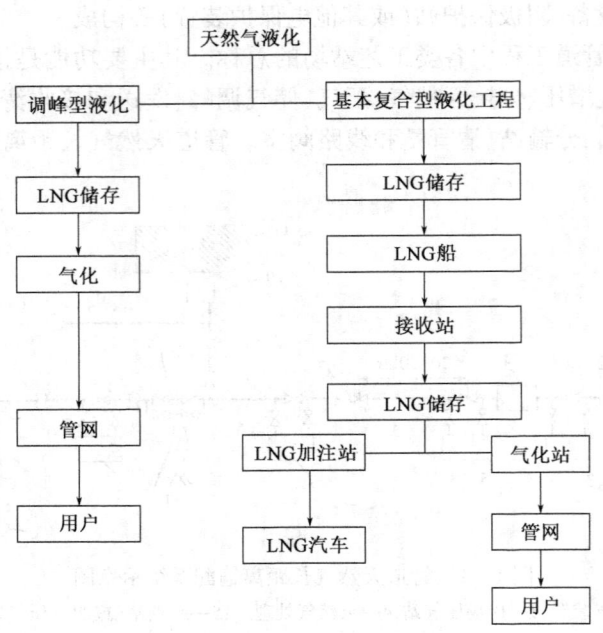

图1-3 LNG产业链示意图

LNG产业链主要包括天然气的液化、储存和装载、运输、接收和输配5个部分。

1. 液化

液化的作用是把原料气液化成为LNG产品。

预处理：从原料气中脱除气田生产环节没有去掉的杂质，如水、二氧化碳、硫、硫醇等。

去除轻烃：脱除天然气中的轻烃以达到LNG的产品要求。

液化：用制冷方法将原料气冷凝到$-162℃$，使其成为液态产品。

2. 储存和装载

LNG液体产品被储存在常压的低温储罐中，最常见的储罐类型有单容储罐、双容储罐、全容储罐。

3. 运输

LNG海上运输需专门的运输船，将常压下的LNG产品储存在LNG船低温舱内。在运输途中产生BOG（LNG蒸发气），这些蒸发气可作为运输船的燃料。

4. 接收

LNG产品通过码头从运输船上卸下、储存，再气化成管道气输送给发电厂或通过城市配气管网作为燃料气输送给用户。

5. 输配

LNG在气化站气化后，经过输配气管网输送给用户。

三、液化石油气供应系统

液化石油气供应系统的主要设施有储存站、灌瓶站、储配站、气化站、混气站和瓶装供应站（图1-4）。

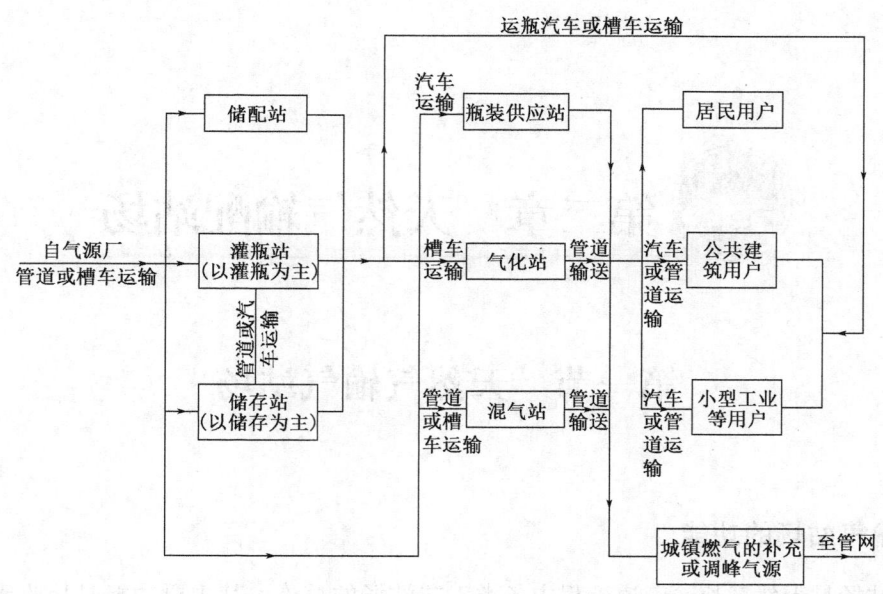

图 1-4 液化石油气供应系统示意图(含运输方式)

液化石油气供应基地按其功能可分为储存站、灌瓶站和储配站。各站功能如下:

(1)储存站:液化石油气储存基地,主要功能是储存液化石油气,同时进行灌装槽车作业,并将其转输给灌瓶站、气化站和混气站。

(2)灌瓶站:液化石油气灌瓶基地,主要功能是进行灌瓶作业,并将其送至瓶装供应站或用户。同时,也可灌装汽车槽车,并将其送至气化站和混气站。

(3)储配站:兼有储存站和灌瓶站的全部功能,是储存站和灌瓶站的统称。

思 考 题

1. 城镇燃气的可燃气体组分和不可燃气体组分有哪些?
2. 城镇燃气根据生成原因可以归纳为哪几类?
3. 人工煤气所含的萘会对管道和燃具带来什么影响?
4. 一类、二类、三类天然气依据什么分类?分别作为哪些用户的主要燃料?
5. 天然气长距离输气系统主要由哪些部分构成?

第二章 天然气输配站场

第一节 天然气输气站场

一、输气站场的功能

输气站场是天然气长输管道工程中各类工艺站场的总称。其主要功能是接收天然气、过滤分离天然气、给管道天然气增压、分输天然气、配气、储气调峰、发送和接收清管器等。一般输气站场包括输气首站、压气站、分输站、清管站和末站。

输气首站的主要设备有气质监测及分析系统,过滤、分离设备,计量设备,清管器发送设备。输气首站具有气体组分分析、调压、计量、除尘、发送清管器的功能。

压气站的主要设备有压缩机组及其配套设备,过滤、分离设备,清管器接收、发送设备。压气站具有气体增压冷却、除尘、收发清管器的功能。

分输站的主要设备有过滤、分离设备,清管器接收、发送设备,调压设备和计量设备。分输站具有除尘、调压、计量、收发清管器的功能。

清管站的主要设备有分离设备,过滤设备,清管器接收、发送设备。清管站具有除尘、收发清管器的功能。

末站的主要设备有过滤、分离设备,调压设备,计量设备。末站具有除尘、调压、计量的功能。

二、输气站场工艺

1. 输气首站工艺流程

图2-1为天然气输气首站工艺流程。输气首站的主要任务是接收气田净化厂来气,对天然气中所含的杂质和水进行分离,计量后输往下站,如气田气压较高,可暂时不设压缩机,待气田开采后期气压降低后再增加增压设备。需要清管时,对下站发送清管器。输气首站还要进行气体组分分析、气体水露点和烃露点检测。

2. 压气站工艺流程

图2-2为天然气压气站工艺流程,压气站的任务是对天然气进行分离除尘、增压、冷却,接收上游清管器,向下游发送清管器。

天然气进站后,经分离除尘器脱出杂质达到压缩机的进气要求,进压缩机增压、冷却后输往下游。

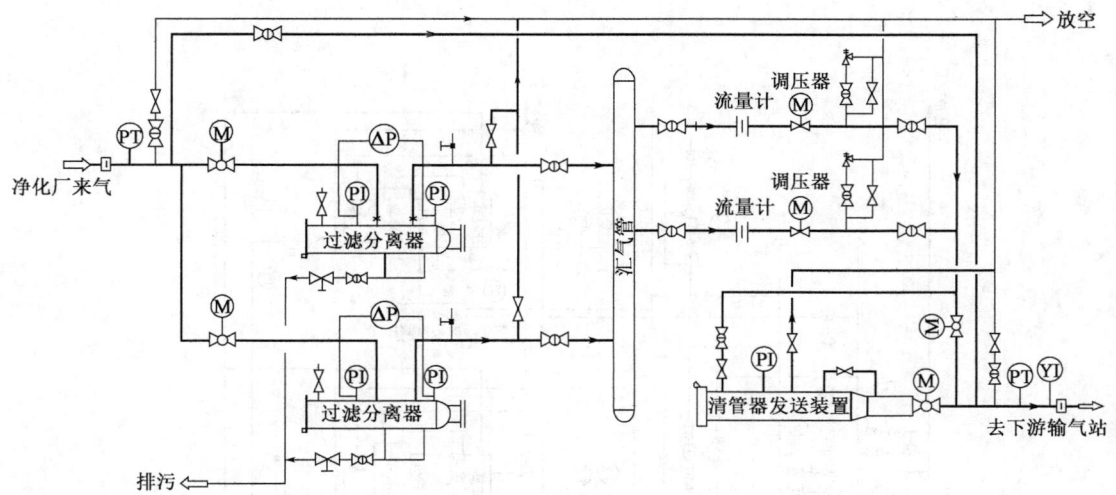

图 2-1 天然气输气首站工艺流程

3. 分输站工艺流程

图 2-3 为天然气分输站工艺流程,分输站的任务是对天然气进行分离除尘,接收上游清管器,向下游发送清管器。供给用户的天然气要经分离除尘、调压、计量后给各用户进行供气。

天然气进站后,经分离除尘器脱出杂质,一部分调压计量后输往用户,另一部分向下游供气。

4. 清管站工艺流程

图 2-4 为天然气清管站工艺流程,清管站的功能就是收发清管器。

天然气管道的清管作业有投产前清管和正常运行期间的定期清管。投产前清管的主要目的是清除施工和试压期积存在管道内的杂质,主要包括施工期间的泥土、焊渣、水等。正常运行期间的定期清管是指管道运行一段时间后,由于管道内积存了一些杂质和积液,使管输效率下降,也易造成管道腐蚀,需要定期分段清管。

5. 输气末站工艺流程

图 2-5 为天然气输气末站工艺流程。在长输管道中,末站的任务是进行天然气的分离除尘、接收清管器、按用户的流量压力要求给用户供气。为解决用户用气不平衡的问题,末站往往还需设有地下储气库、高压储气库、LNG 储气库等调峰设施。

6. 某分输站工艺流程图

某分输站是中缅天然气管线中间站场,大部分天然气在站内经多管干式除尘器分离继续输向中缅天然气管线的下一站,小部分天然气在站内经多管干式除尘器分离、计量装置计量、自力式调压阀调压后通过昆明东支线输至拓磨山输气末站。该站有清管器发送装置 2 套,清管器接收装置 1 套,可定期对输气干线进行不停气密闭清管作业,在该站设置了放空和排污,将放空天然气引入放空立管点火燃烧排放,将污水从排污管排出。进站压力为 7.1MPa,进站流量为 78.84×10^8 m³/a,即 2252.6×10^4 m³/d,向昆明东支线的输量为 285.8×10^4 m³/d。其工艺流程如图 2-6 所示(见书末插页)。

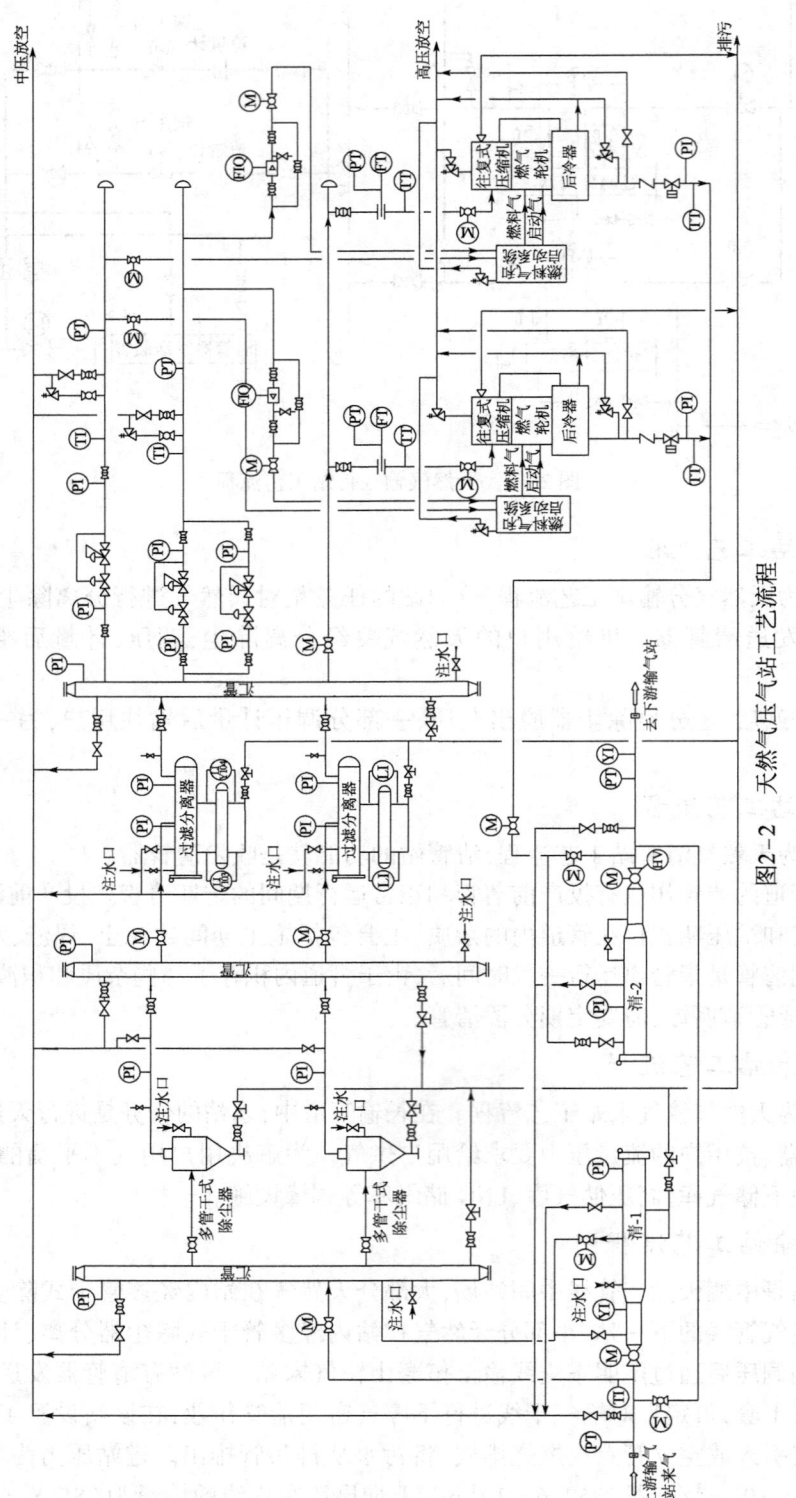

图2-2 天然气压气站工艺流程

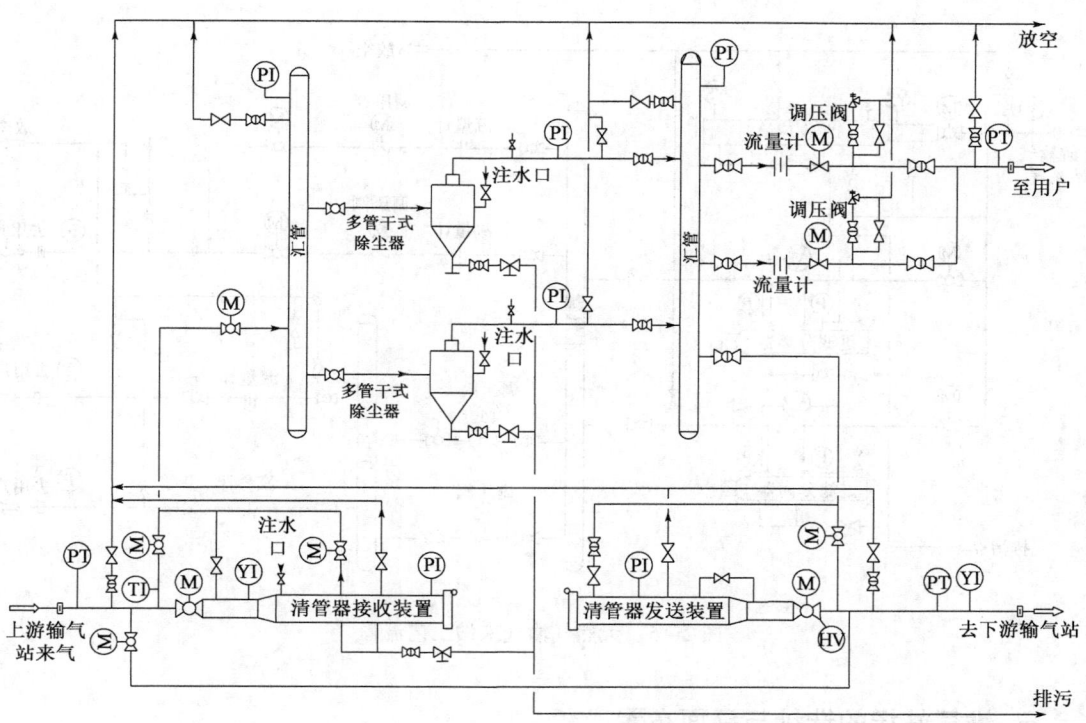

图2-3 天然气分输站工艺流程

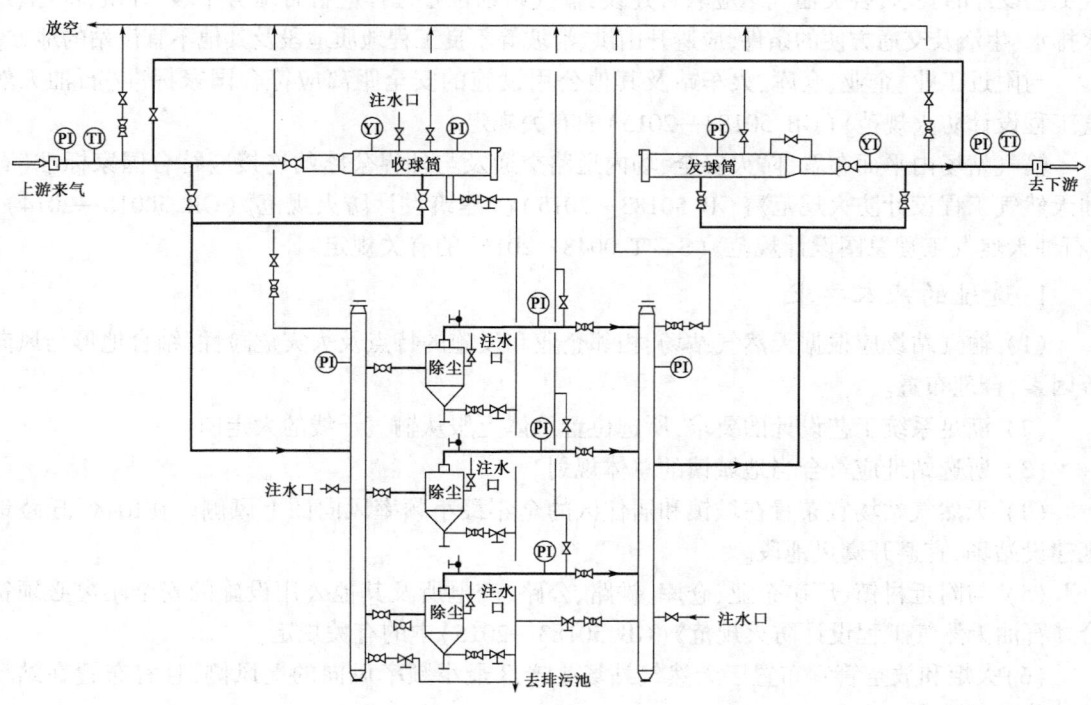

图2-4 天然气清管站工艺流程

·11·

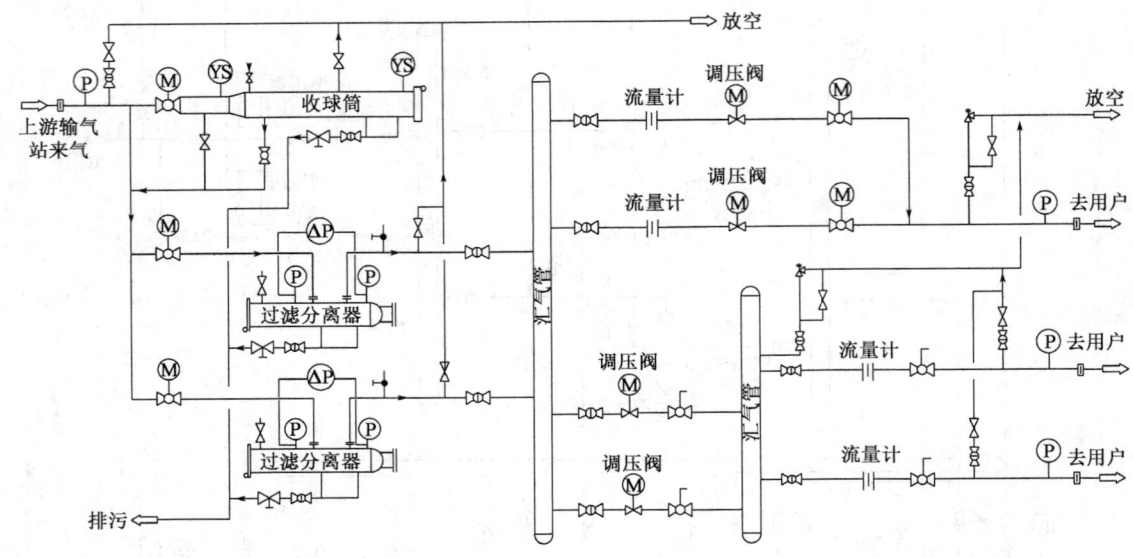

图 2-5 天然气输气末站工艺流程

三、输气站场的选址与平面布置

根据《输气管道工程设计规范》(GB 50251—2015)规定，输气站的设置应符合线路走向和输气工艺设计的要求，各类输气站应联合建设，输气站场位置选择应符合地势平缓、开阔；供电、给水排水、生活及交通方便的条件，应避开山洪、滑坡等不良工程地质地段及其他不宜设站的地方。

与附近工业、企业、仓库、火车站及其他公用设施的安全距离应符合国家标准《石油天然气工程设计防火规范》(GB 50183—2015)的有关规定。

输气站场内平面布置、防火安全、场内道路交通及与外界公路的连接应符合国家标准《石油天然气工程设计防火规范》(GB 50183—2015)、《建筑设计防火规范》(GB 50016—2014)、《石油天然气工程总图设计规范》(SY/T 0048—2016)的有关规定。

1. 选址的基本要求

(1) 输气站场应根据天然气站场、相邻企业和设施的特点及火灾危险性，结合地形与风向等因素，合理布置。

(2) 满足系统工艺设计的要求，所选位置总体上服从输气干线的大走向。

(3) 所选站址应符合当地城镇的总体规划。

(4) 天然气站场宜布置在城镇和居住区的全年最小频率风向的上风侧。在山区、丘陵地区建设站场，宜避开窝风地段。

(5) 与附近村镇、厂矿企业、仓库、铁路、公路、变电所及其他公用设施的安全距离必须符合《石油天然气工程设计防火规范》(GB 50183—2015)中的有关规定。

(6) 火炬和放空管宜布置于天然气站场生产区最小频率风向的上风侧，且宜布置在站场外地势较高处。

(7) 社会依托条件好，供电、给排水、通信、生活条件好，交通便利。

(8)所选站址(含放空区)的占地面积应使站内各建筑物之间能留有符合防火规范规定的安全间距,必要时应考虑站场的发展余地,要近期、远期结合,统筹规划。

(9)站址应地势开阔、平缓,有利于场地排水,尽量减小平整场地的土石方工程量。

2．选址的工程地质、水文地质要求

(1)选择较有利的地形及工程地质条件,应避开易发生山洪、滑坡等不良工程地质地段及其他不宜建站的地方。

(2)站址应尽量避开湿陷性黄土分布地区,或选在湿陷量较小的地段。

(3)地下水位较低,无侵蚀性。

(4)地耐力不小于150kPa。

3．站场布站要求

输气管道的沿线有许多种站场设施,将这些设施合建,能减少占地,降低投资,并且方便管理。因此,在可能的情况下宜尽量将这些站场设施合建。

(1)输气首站一般设在净化气源附近,末站一般设在终点用户附近。

(2)分输站的选址主要考虑靠近集中用户的地理位置。

(3)清管站尽量与压气站、分输站合建。清管站的站间距选择主要考虑因素为不应超过清管器的最大运行距离,一般清管站可按80～130km间距设置。

(4)压气站布局涉及末段长度、首站位置和各中间站站距3方面内容。其站间距与管道的运行压力和压比有关,根据管道设计输气量,以及管道投产后数年内输气量变化的预测,对不同的增压输送方案进行优化比选,根据推荐方案布站。

(5)干线阀室的间距通常根据管线所处地区的重要性、发生事故时可能产生的灾害及其后果的严重程度而定,这种间距通常为8～32km。在某些特别重要的管段两端(铁路干线、大型河流的穿越)也应设置截断阀室。

(6)阴极保护站的间距受最大保护距离的限制,在布站时需综合考虑这些因素,其站间距可以达到几十或上百千米。阴极保护站宜与输气站场合并建设。

4．输气站场的平面布置

输气站场平面布置的原则为:了解布站区域的规划要求,使总平面布置与其相适应;满足生产要求,工艺流程合理;充分利用地形、地质条件,因地制宜地进行总平面布置;风向、朝向应有利于减少爆炸影响和环境污染;满足防火、防爆、防振和防噪声的要求;适应站内外运输,线路短捷顺直;重视节约用地,布置紧凑合理;全面统一考虑远近建设关系;建筑群体组合美观合理;施工方便。

(1)生产规模大于$50×10^4 m^3/d$的天然气压气站、注气站定为四级站场。生产规模小于或等于$50×10^4 m^3/d$的天然气压气站、注气站定为五级站场。输气工程中任何生产规模的输气站(压气站除外)、清管站、配气站等定为五级站场。

(2)输气站场总平面布置应根据其生产工艺特点、火灾危险性等级、功能要求,结合地形、风向等条件,经技术经济比较确定。

(3)输气站场中可能散发可燃气体的场所和设施,宜布置在人员集中场所及明火或散发火花地点的全年最小频率风向的上风侧。

(4)天然气站场内的锅炉房、35kV及以上的变(配)电所、加热炉、水套炉等有明火或散发火花的地点,宜布置在站场或生产区边缘。

(5)四级、五级天然气站场内总平面布置的防火间距应不小于《石油天然气工程设计防火规范》(GB 50183—2015)的规定。

(6)工艺装置按生产规模和工艺特点集中布置在一个区内,组成装置或联合装置区,有利于它们之间的联系,减少无关人员及车辆的影响,提高安全性。

(7)输气站工艺装置和管道宜露天布置以减少火灾爆炸的可能性,且方便检修。

(8)大型输气站场的中央控制室应靠近主要生产工艺装置的操作区,并应满足现行有关爆炸危险场所划分标准和防火规范的要求;位于最小频率风向的下风侧,且其周围不应有对地面产生0.1mm振幅、频率为25Hz以上的连续性振源;中央控制室距站场内主干道路面边缘的距离不宜小于10m。

5. 某分输站平面布置图

某分输站平面布置图如图2-7所示(见书末插页)。支线末站流程和实景分别见视频2-1和视频2-2。

视频2-1 支线末站流程

视频2-2 支线末站实景

第二节 天然气门站和储配站

以管道天然气为气源的城镇燃气配气站场主要有天然气门站、储配站和各级调压站。城市天然气门站、储配站是城市天然气输配系统的重要基础设施。

天然气门站是城市配气系统的气源点,是天然气长输管线进入城市燃气管网的配气站,其任务是接收长输管线输送来的燃气,在站内进行过滤、调压、计量、加臭、分配后,送入城市输配管网或直接送入大用户(视频2-3)。

视频2-3 门站实景

储配站是在城镇燃气输配系统中储存和分配燃气的场所,由接收、储存、配气、计量、调压或增压等设施组成。其主要作用是在用气低峰时,储存一定量的燃气以供用气高峰时调峰,使燃气输配管网达到所需压力,并保持供气与需气之间的平衡。当上游气源发生故障或配气管网发生故障时,也可保证应急供气。对于大中型城镇,为了降低管网投资,通常对称布置两个以上的储配站;对于小城镇,仅在门站或气源厂附近布置一个储配站。工程上通常在门站增加储气和加压系统来实现储气调峰的功能。

调压站是设置于燃气输配管网系统中不同压力级制的管道之间,或设置于某些专门用户之前,用来将燃气管网压力调节到下一级管网或用户所需压力,并将调节后的压力保持稳定的站场。

一、门站和储配站的工艺设计要求

天然气门站、储配站应具有过滤、调压、计量、气质检测、安全放散、安全切断、在线和备用自动切换等主要功能,而储配站还要有燃气储备的功能,要求在保证精确调压和流量计量的前提下,设计多重的安全措施,确保用气的长期性、安全性和稳定性。

在进行门站、储配站的工艺设计时,应考虑其功能满足输配系统输气调度和调峰的要求,根据输配系统要求分组设计计量和调压装置,装置前设过滤器,调压装置应根据燃气流量、压力降等工艺条件确定是否需设置加热装置。进出口管线应设置切断阀门和绝缘法兰,站内管道上需根据系统要求设置安全保护及放散装置。在门站进站后设置分离器,当长输管线采用清管工艺时,其清管器的接收装置可以设置在门站内。需要设置流量、压力和温度计量仪表,并选择设置测定燃气组分、发热量、密度、湿度和各项有害杂质含量的仪表。

根据《城镇燃气设计规范》(GB 50028—2006),门站和储配站的工艺设计应符合下列要求:

(1)功能应满足输配系统输气调度和调峰的要求。
(2)站内应根据输配系统调度要求分组设置计量和调压装置,装置前应设过滤器;门站进站总管上宜设置分离器。
(3)调压装置应根据燃气流量、压力降等工艺条件确定设置加热装置。
(4)站内计量调压装置和加压设备应根据工作环境要求露天或在厂房内布置,在寒冷或风沙地区宜采用全封闭式厂房。
(5)进出站管线应设置切断阀门和绝缘法兰。
(6)站内进罐管线上宜设置控制进罐压力和流量的调节装置。
(7)当长输管道采用清管工艺时,其清管器的接收装置宜设置在门站内。
(8)站内管道上应根据系统要求设置安全保护及放散装置。
(9)站内设备、仪表、管道等安装的水平间距和标高均应便于观察、操作和维修。
(10)站内宜设置自动化控制系统,并宜作为输配系统的数据采集监控系统的远端站。
(11)站内燃气计量和气质的检验应符合下列要求:
①站内设置的计量仪表应符合表2-1的规定;
②宜设置测定燃气组分、发热量、密度、湿度和各项有害杂质含量的仪表。

表2-1 站内设置的计量仪表

进站、出站参数	功能		
	指示	记录	累计
流量	+	+	+
压力	+	+	-
温度	+	+	-

注:"+"表示应设置。

(12)燃气储存设施的设计应符合下列要求:
①储配站所建储罐容积应根据输配系统所需储气总容量、管网系统的调度平衡和气体混配要求确定;
②储配站的储气方式及储罐形式应根据燃气进站压力、供气规模、输配管网压力等因素,经技术经济比较后确定;

③确定储罐单体或单组容积时,应考虑储罐检修期间供气系统的调度平衡;
④储罐区宜设有排水设施。
(13)低压储气罐的工艺设计应符合下列要求:
①低压储气罐宜分别设置燃气进、出气管,各管应设置关闭性能良好的切断装置,并宜设置水封阀,水封阀的有效高度应取设计工作压力(单位为Pa)乘以0.1加500mm。燃气进、出气管的设计应能适应气罐地基沉降引起的变形。
②低压储气罐应设储气量指示器。储气量指示器应具有显示储量及可调节的高低限位声、光报警装置。
③储气罐高度超过当地有关的规定时应设高度障碍标志。
④湿式储气罐的水封高度应经过计算后确定。
⑤寒冷地区湿式储气罐的水封应设有防冻措施。
⑥干式储气罐密封系统必须能够可靠地连续运行。
⑦干式储气罐应设置紧急放散装置。
⑧干式储气罐应配有检修通道。稀油密封干式储气罐外部应设置检修电梯。
(14)高压储气罐工艺设计应符合下列要求:
①高压储气罐应分别设置燃气进、出气管,不需要起混气作用的高压储气罐,其进、出气管也可合为一条;燃气进、出气管的设计宜进行柔性计算。
②高压储气罐应分别设置安全阀、放散管和排污管。
③高压储气罐应设置压力检测装置。
④高压储气罐应减少接管开孔数量。
⑤高压储气罐应设置检修排空装置。
(15)站内工艺管道应采用钢管。燃气管道设计压力大于0.4MPa时,其管材性能应分别符合现行国家标准《石油天然气工业 管线输送系统用钢管》(GB/T 9711—2017)、《输送流体用无缝钢管》(GB/T 8163—2018)的规定;设计压力不大于0.4MPa时,其管材性能应符合现行国家标准《低压流体输送用焊接钢管》(GB/T 3091—2015)的规定。阀门等管道附件的压力级别不应小于管道设计压力。
(16)燃气加压设备的选型应符合下列要求:
①储配站燃气加压设备应结合输配系统总体设计采用的工艺流程、设计负荷、排气压力及调度要求确定。
②加压设备应根据吸排气压力、排气量选择机型。所选用的设备应便于操作维护、安全可靠,并符合节能、高效、低震和低噪声的要求。
③加压设备的排气能力应以厂方提供的实测值为依据。站内加压设备的形式应一致,加压设备的规格应满足运行调度要求,并不宜多于两种。储配站内装机总台数不宜过多,每1~5台压缩机宜另设1台备用。
(17)压缩机室的工艺设计应符合下列要求:
①压缩机宜按独立机组配置进、出气管及阀门、旁通、冷却器、安全放散、供油和供水等各项辅助设施;
②压缩机的进、出气管道宜采用地下直埋或管沟敷设,并宜采取减振降噪措施;
③管道设计应设有能满足投产置换、正常生产维修和安全保护所必需的附属设备;
④压缩机室宜根据设备情况设置检修用起吊设备;

⑤当压缩机采用燃气为动力时,其设计应符合现行国家标准《输气管道工程设计规范》(GB 50251—2015)和《石油天然气工程设计防火规范》(GB 50183—2015)的有关规定;

⑥压缩机组前必须设有紧急停止按钮;

⑦压缩机的控制室宜设在主厂房一侧的中部或主厂房的一端,控制室与压缩机室之间应设有能观察各台设备运转的隔声耐火玻璃窗。

(18)储配站控制室内的二次检测仪表及操作调节装置宜按表2-2规定设置。

表2-2 储配站控制室内二次检测仪表及操作调节装置参数设置

参数名称		现场显示	控制室		
			显示	记录或累计	报警联锁
压缩机室进气管压力		-	+	-	+
压缩机室出气管压力		-	+	+	-
机组	吸气压力	+	-	-	-
	吸气温度	+	-	-	-
	排气压力	+	+	-	-
	排气温度	+	-	-	-
压缩机室	供电电压	-	+	-	-
	电流	-	+	-	-
	功率因数	-	+	-	-
	功率	-	+	-	-
机组	电压	+	-	-	-
	电流	+	-	-	-
	功率因数	+	-	-	-
	功率	+	-	-	-
压缩机室	供水温度	-	+	-	-
	供水压力	-	+	-	+
机组	供水温度	+	-	-	-
	回水温度	+	-	-	-
	水流状态	+	-	-	-
润滑油	供油压力	-	+	-	+
	供油温度	+	-	-	-
	回油温度	+	-	-	-
电动机防爆通风系统排风压力		-	+	-	+

注:"+"表示应设置。

(19)压缩机室、调压计量室等具有爆炸危险的生产用房应符合现行国家标准《建筑设计防火规范》(GB 50016—2014)的"甲类生产厂房"设计的规定。

(20)门站和储配站内的消防设施设计应符合现行国家标准《建筑设计防火规范》(GB 50016—2014)的规定,并符合下列要求:

①储配站在同一时间内的火灾次数应按一次考虑,储罐区的消防用水量不应小于表2-3的规定。

表 2-3 储罐区的消防用水量

储罐容积,m³	>500~≤10000	>10000~≤50000	>50000~≤1000000	>100000~≤200000	>200000
消防用水量,L/s	15	20	25	30	5

注:固定容积的可燃气体储罐以组为单位,总容积按其几何容积(m^3)和设计压力(绝对压力,10^2 kPa)的乘积计算。

②当设置消防水池时,消防水池的容量应按火灾延续时间 3h 计算确定。当火灾情况下能保证连续向消防水池补水时,其容量可减去火灾延续时间内的补水量。

③储配站内消防给水管网应采用环形管网,其给水干管不应少于 2 条。当其中一条发生故障时,其余的进水管应能满足消防用水总量的供给要求。

④站内室外消火栓宜选用地上式消火栓。

⑤门站的工艺装置区可不设消防给水系统。

⑥门站和储配站内建筑物灭火器的配置应符合现行国家标准《建筑灭火器配置设计规范》(GB 50140—2005)的有关规定。储配站内储罐区应配置干粉灭火器(干粉灭火器指 8kg 手提式干粉灭火器,根据场所危险程度可设置部分 35kg 手推式干粉灭火器),配置数量按储罐台数每台设置 2 个;每组相对独立的调压计量等工艺装置区应配置干粉灭火器,数量不少于 2 个。

二、门站和储配站工艺流程

1. 门站工艺流程

门站是城镇燃气输配系统的门户。在门站接收长输管道或气源厂的来气后,根据需要对门站进行除尘、调压、计量、加臭、质量检测,再将其送入城镇燃气管网供下游用户使用。根据建站位置及需要,个别门站可与储配站合建。

(1)门站内主要设备全部双套互为备用,并能在常用设备出现故障时备用设备自动开启运行;

(2)门站内主要设备可遥控(主要指进出口阀门等);

(3)门站内一般设有高压、中压调压装置。

门站原理流程如图 2-8 所示。

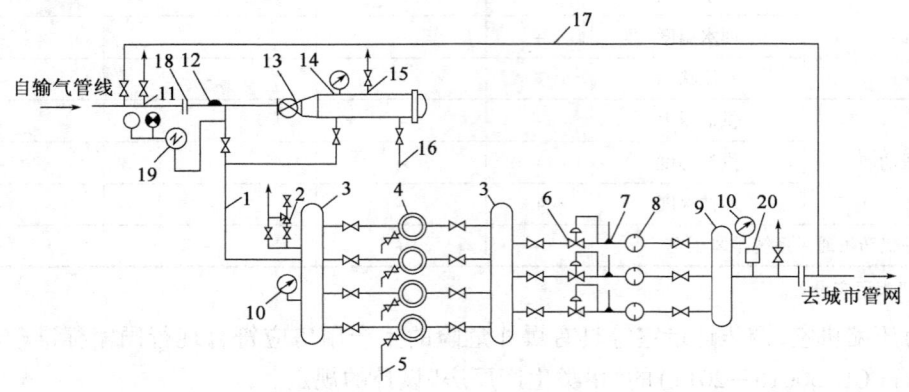

图 2-8 门站原理流程

1—进气管;2—安全阀;3,9—汇气管;4—除尘器;5—除尘器排污管;6—调压器;7—温度计;8—流量孔板;10—压力表;11—干线放空管;12—清管球通过指示器;13—球阀;14—清管球接收装置;15—放空管;16—排污管;17—越站旁通管;18—绝缘法兰;19—电接点式压力表;20—加臭装置

2. 储配站工艺流程

天然气高压储配站的主要功能是接收长输管线来的天然气,储存燃气,减压和计量后向城市输气管网输送燃气。

储配站所建储罐容积应根据输配系统所需储气总容量、管网系统的调度平衡和气体混合要求确定,具体储配站的储气方式及储罐形式应根据燃气进站压力、供气规模、输配管网压力等因素,经技术经济比较后确定。确定储罐单体或单组容积时,应考虑储罐检修期间供气系统的调度平衡。

高压天然气储配站工艺流程如图2-9所示,在用气低峰时,由长输管道来的天然气一部分经过一级调压进入高压球罐,另一部分经过二级调压进入城市。在用气高峰时,高压球罐和经过一级调压后的高压干线来气汇合后经过二级调压送入城市。为了提高储罐的利用系数,在站内安装引射器,当储罐内的天然气压力接近管网压力时,可以利用高压管道的高压天然气从压力较低的储罐中将天然气引射出来,以提高整个储配站的储罐容积利用系数。

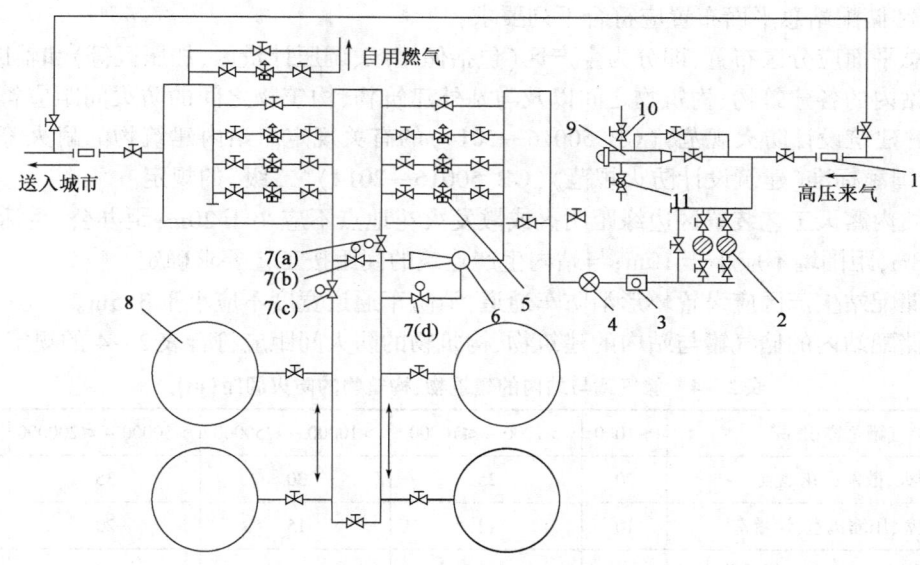

图2-9 高压天然气储配站工艺流程

1—绝缘法兰;2—除尘装置;3—加臭装置;4—流量计;5—调压器;6—引射器;7—电动球阀;8—储罐;9—接球装置;10—放散阀;11—排污阀

3. 某门站工艺流程图

某门站工艺流程图如图2-10所示(见书末插页)。长输管线以1.6MPa的压力进入门站,经过计量后进入汇管1,过滤分离器两台(一用一备)过滤除去气体中的粉尘和悬浮颗粒后,接着进入汇管2经自力式调压阀调压至0.4MPa计量后进入汇管3,经加臭送至城市中压管网。

4. 某高压储配站工艺流程

某高压储配站工艺流程图如图2-11所示(见书末插页)。长输管线以4.0MPa的压力进入门站,经过计量后进入汇管1,之后分两路出去,一路作为备用,一路输往下一级汇管,每一路经过过滤分离器过滤除去气体中的粉尘和悬浮颗粒后各自又分出一路去高压球罐储气,在进入储罐之前先经过调压阀调至1.6MPa。从汇管1出来后接着进入汇管2经自力式调压阀调压至1.6MPa后进入汇管3,再经一级调压后经计量加臭送至城市中压管网;遇到需要调峰用气时,储罐中的储气经计量后送至汇管3,接着经下一级调压到0.4MPa计量加臭后送至城市管网。

三、门站和储配站的选址与总平面布置

依据《城镇燃气设计规范》(GB 50028—2006),门站和储配站的选址应符合下列要求:
(1)门站站址应符合城镇总体规划的要求;
(2)门站站址应具有适宜的地形、工程地质、供电、给水排水和通信等条件;
(3)门站和储配站应少占农田、节约用地,并注意与城镇景观等协调;
(4)门站站址应结合长输管线位置确定;
(5)根据输配系统具体情况,储配站与门站可合建;
(6)储配站内的储气罐与站外的建筑物、构筑物的防火间距应符合现行国家标准《建筑设计防火规范》(GB 50016—2014)的有关规定。

门站和储配站总平面布置应符合下列要求:
(1)总平面应分区布置,即分为生产区(包括储罐区、调压计量区、加压区等)和辅助区。
(2)站内的各建筑物、构筑物之间以及与站外建筑物、构筑物之间的防火间距应符合现行国家标准《建筑设计防火规范》(GB 50016—2014)的有关规定。站内建筑物的耐火等级不应低于现行国家标准《建筑设计防火规范》(GB 50016—2014)"二级"的规定。
(3)站内露天工艺装置区边缘距明火或散发火花地点不应小于20m;距办公、生活建筑不应小于18m,距围墙不应小于10m;与站内生产建筑的间距按工艺要求确定。
(4)储配站生产区应设置环形消防车通道,消防车通道宽度不应小于3.5m。
(5)储配站内的储气罐与站内的建筑物、构筑物的防火间距应符合表2-4的规定。

表2-4 储气罐与站内的建筑物、构筑物的防火间距(m)

储气罐总容积,m^3	≤1000	>1000~≤10000	>10000~≤50000	>50000~≤200000	>200000
明火、散发火花地点	20	25	30	35	40
调压室、压缩机室、计量室	10	12	15	20	25
控制室、变配电室、汽车库等辅助建筑	12	15	20	25	30
机修间、燃气锅炉房	15	20	25	30	35
办公、生活建筑	18	20	25	30	35
消防泵房、消防水池取水口	20				
站内道路(路边)	10	10	10	10	10
围墙	15	15	15	15	18

注:(1)低压湿式储气罐与站内的建筑物、构筑物的防火间距,应按本表确定;
(2)低压干式储气罐与站内的建筑物、构筑物的防火间距,当可燃气体的密度比空气密度大时应按本表增加25%,当可燃气体的密度小于或等于空气密度时可按本表确定;
(3)固定容积储气罐与站内的建筑物、构筑物的防火间距应按本表的规定执行,总容积按其几何容积(m^3)和设计压力(绝对压力,10^2kPa)的乘积计算;
(4)低压湿式或干式储气罐的水封室、油泵房和电梯间等附属设施与该储罐的间距按工艺要求确定;
(5)露天燃气工艺装置与储气罐的间距按工艺要求确定。

（6）储气罐或罐区之间的防火间距应符合下列要求：

①湿式储气罐之间、干式储气罐之间、湿式储气罐与干式储气罐之间的防火间距，不应小于相邻较大罐的半径。

②固定容积储气罐之间的防火间距，不应小于相邻较大罐直径的2/3。

③固定容积储气罐与低压湿式或干式储气罐之间的防火间距，不应小于相邻较大罐的半径。

④多个固定容积储气罐的总容积大于200000m^3时，应分组布置。组与组之间的防火间距：卧式储罐，不应小于相邻较大罐长度的一半；球形储罐，不应小于相邻较大罐的直径，且不应小于20.0m。

⑤储气罐与液化石油气罐之间防火间距应符合现行国家标准《建筑设计防火规范》（GB 50016—2014）的有关规定。

（7）压缩机及其附属设备的布置应符合下列要求：

①压缩机宜采取单排布置；

②压缩机之间及压缩机与墙壁之间的净距不宜小于1.5m；

③重要通道的宽度不宜小于2m；

④机组的联轴器及皮带传动装置应采取安全防护措施；

⑤高出地面2m以上的检修部位应设置移动或可拆卸式的维修平台或扶梯；

⑥维修平台及地坑周围应设防护栏杆。

（8）当高压储气罐罐区设置检修用集中放散装置时，集中放散装置的放散管与站外建筑物、构筑物的防火间距不应小于表2–5的规定；集中放散装置的放散管与站内建筑物、构筑物的防火间距不应小于表2–6的规定；放散管管口高度应高出距其25m内的建筑物、构筑物2m以上，且不得小于10m。

（9）集中放散装置宜设置在站内全年最小频率风向的上风侧。

表2–5 集中放散装置的放散管与站外建筑物、构筑物的防火间距

项　　目		防火间距，m
明火、散发火花地点		30
民用建筑		25
甲、乙类液体储罐，易燃材料堆场		25
室外变、配电站		30
甲、乙类物品库房，甲、乙类生产厂房		25
其他厂房		20
铁路（中心线）		40
公路、道路（路边）	高速Ⅰ级和Ⅱ级、城市快速	15
	其他	10
架空电力线（中心线）	>380V	2.0倍杆高
	≤380V	1.5倍杆高
架空通信线（中心线）	国家Ⅰ、Ⅱ级	1.5倍杆高
	其他	1.5倍杆高

表2-6 集中放散装置的放散管与站内建筑物、构筑物的防火间距

项　目	防火间距,m
明火、散发火花地点	30
办公、生活建筑	25
可燃气体储气罐	20
室外变、配电站	30
调压室、压缩机室、计量室及工艺装置区	20
控制室、配电室、汽车库、机修间和其他辅助建筑	25
燃气锅炉房	25
消防泵房、消防水池取水口	20
站内道路(路边)	2
围墙	2

四、某高压储配站平面布置图

某高压储配站平面布置图如图2-12所示(见书末插页)。该高压储配站的主要建筑有办公楼、工艺装置区、配电室、仪表间、消防水池、绿化区等。门站的建筑物(构筑物)合理分区划分为生产区和辅助区。各区使用绿化带和车站道路进行有机分离,以促进运营和运营的安全管理。

第三节　调压站

调压站按照作用功能分类,有区域调压站和专用调压站,调压柜和调压箱之分。当区域调压站用于中—低压两级管网系统时,调压站出站管道与低压管网相连;当箱式调压装置用于中压一级管网系统时,调压箱出口管与小区庭院管道(或楼前管)相连。调压柜既可作管网级间调压,也可用于中压一级管网系统调压直供居民小区或其他用户;居民小区的配气管道在小区范围内布置,并可根据用户数配置调压柜的大小(流量)或数量。

调压站通常是由调压器、阀门、过滤器、安全保护装置、旁通管和测量仪表等组成。次高—中压调压站有的要设计量装置,但中—低压调压站不设计量装置。在中—低压调压站内设置的安全水封,在多数情况下因放散量不够,不能起到调压器超压保护作用,因此在中—低压调压站内应尽量采用切断式调压器,一旦调压器出门超压,切断装置就起作用,保护下游低压管道系统及用户安全。

一、调压站的工艺及要求

城区室外燃气管道压力不大于1.6MPa,按输配系统的压力级制,原则上中—低压或次高—中压或次高—低压的调压站和调压柜可布置在城区内,而高—次高压调压站和调压柜应布置在城郊。调压站的最佳作用半径大小主要取决于供气区的用气负荷和管网密度,并需经

技术经济比较确定;根据供气安全可靠性的原则,站内可采取并联多支路外加旁通系统。调压站(含调压柜)与其他建筑物、构筑物的水平净距应符合现行国家的相关规定。

调压站内的主要设备就是调压器,为了保证调压器正常运行,还设置过滤器、安全阀(或安全水封)、旁通管、进出口阀门及压力检测仪表等。次高—中压调压站有的要设计量装置,但中—低压调节站不设计量装置。

1. 次高—中压调压站工艺

在城镇高压(或次高压)环网向中压环网连接的支线管道上设置区域调压站,为防止发生超压,应安装防止管道超压的安全保护设备。高—次高压或次高—中压调压站输气量和供应范围较大,应按输气量决定调压器台数,并依压力范围选用合适的计量装置。供重要用户的专用线还得设置备用调压器。为适应用气量波动,可设置多个不同规格调压器的组合方式,如图2-13所示。

当调压器出口管径小于DN80、进口压力又不大于0.4MPa时,可将其设置在单层建筑的生产车间、锅炉房或其他用气房间内;当调压器出口压力大于0.8MPa时,可设置在单独、单层建筑物的生产车间或锅炉房内,而建筑物的防火等级不应低于二级。

2. 中—低压调压站的工艺

城镇大多数燃气用户直接与低压管网连接。由城镇中压环网引出的中压支线上可设置单个或连续设置多个中—低压调压站。调压站出口所连接的低压管网一般不成环,但可在相邻两个中—低压调压站出口干管之间连通,以提高低压网供气的可靠性。调压站进出口管道之间应设旁通,可间歇检修的调压站不必设备用调压器,使用安全水封作为调压器出口超压保护装置的调压站,以保证冬季站内温度高于5℃,如图2-14所示。区域调压站流程和实景分别见视频2-4和视频2-5。

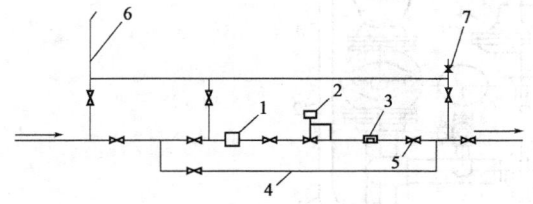
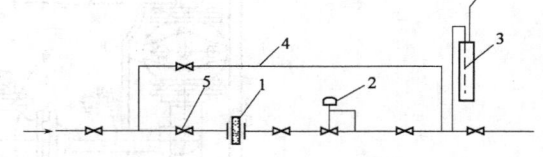

图2-13 次高—中压调压站工艺流程示意图　　图2-14 中—低压调压站工艺流程示意图
1—过滤器;2—调压器;3—安全切断阀;4—旁通管;　　1—过滤器;2—调压器;3—安全水封;4—旁通管;
5—阀门;6—放散管;7—放散阀　　　　　　　　　　　　5—阀门

视频2-4 区域调压站流程　　视频2-5 区域调压站实景

3. 调压箱

向工业、企业、商业和小区用户供应露点很低的燃气(如天然气)时,可通过调压箱(调压柜)直接由中压管道接入。小型的调压箱可挂在墙上;大型的落地式调压柜可设置在较开阔的供气区庭院内,并外加围护栅栏,适当备以消防灭火器具。小区调压箱流程和实景分别见视频2-6和视频2-7。楼栋调压箱流程和实景分别见视频2-8和视频2-9。

视频2-6 小区调压箱流程

视频2-7 小区调压箱实景

视频2-8 楼栋调压箱流程

视频2-9 楼栋调压箱实景

供居民和商业的燃气进口压力不应大于0.4MPa;供工业用户(含锅炉房)燃气进口压力不应大于0.8MPa。调压箱应有自然通风口,而体积大于$1.5m^3$的调压柜应有爆炸泄压口,并便于检修。燃气调压箱结构如图2-15所示。

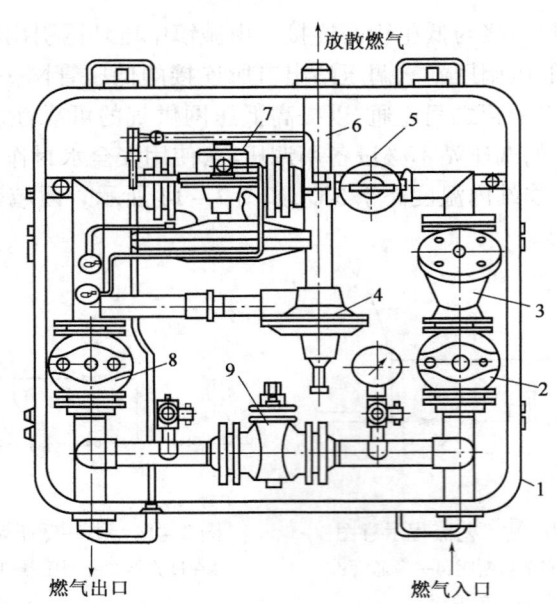

图2-15 燃气调压箱结构
1—金属壳;2—进口阀;3—过滤器;4—安全放散阀;5—安全切断阀;6—放散阀;7—调压器;8—出口阀;9—旁通阀

调压箱(调压柜)结构紧凑、占地少、施工方便、建设费用省,适于在城镇中心区各种类型用户选用。

调压箱(调压柜)结构代号分为A、B、C、D 4类,是指调压流程的支路数及旁通的设置情况,即A为单支路无旁通、B为单支路加旁通、C为双支路无旁通、D为双支路加旁通。如RX150/0.4A(B)是指调压箱(调压柜)代号为RX、公称流量为$150m^3/h$、最大进口压力为0.4MPa、单支路无旁通(单支路加旁通)的调压箱。

4. 地下调压站

为了考虑城镇景观布局，又要求调压站安全、防盗和环保，与 RX 系列调压箱(调压柜)一样将具不同功能的设备集成为一体，一般做成筒状的箱体，并敷设在花园、便道、街坊空地等处的地表下，称为地下调压站。在维护检修时，可开启操作井盖，利用蜗轮蜗杆传动装置打开调压设备筒盖，筒芯内需检修和拆卸的设备、零部件和仪表均在操作人员的视野范围内，并可提升到地表面。该装置需要铺坚实、光滑的基础，箱体需有良好的防腐绝缘层。图 2-16 为 RTJ-FP 系列轴流式调压器串接两级调压的地下调压站布置图。

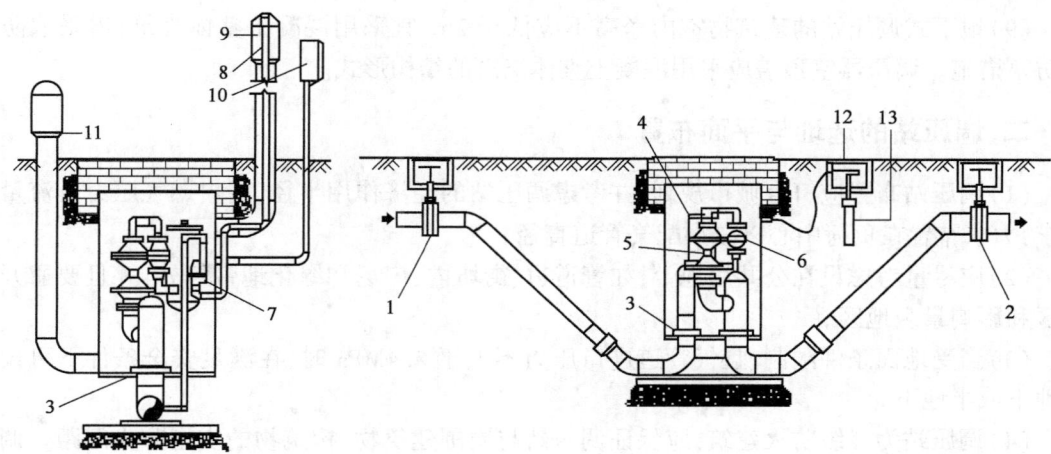

图 2-16　RTJ-FP 系列轴流式调压器串接两级调压的地下调压站布置
1,2—进、出口阀；3—绝缘接头；4—过滤器；5—串联两级轴流式调压器；6—超压切断阀；7—安全放散阀；8—放空管；9—高位放空管罩；10—控制工具板；11—低位放空管罩；12—检查孔；13—镁制阳极包

5. 调压站工艺要求

(1)低压管网不成环的区域调压站和连续生产使用的用户调压装置宜设置备用调压器，其他情况下调压器可不设备用调压装置。调压器的天然气进出口管道之间应设旁通管，用户调压箱可不设旁通管。

(2)高压天然气调压站室外进、出口管道上必须设置阀门，中压调压站室外进出口管道上宜设置阀门，当通向调压站支管阀门距调压站小于100m时，室外支管阀门与调压站进口阀门可合为一个。

(3)在调压器天然气入口处宜安装过滤及清除杂质装置，在出口处宜设置防止天然气出口压力过高的安全保护装置，居民用调压箱中的调压器安全保护装置宜选用人工复位型。

(4)各种安全放散装置的放散压力应为工作压力的1.3倍，放散管管口应高出调压站屋檐1.5m以上。落地式调压箱的安全放散管管口距地面的高度不应小于4m，设置在建筑物墙上的调压箱的安全放散管管口应高出建筑物屋檐1m以上。

(5)调压站内调压器及过滤器前后均应设置指示式压力表。调压器前宜设置自动记录式仪表，调压器后应设置自动记录式压力仪表。

(6)调压站内调压器水平安装高度应便于维护检修，两台以上调压器平行布置时，相邻调压器外缘净距应大于1m，调压器与墙面之间的净距和室内主要通道的宽度均应大于0.8m。

(7)调压站建筑物耐火等级应符合现行国家标准《建筑设计防火规范》(GB 50016—

2014)不应低于"二级"的设计规定。消防设施和器材的配备也应符合《建筑设计防火规范》（GB 50016—2014）的规定。调压器与毗邻的房间之间应用厚度大于24cm的实体隔墙隔开，隔墙内不得设有烟道和通风设备。调压器室内地坪应采用不会产生火花的材料敷设。调压器应有泄压措施，门窗应向外开启，窗应设防护栏和防护网，当门采用木质结构时则应包覆铁皮或以其他防火材料涂覆。

（8）设于空旷地带的调压站及采用高架遥测天线的调压站应单独设置避雷装置，其接地电阻值应小于10Ω。当调压站内外天然气管道为绝缘连接时，调压器及其附属设备必须接地，接地电阻应小于100Ω。

（9）地下式调压站的建筑物室内净高不应低于2m，宜采用混凝土整体浇筑，需采取防水和防寒措施。调压器室顶盖应采用混凝土整体浇筑的结构形式。

二、调压站的选址与平面布置

（1）调压站布置应符合城市规划，并考虑调压站的经济作用半径、用户燃气压力及流量的要求，力求布置在负荷中心以减小配气管道直径。

（2）应尽量考虑设在公共用地上，如管道边、街坊内、广场和绿化地带等处，并且要避开繁华区和影响景观地区。

（3）当受地面条件限制，且气管道进口压力不大于0.4MPa时，在满足安全条件下可设置在地下或半地下。

（4）调压站为二级防火建筑，应保证调压站与周围建筑物、构筑物的安全防火间距。调压站与其他建筑物、构筑物的水平净距应符合规范的规定。

（5）宜设置在地上单独的建筑物内或地上单独的箱内，调压箱进口压力不应大于0.4MPa。

（6）当受地上条件限制时，并且调压装置进口压力不大于0.4MPa时，可设置在地下单独的建筑物内。

（7）当自然条件和周围环境许可时，可设置在露天，但应设置围墙。

（8）调压站与其他建筑物、构筑物的水平净距应符合表2-7的规定。

（9）调压箱的设置位置应符合以下要求：落地式调压箱的箱底距地坪高度宜为30cm，可嵌入外墙壁或置于庭院的台上；悬挂式调压箱箱底距地坪的高度宜为1.2~1.8cm，可安装在用气建筑物的外墙壁上或悬挂于专用的支架上；调压箱到建筑物的门、窗或其他通向室内孔槽的水平净距应不小于1m，且不得安装在建筑物门窗及平台的上、下方墙上；安装调压箱的墙体应为永久性的，位置应能满足调压器安全装置的安装要求，应能使调压箱不被碰撞、不影响观瞻并能在开箱作业时不影响交通。

表2-7 调压站（含调压柜）与其他建筑物、构筑物的水平净距（m）

设置形式	调压装置入口燃气压力级制	建筑物外墙面	重要公共建筑、一类高层民用建筑	铁路（中心线）	城镇道路	公共电力变配电柜
地上单独建筑	高压(A)	18.0	30.0	25.0	5.0	6.0
	高压(B)	13.0	25.0	20.0	4.0	6.0
	次高压(A)	9.0	18.0	15.0	3.0	4.0

续表

设置形式	调压装置入口燃气压力级制	建筑物外墙面	重要公共建筑、一类高层民用建筑	铁路（中心线）	城镇道路	公共电力变配电柜
地上单独建筑	次高压(B)	6.0	12.0	10.0	3.0	4.0
	中压(A)	6.0	12.0	10.0	2.0	4.0
	中压(B)	6.0	12.0	10.0	2.0	4.0
调压柜	次高压(A)	7.0	14.0	12.0	2.0	4.0
	次高压(B)	4.0	8.0	8.0	2.0	4.0
	中压(A)	4.0	8.0	8.0	1.0	4.0
	中压(B)	4.0	8.0	8.0	1.0	4.0
地下单独建筑	中压(A)	3.0	6.0	6.0	—	3.0
	中压(B)	3.0	6.0	6.0	—	3.0
地下调压箱	中压(A)	3.0	6.0	6.0	—	3.0
	中压(B)	3.0	6.0	6.0	—	3.0

注：(1) 当调压装置露天设置时，则指距离装置的边缘；
(2) 当建筑物（含重要公共建筑）的某外墙为无门、窗洞口的实体墙，且建筑物耐火等级不低于二级时，燃气进口压力级别为中压 A 或中压 B 的调压柜一侧或两侧（非平行），可贴靠上述外墙装置；
(3) 当达不到表中净距要求时，采取有效措施，可适当缩小净距。

(10) 设置调压器场所的环境温度应符合下列要求：当输送干燃气时，无采暖的调压器的环境温度应能保证调压器的活动部件正常工作；当输送湿燃气时，无防冻措施的调压器的环境温度应大于 0℃。

(11) 调压器应能满足进气天然气的最大、最小压力要求，其压力差应根据调压器前天然气管道的最低设计压力与调压器后天然气管道的设计压力的差值确定。

(12) 调压器的计算流量应按照该调压器所承担的管网小时最大输送量的 1.2 倍确定。

第四节 分离除尘设备

天然气在钢制管道内长距离输送后，气体内的杂质主要为腐蚀产物，通常为固态粉末，为了保证设备（如压缩机和调压阀等）和仪表（流量计、温度计和压力表等）的正常工作，需要安装精度符合要求的过滤设备去除杂质。

输配站场中的除尘设备，要求结构简单、可靠、分离效率高，不用经常更换或清洗的部件，气流通过压降小等。目前，输配站场中经常采用的除尘设备有多管干式除尘器、旋风分离器、过滤分离器等。

分离除尘设备的设计计算参考《石油和化工工程设计工作手册：第五册 输气管道工程设计》。

一、多管干式除尘器

多管干式除尘器是一种适用于输配气站场的高效除尘设备。它适用于气量大、压力较高、含尘粒度分布广的干天然气的除尘，具有处理量大、噪声低、外壳不受磨损、工作安全可靠等优点。除尘效率高达91%～99%。

多管干式除尘器结构如图2-17所示，它由筒体、天然气进口管、出口管、灰斗和旋风子等部件组成。多管干式除尘器的筒体内安装有十多个旋风子，它们在两个同心圆圈上均匀排列（图中为19个旋风子），旋风子是除去固体粉尘杂质的主要部件。多管干式除尘器中旋风子的结构有多种形式，如单蜗进口式、双蜗进口式、双蜗短锥加延长管式、导向叶片式等，见图2-18。由于结构不同，旋风子的工作特性也就有差异。筒体下方的灰斗空间较大，有利于延长运转周期。多管干式除尘器上的注水嘴是用来对除尘器灰斗内的硫化铁粉进行润湿作业。

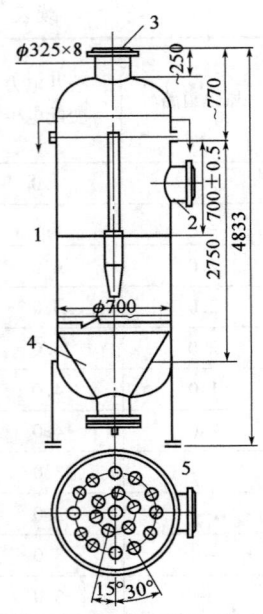

图2-17 多管干式除尘器结构示意图
1—筒体；2—进口管；3—出口管；4—灰斗；5—旋风子

天然气从进口管按其轴线与筒体轴线相垂直方向进入筒体后，分配到每一个旋风子中，在旋风子内，天然气在导向叶片的引导下作回旋运动（速度很大），由于离心力的作用，分离出天然气中的固体粉尘，干净的天然气从旋风子的内管流出，并经筒体上方的出口管输出。各旋风子中分离出的固体粉尘杂质从旋风子外管底部的锥形管沉落到灰斗，灰斗中的固体粉尘杂质定期排除。

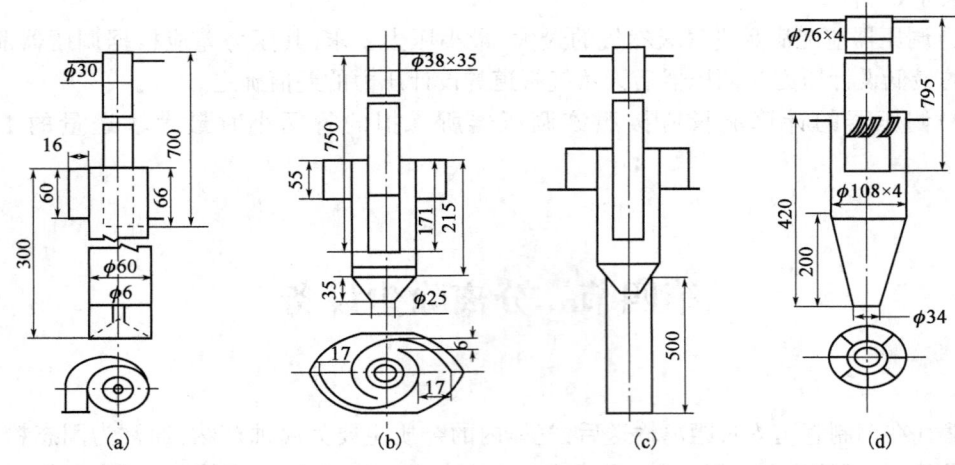

图2-18 旋风子结构示意图
(a)单蜗进口式；(b)双蜗进口式；(c)双蜗短锥加延长管式；(d)导向叶片式

1. 旋风子的轴向进气面积 F_1

$$F_1 = \frac{\pi}{4}(D_2^2 - D_1^2) - n\delta\frac{D_2 - D_1}{2} \tag{2-1}$$

式中　F_1——一个旋风子的轴向进气面积，m^2；
　　　D_2——旋风子外管内直径，m；
　　　D_1——旋风子内管外直径，m；
　　　n——旋风子的导向叶片数(一般 $n=8$)；
　　　δ——旋风子导向叶片进气口端部的厚度(一般 $\delta=0.005m$)，m。

2. 旋风子的轴向进气速度 v_1

根据试验，天然气压力在 1.0～2.0MPa，对 ϕ100mm 旋风子，一般最适宜的旋风子轴向进气速度 v_1 可控制在下列范围：直筒形旋风子 v_1 控制在 14～24m/s；圆锥形旋风子 v_1 控制在 12～20m/s。

若天然气压力在 2～4MPa 之间或更高，为了防止压降过大，应选用上述范围的低限，如 $v_1=10～12m/s$。

$$v_1 = 26.037\sqrt{\frac{\Delta p}{\zeta \rho_0}}\sqrt{\frac{TZ}{p}} \tag{2-2}$$

式中　Δp——多管干式除尘器的允许压降，MPa；
　　　ζ——阻力系数，导向叶片出口角为 30°、ϕ100mm 或 76mm 圆锥形导叶式旋风子的 ζ 为 13.2，直筒形导叶式旋风子的 ζ 为 12.7；
　　　ρ_0——标准状况下气体的密度，kg/m^3；
　　　T——操作条件下气体的热力学温度，K；
　　　Z——气体压缩系数；
　　　p——操作条件下气体的绝对压力，MPa。

3. 旋风子的个数 N

$$N = \frac{q}{v_1 F_1} \tag{2-3}$$

式中　v_1——一个旋风子轴向进气速度，m/s；
　　　q——操作条件下的气体流量，m^3/d。

4. 多管干式除尘器的直径 D

多管干式除尘器宜用圆筒形，器内旋风子按同心圆排列。推荐两个相邻旋风子的最小中心距取 $(1.4～1.5)D_2$。

若以 ϕ100mm 导叶式旋风子为例，则可按表 2-8 来设计除尘器的排管方案。

表 2-8　多管干式除尘器排管方案表

除尘器直径 D，mm	400	500	600	700～720	900	1000	1140～1200	1300	1400	1500～1540	1700
可排旋风子根数(最多)	3～5	7	12	19	27	37	48	61	75	91	108

选出除尘器直径后，确定一台除尘器内可排的旋风子根数 m，计算出除尘器台数。

$$A = \frac{N}{m} \tag{2-4}$$

式中　A——除尘器台数；
　　　N——旋风子的个数；
　　　m——一台除尘器可排的旋风子个数。

5. 多管干式除尘器高度的确定

多管干式除尘器各部分的高度不同，进气室（旋风子进气口到上管板的距离）的高度为 L_1，$L_1 = 0.8D$，且 $L_1 \geqslant 700\text{mm}$；排气室（上管板到封头焊缝的距离）的高度为 L_2，$L_2 = 0.8D$，且 $L_1 \geqslant 600\text{mm}$；灰斗高度（旋风子底板的直筒部分高度）取 $700 \sim 1000\text{mm}$。

6. 核算旋风子的流速和压降

核算旋风子的流速：

$$v_1 = \frac{q}{NF_1} = \frac{p_0 TZq_v}{86400T_0 pNF_1} \quad (2-5)$$

式中　v_1——旋风子轴向进气速度，m/s；
　　　q——操作条件下的气体流量，m³/d；
　　　q_v——标准状况下（$p_0 = 0.101325\text{MPa}$，$T_0 = 293\text{K}$）的气体流量，m³/d；
　　　p——操作条件下气体的绝对压力，MPa。

天然气通过多管干式除尘器的总压降：

$$\Delta p = 9.81 \times 10^{-6} \zeta \frac{\rho v_1^2}{2g} \quad (2-6)$$

式中　Δp——气体总压降，MPa；
　　　ζ——阻力系数；
　　　ρ——操作条件下气体的密度，kg/m³；
　　　v_1——旋风子轴向进气速度，m/s。
　　　g——重力加速度。

二、旋风分离器

旋风分离器是利用气固混合物在作高速旋转时所产生的离心力，将粉尘从气流中分离出来的干式气固分离设备。由于颗粒所受的离心力远大于重力和惯性力，所以分离效率较高。

净化天然气通过设备入口进入设备内旋风分离区，当含杂质气体沿轴向进入旋风分离管后，气流受导向叶片的导流作用而产生强烈旋转，气流沿筒体呈螺旋形向下进入旋风筒体，密度大的液滴和尘粒在离心力作用下被甩向器壁，并在重力作用下，沿筒壁下落流出旋风管排尘口至设备底部储液区，从设备底部的出液口流出。旋转的气流在筒体内收缩向中心流动，向上形成二次涡流经导气管流至净化天然气室，再经设备顶部出口流出。

当含尘气流以 $10 \sim 25\text{m/s}$ 的速度由进气管进入旋风分离器，气流将由直线运动变为圆周运动，在旋转过程中产生离心力，将密度大的尘粒甩向器壁，进入排灰管。旋转下降的外旋气流在旋风分离器中部反转向上，形成内旋气流。旋风分离器对 $5 \sim 10\mu\text{m}$ 以上的粉尘清除效率为 $50\% \sim 95\%$。气体和固体颗粒在旋风分离器中的运动非常复杂，在器内任一点都有切向、径向和轴向速度，并随旋转半径变化。在实际操作中应控制适当的气速。实验表明，气速过小，分离效率不高；但气速过高，易产生涡流，导致返混现象严重，同样会降低分离效率。

常用旋风分离器结构图如图 2-19 所示。

1. 旋风分离器进口尺寸

旋风分离器进口管可以制成矩形和圆形两种形式。由于圆形进口管与旋风分离器器壁只有一点相切,而矩形进口管在整个高度上均与筒壁相切,故一般多采用矩形进口管。一般矩形进口管的高度 a 与宽度 b 之比为

$$\frac{a}{b} = 2 \sim 3$$

2. 旋风分离器进口管气速 v_1

在一定范围内,进口气速越高,除尘效率也越高。但气速太高会使粗颗粒粉碎变成细粉尘的量增加,对有凝聚性质的粉尘起分散作用而降低分离效果。同时,流速过高会增加旋风除尘器的压力损失和加速分离器本体的磨损,降低其使用寿命。一般的进口气速为 $10 \sim 25 \mathrm{m/s}$。

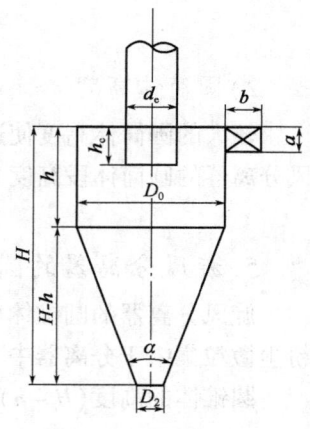

图 2-19　常用旋风分离器结构图

3. 旋风分离器进口横截面积

$$F = ab = \frac{q}{v_1} \tag{2-7}$$

其中

$$q = \frac{p_0 T Z q_v}{86400 T_0 p} \tag{2-8}$$

式中　F——旋风分离器进气口截面积,m^2;
　　　a——矩形进气口高度,m;
　　　b——矩形进气口宽度,m;
　　　q——操作条件下气体的流量,m^3/s;
　　　v_1——旋风分离器进口管气体速度,$\mathrm{m/s}$;
　　　p_0——标准状况下气体的绝对压力,MPa;
　　　T——操作条件下气体的热力学温度,K;
　　　Z——气体压缩系数;
　　　q_v——标准状况下 ($p_0 = 0.101325\mathrm{MPa}, T_0 = 293.15\mathrm{K}$) 气体的流量,$\mathrm{m}^3/\mathrm{d}$;
　　　T_0——标准状况下气体的热力学温度,K;
　　　p——操作条件下气体的绝对压力,MPa。

4. 旋风分离器圆筒体结构尺寸

1) 圆筒体直径 D_0

一般旋风分离器的直径越小,旋转半径越小,粉尘颗粒所受的离心力越大,旋风分离器的分离效率也就越高。但过小的筒体直径,由于旋风分离器器壁与排气管太近,可造成直径较大的颗粒反弹至中心气流而被带走,使分离效率降低。工程上常用的旋风分离器的筒体直径在 200mm 以上。旋风分离器的圆筒体直径与其进口管(矩形进口)的宽度 b 和高度 a 有以下比例关系:

$$\frac{b}{D_0} = 0.2 \sim 0.25 \tag{2-9}$$

$$\frac{a}{D_0} = 0.4 \sim 0.75 \tag{2-10}$$

2）圆筒体高度

较大的圆筒体高度使进入筒体的尘粒停留的时间较长,有利于分离,可提高除尘效率。旋风分离器的圆筒体段高度 h 为

$$h = (1.5 \sim 2.0) D_0 \tag{2-11}$$

5. 旋风分离器的圆锥体结构

旋风分离器的圆锥体可以在较短的轴向距离内将外旋流变为内旋流,同时将分离出来的粉尘微粒集中于分离器中心,并将其排入灰斗中。

圆锥体的高度 $(H-h)$：

$$H - h = (2.0 \sim 2.5) D_0 \tag{2-12}$$

排灰口直径 D_2：

$$D_2 = (0.15 \sim 0.4) D_0 \tag{2-13}$$

圆锥体半锥角 α,推荐值为 $13° \sim 15°$。

6. 旋风分离器排气管

旋风分离器排气管直径为 d_e,当 $D_0/d_e = 2.5 \sim 3.0$ 时,分离效率达到最高;在设计旋风分离器时,一般取 $d_e = (0.3 \sim 0.5) D_0$。

排气管的插入深度为 h_c,h_c 直接影响旋风分离器的性能,推荐值为 $h_c = (0.3 \sim 0.75) D_0$。常用旋风分离器几何尺寸的比例关系见表 2-9。

表 2-9 旋风分离器几何尺寸比例关系及计算结果

项 目	比例关系	项 目	比例关系
b	$(0.2 \sim 0.25) D_0$	$H - h$	$(2.0 \sim 2.5) D_0$
a	$(0.4 \sim 0.75) D_0$	h	$(1.5 \sim 2.0) D_0$
d_e	$(0.3 \sim 0.5) D_0$	D_2	$(0.15 \sim 0.4) D_0$
h_c	$(0.3 \sim 0.75) D_0$	α	$13° \sim 15°$

7. 旋风分离器的压力损失 Δp

$$\Delta p = 9.81 \times 10^{-6} \zeta \frac{v_1^2}{2g} \rho \tag{2-14}$$

其中

$$\zeta = k \frac{ab}{d_e^2} \tag{2-15}$$

$$\rho = \frac{T_0 p \rho_0}{p_0 T Z} \tag{2-16}$$

$$\rho_0 = 1.205 \Delta \tag{2-17}$$

式中　Δp——压力损失,MPa；

ζ——阻力系数；

k——标准切向进口参数,无进口叶片的 $k=16$,有进口叶片的 $k=7.5$,螺旋面进口的 $k=12$；

g——重力加速度,m/s²；

ρ——操作条件下气体的密度,kg/m³;
ρ_0——标准状况下气体的密度,kg/m³;
Δ——标准状况下气体的相对密度。

三、过滤分离器

过滤元件由过滤管、过滤层、保护层和外套构成。气体进入后,粒径较大的固体尘粒或液滴被滤芯挡在外面,一部分进入储液罐,一部分固体颗粒在滤芯外表面堆积,在压差达到一定值后,就要进行清洁或更换滤芯。第二级分离室装有金属丝网,它是一个高效捕雾器。为防止两段气体流窜,储液罐用隔板分开。卧式过滤分离器结构图如图2-20所示(视频2-10)。

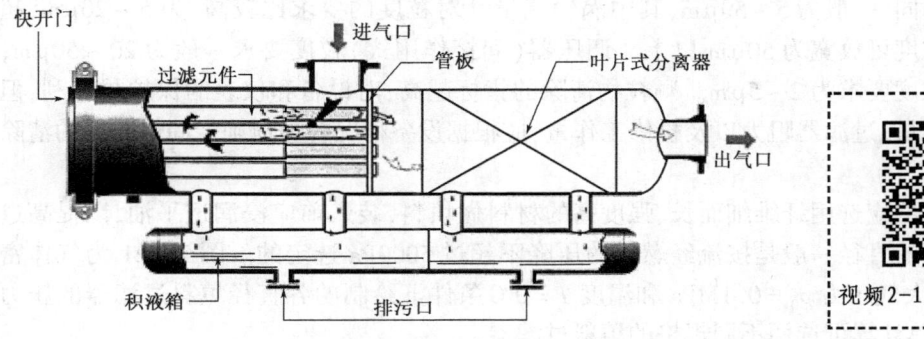

图2-20 卧式过滤分离器结构图

1. 卧式过滤分离器滤芯处理量

$$q_0 = 440\sqrt{\frac{p}{MT}} \qquad (2-18)$$

式中 q_0——标况下单根滤芯处理量,10⁴m³/(天·根);
p——操作条件下气体的绝对压力,MPa;
M——气体的平均相对分子质量;
T——操作条件下气体的热力学温度,K。

2. 滤芯数

$$N = \frac{q}{q_0} \qquad (2-19)$$

式中 q——标况下气体的流量,m³/d;
q_0——标况下单根滤芯处理量,10⁴m³/(天·根)。

3. 卧式过滤分离器直径

过滤管的排列可按三角形和正方形排列,正方形排列对气体流通有利,较常采用。过滤元件间净距的确定以方便维修拆卸为宜,一般选取10~30mm。可参考多管干式除尘器的排管方案确定分离器直径和台数,见表2-9。

进出口管管径设计同上。

四、过滤器

为了防止燃气中固体悬浮物积存在调压器、流量计和阀门中破坏其正常工作,必须在调压

视频2-11 过滤器

器入口处安装过滤器(视频2-11)。

常用于调压站中的过滤器有轴向直通气体过滤器、Y形气体过滤器和角形气体过滤器。过滤器与管道之间常采用法兰连接。过滤器前后应设置指示式压力表,根据测得的压力降可以判断过滤器堵塞情况。在正常工作情况下,燃气通过过滤器的压力损失不得超过规定值,压力损失过大时应拆下过滤器清洗。

过滤器的除尘效果可用净化率(η)和透过率(D)来表示,其中η为过滤器后除尘量与过滤器前未除尘气体绝对含尘量之比,D为过滤器后被除尘气体含尘量与过滤器前未除尘气体含尘量之比。不同的仪表和设备允许或可以接受的颗粒物粒度范围有所不同。不同流量计颗粒物粒度要求不同,一般为$5 \sim 50 \mu m$,其中涡轮流量计对粒度的要求比较高,为$5 \sim 20 \mu m$,超声流量计允许粒度可放宽为$50 \mu m$以上。调压器(间接作用式)粒度要求一般为$20 \sim 50 \mu m$,其中指挥器的粒度要求为$2 \sim 5 \mu m$。颗粒物清除的指标越高,对设备和仪表的保护越有利,但会增加除尘器容量、过滤器阻力以及检修工作量,应根据设备情况合理地确定固体杂质的清除精度和过滤效率。

填料式过滤器应选用纤维细而长、强度高的材料做填料,装入前应浸润透平油,以提高过滤效果。过滤器的直径一般是按流经燃气的压降不超过5000Pa选定的。图2-21为气体密度$\rho_0 = 1 kg/m^3$、大气压力$p_0 = 0.1 MPa$和温度$T = 0℃$条件下绘制的各直径填料过滤器的压力降曲线,并做简单计算可选用不同规格的填料过滤器。

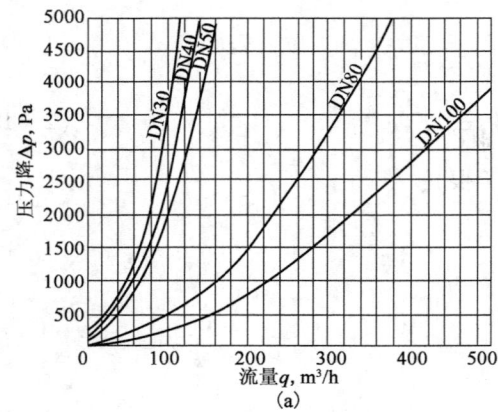
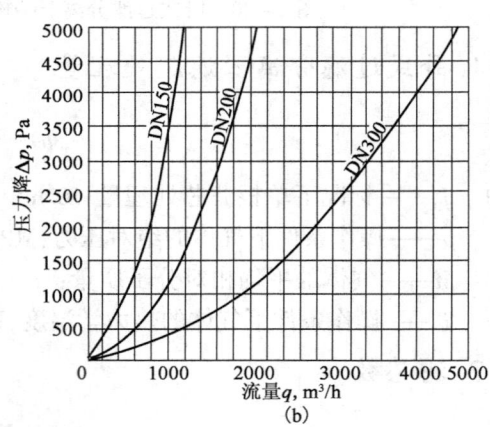

图2-21 过滤器压力降曲线

(a)DN30~DN100过滤器的压力降曲线;(b)DN150~DN300过滤器的压力降曲线

若设计条件与图2-21绘制曲线的条件不符时,则实际压力降Δp_1计算公式为

$$\Delta p_1 = \Delta p_0 \left(\frac{q_1}{q_0}\right)^2 \frac{\rho_1 p_0}{\rho_0 p_1} \cdot \frac{T_1}{T_0} \qquad (2-20)$$

式中 Δp_1——填料过滤器实际压力降,Pa;

Δp_0——选填料过滤器时设定的压力降,Pa;

q_1——燃气的计算流量,m^3/h;

q_0——由图2-21查得的流量,m^3/h;

ρ_1——燃气密度,kg/m^3;

ρ_0——设定的气体密度,kg/m^3;
p_0——设定的气体绝对压力,$p_0 = 0.1$ MPa;
p_1——燃气绝对压力,MPa;
T_1——燃气温度,K;
T_0——设定的气体温度,$T_0 = 273$ K。

填料过滤器用在中压或低压调压器前过滤燃气中的固体悬浮物杂质,一般当阻力损失达到10000Pa时必须清洗填料。

第五节 压缩机组

一、压缩机组的选型

长输管道压缩机组主要采用往复式压缩机和离心式压缩机。往复式压缩机适用于低排量、高压比的工况;而离心式压缩机正好相反,适用于大排量、低压比的工况。

1. 往复式压缩机

往复式压缩机的压力范围十分广泛,其进气压力从低至真空到排气压力达到210MPa以上的超高压,排气量范围为3~400m³/min。往复式压缩机的气缸有单作用和双作用两种。单作用气缸只有气缸一侧有进排气阀,活塞经过一次循环只能压缩一次气体;双作用则是指气缸两侧都有进排气阀,活塞往返运动时,都可以压缩气体。往复式压缩机也分为单级或多级压缩。在结构形式上,往复式压缩机按气缸中心线的相对位置分为多种形式,目前天然气增压用的往复式压缩机多为对置式压缩机和对称平衡式压缩机。

往复式压缩机主要由三大部分组成:运动机构(曲轴、轴承、连杆、十字头、皮带轮或联轴器等)、工作机构(气缸、活塞、气阀)和机身主体;此外还有三个辅助系统,即润滑油系统、冷却系统以及调节系统。运动机构是一种曲柄连杆机构,把曲柄的旋转运动变为十字头的往复运动,驱动机经联轴器带动曲轴旋转,曲轴与连杆的大头相连,连杆的小头与十字头相连,而十字头则被限定在水平滑道内,只能做往复运动,旋转的曲轴使连杆做平面摆动,传到十字头则变为往复运动,十字头则通过活塞杆带动活塞在气缸内做往复运动。工作机构是实现压缩机工作原理的主要部件,气缸呈圆筒形,两端都装有若干吸气阀与排气阀,活塞在气缸中间做往复运动。机身用来支撑和安装整个运动机构和工作机构,又兼作润滑油箱用,曲轴用轴承支撑在机身。

由图2-22可知,曲轴旋转一周,活塞左右往复一次,气缸容积内完成一个循环。气缸上布置有吸气阀和排气阀,这些气阀控制气流只做单向流动。吸气阀只能吸气,排气阀只能排气,二者不能同时动作。气阀的启闭是依靠缸内外压力差来实现的,但一般吸气或排气管道内的压力是维持恒定的。因此,依靠活塞的往复运动,改变了缸内容积,从而使缸内气体压力发生变化。往复式压缩机的简单工作原理是:由于活塞在气缸内的来回运动与气阀相应的开闭动作相结合,使气缸内气体依次实现膨胀、吸气、压缩、排气4个过程,不断循环,将低压气体升压并源源输出。

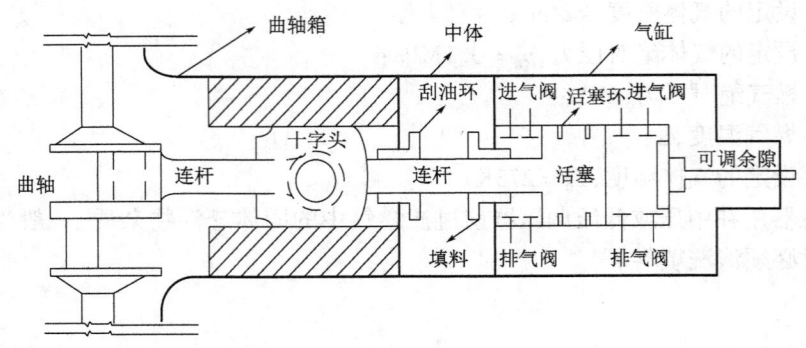

图 2-22 往复式压缩机结构示意图

2. 离心式压缩机

离心式压缩机适用于吸气量为 14~5660m³/min(吸入状态下的体积流量)的情况,每级的最高压力比受出口温度的限制(205~232℃)。为了提高压比,离心式压缩机需要做成多级叶轮,最高达到 6~8 级,每级压比在 1.1~1.5 之间,小型离心式压缩机最高出口压力可达到 68MPa,大型离心式压缩机一般可达到 17~20MPa,其剖面结构图如图 2-23 所示。压缩机主要构件如下:

(1) 叶轮:离心式压缩机中唯一的做功部件。由于叶轮对气体做功,增加了气体的能量,使得气体流出叶轮时的压力和速度都明显增加。

(2) 扩压器:离心式压缩机中的转能装置。气体从叶轮流出的速度很大,为了将速度能有效转变为压力能,便在叶轮出口后设置流通截面逐渐扩大的扩压器。

(3) 弯道:位于扩压器后的气流通道。其作用是将扩压后的气体由离心方向改为向心方向,以便引入下一级叶轮继续进行压缩。

(4) 回流器:其作用是使气流以一定方向均匀地进入下一级叶轮入口。在回流器中一般装有导向叶片。

(5) 吸气室:其作用是将进气管中的气体均匀地导入叶轮。

(6) 蜗壳:主要作用是将从扩压器(或直接从叶轮)出来的气体收集起来,并引出机器。在

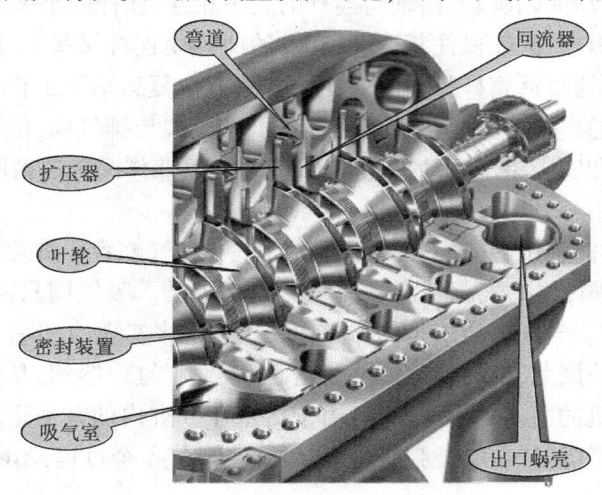

图 2-23 离心式压缩机剖面结构图

蜗壳收集气体的过程中,由于蜗壳外径及通流截面的逐渐扩大,因此它也起着降速扩压的作用。

(7)除了上述组件外,为了减少气体向外泄漏,在机壳两端还安装有轴封装置;为减少内部泄漏,在隔板内孔和叶轮轮盖进口外圆面上还分别装有迷宫密封装置;为了平衡轴向力,在机器的一端装有平衡盘等。在离心压缩机中,习惯将叶轮与轴的组合称为转子;而将扩压器、弯道、回流器、吸气室和蜗壳等称为固定元件或定子。

气体由吸气室吸入,通过叶轮对气体做功后,使气体的压力、速度、温度都得到提高,然后进入扩压器,将气体的速度都能转变为压力能。当通过一个叶轮对气体做功,扩压后不能满足输送要求时,就必须把气体引入下一级继续进行压缩。为此,在扩压器后设置了弯道、回流器,使气体由离心方向变为向心方向,均匀地进入下一级叶轮进口。至此,气流流过了一个极,在继续进入第二、第三极压缩后,最后由排出管输出。气体在离心式压缩机中是沿着与压缩机轴线垂直的半径方向流动的。

3. 压缩机优缺点及选型

1) 离心式压缩机的优缺点

离心式压缩机为旋转式压缩机,压缩机对流量的适应范围较窄。设计输量下,压缩机效率较高,可达到80%~87%,在流量增大或减少时,因偏离了高效区,效率将显著下降。压缩机选型时应满足设计额定工况下处于最高效率区,偏离工况下压缩机组也应能满足压力、流量、转速等的要求,尽量在较高效率下运行。离心式压缩机组具有喘振和堵塞的特性,可通过驱动机转速调节以满足流量变化的需要。当流量接近压缩机喘振点时,喘振回路自动调节压缩机出口的防喘振阀开度,以确保压缩机的平稳运行。一般距喘振工况为10%时报警,距喘振工况为5%时打开防喘振阀。

离心式压缩机适用于大排量、流量变化幅度较小、压比低的工况,其单台功率较大,流量变化范围为70%~120%。对输气量大、工况相对确定的管道压气站,离心式压缩机机组经济性能优异。

离心式压缩机结构简单、摩擦部件和易损件少、运转可靠、使用寿命长、运转中无往返式运动、工作平稳、噪声小、无流量脉冲现象,其日常维修工作量低于往复式压缩机。另外,离心式压缩机结构紧凑、体积小、重量轻、功率大、所需台数少、辅助设施及配管等少、占地面积小。

2) 往复式压缩机的优缺点

往复式压缩机为容积式压缩机,对流量的适应范围较宽。流量变化范围为40%~120%,压缩机绝热效率较高,设计工况点下,可达80%~84%。往复式压缩机适用于小流量、流量变化幅度较大、压比高的工况。对中、小气量,不确定性较多的管道压气站,往复式压缩机组较为灵活。往复式压缩机需要定期更换磨损件,如活塞环等,一般在12~18个月需要更换一次,日常维修工作量大,日常维护费用高。运行中有往复运动,由于动力不平衡性和气流的脉动作用,设备基础和配管等需采取防振动措施,噪声较大。因往复式机组热效率高,在相同输量和压比下,往复式机组燃气耗量小于离心式机组。往复式压缩机结构复杂、体积大、功率小、所需台数多、辅助设施及配管多、占地面积稍大。

3) 压缩机选型

对于气量较大且气量波动幅度不大、压比较低的情况,宜选用离心式压缩机。当流量小时,相对来说离心式压缩机的叶轮窄,加工制造困难,工作情况不稳定。特别是多级压缩机的情况下,由于气体被压缩,后几级叶轮的流量更小。因此,离心式压缩机的最小流量受到限制。此外,由于离心式压缩机是先使气体得到动能,然后再把动能转化为压力能。因此,比空气密度小的气体,要得到同样的压缩比,必须使气体的速度更高,而这样必然导致摩擦损失的增加,因此离心式压缩机对压缩低相对分子质量的气体是不利的。

在高压和超高压压缩时,一般采用往复式压缩机。往复式压缩机的压比通常是 $3:1 \sim 4:1$,在理论上往复式压缩机压比可以无限制,但太高的压比会使热效率和机械效率下降,较高的排气温度会导致温度应力增加。往复式压缩机综合绝热效率为 $0.75 \sim 0.85$。由于往复式压缩机具有效率高、出口压力范围宽、流量调节方便等特点,在气田内部集输和储气库上得到广泛应用,在输气管线上也有使用。

二、压缩机组的设计计算

1. 离心式压缩机的理论轴功率计算

根据《输气管道工程设计规范》(GB 50251—2015):

$$N = \frac{\omega}{3600\eta} \cdot \frac{8.3145}{M} \cdot \frac{ZT_1}{(k-1)/k} \cdot (\varepsilon^{\frac{k-1}{k}} - 1) \tag{2-21}$$

式中　N——压缩机轴功率,kW;
　　　ω——天然气流量,kg/h;
　　　η——压缩机效率;
　　　M——气体的摩尔质量,g/mol,其值等于气体的相对分子质量;
　　　Z——气体平均压缩因子;
　　　T_1——压缩机进口气体温度,K;
　　　k——气体绝热指数,以甲烷为主的天然气 k 可取 $1.27 \sim 1.31$;
　　　ε——压缩比。

2. 往复式压缩机的理论轴功率计算

根据《输气管道工程设计规范》(GB 50251—2015):

$$N = 16.745 p_1 q_v \frac{k}{k-1}(\varepsilon^{\frac{k-1}{k}} - 1) \frac{Z_1 + Z_2}{2Z_1} \cdot \frac{1}{\eta} \tag{2-22}$$

式中　N——压缩机轴功率,kW;
　　　p_1——压缩机进气压力,MPa;
　　　q_v——进气条件下压缩机排量,m³/min;
　　　Z_1——压缩机进气条件下的气体压缩系数;
　　　Z_2——压缩机排气条件下的气体压缩系数。

3. 压缩机实际所需功率计算

$$N_s = N/(\eta_g \cdot \eta_c) \tag{2-23}$$

式中　N_s——压缩机实际所需功率,kW;
　　　η_g——机械效率,大中型压缩机的 $\eta_g = 0.90 \sim 0.95$,小型压缩机的 $\eta_g = 0.85 \sim 0.90$;
　　　η_c——传动损失,皮带传动 $\eta_c = 0.96 \sim 0.99$,齿轮传动 $\eta_c = 0.97 \sim 0.99$,直联 $\eta_c = 1.0$。

4. 压缩机过程中的温升计算

压缩机温升按照式(2-24)进行计算:

$$T_2 = T_1 \varepsilon^{\frac{k-1}{k}} \qquad (2-24)$$

式中 T_1——压缩机进气温度，K；

T_2——压缩机排气温度，K。

第六节 调压设备

一、调压器的原理及设计

调压器是将较高的入口压力调至较低的出口压力，并随着用气量的变化自动地保持其出口压力为定值，完成降压、稳压功能的设备。它是由敏感元件、控制元件、执行机构和阀门组成的压力调节装置（视频2-12）。

调压器相当于一个可以调节压力的局部阻力件，随着阀门开启程度的不同，阻力也不同，从而达到对流量和压力参数进行调节的目的。

在天然气长输系统中常用的调压器主要有气动薄膜调压器、自力式调压器和角接式调压器。其中气动薄膜调压器需与气动调压器配套使用，要求压缩空气为膜头提供定压值。城镇燃气输配系统一般使用的是自力式调压器，其特点是不需要外来能量，直接利用管道流体自身的压力进行压力调节。它结构简单、维修方便、调节灵敏，适用于缺电的地区，因此在天然气输配系统目前广泛使用自力式调压器。

视频2-12 调压器

自力式调压器主要用于阀后压力调节，稳定阀后管道介质压力。将指挥器作适当改装也可作阀前压力调节，保持调压器前面管道或设备压力的稳定。联入孔板可作恒差压调节，保持流过孔板前后的差压为恒定值。

自力式调压器由主调压器、指挥阀和阻尼嘴等组成，用 $\phi14\sim\phi18mm$ 导压管连接成工作控制系统。

自力式调压器在使用时，调节指挥阀给定阀后压力值，当被调介质的压力升高，高于给定值时，升高的阀后信号通过导压管传递到指挥阀下膜腔，迫使喷嘴挡板关小，从而主阀工作膜腔内的操作压力下降，主阀自动关小阀芯开度，于是通过调压器的气量减少，使调压器的压力降低到给定值为止。反之，当调压器阀后压力降低至给定压力以下时，指挥器接收压力信号后立即增大输出量，使主阀工作膜腔内的操作压力增加，阀芯自动增大，直到压力升高至给定值为止，无论用户负荷怎么变化，都能始终保持调压器阀后压力恒定。

自力式调压器按作用形式分为直接作用式和间接作用式两种。

1. 直接作用式调压器

如图2-24所示，直接作用式调压器由测量元件（薄膜）、传动部件（阀杆）和调节机构（阀门）组成。

当出口后的用气量增加或进口压力降低时，出口压力就下降，这时由导压管反映的压力使作用在薄膜下侧的力小于膜上重块（或弹簧）的力，薄膜下降，阀瓣也随着阀杆下移，使阀门开

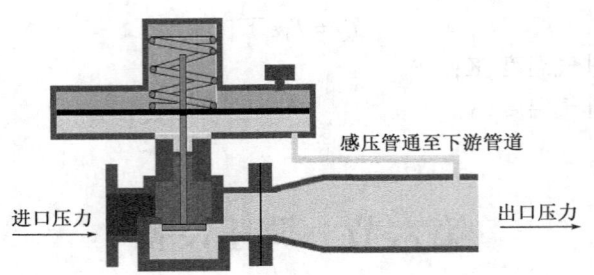

图 2-24 直接作用式调压器结构图

大,燃气流量增加,出口压力恢复到原来给定的数值。反之,当出口后的用气量减少或进口压力升高时,阀门关小,流量降低,仍使出口压力得到恢复。出口压力值由调节块的重量或弹簧力来给定。

2. 间接作用式调压器

间接作用式调压器是由指挥器内出口压力和调压弹簧的相互作用调定一个负载压力来控制调压器主阀阀口的开度,从而改变调压器流通通道的大小。

如图 2-25 所示,间接作用式调压器由主调压器、指挥器组成。

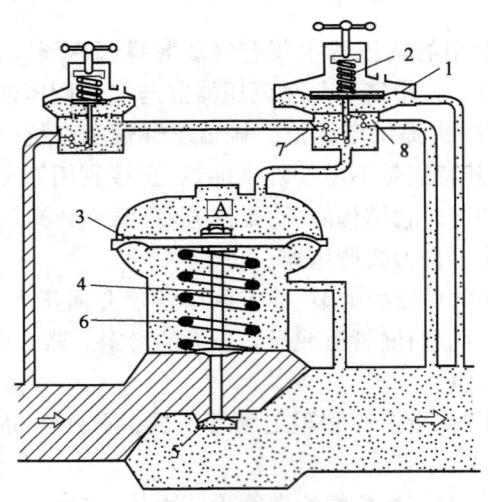

图 2-25 间接作用式调压器

1—指挥器薄膜;2—指挥器弹簧;3—主调压器薄膜;4—阀杆;5—主调压阀;6—主调压器弹簧;7,8—指挥器调压阀

常用间接作用式调压器有 T 型调压器、雷诺式调压器、活塞式调压器、轴流式间接作用调压器、曲流式调压器等。

1) T 型调压器

当出口压力低于给定值时,指挥器的薄膜就下降,使指挥器阀门开启,经节流后压力为 p_3 的燃气补充到主调压器的膜下空间。由于 p_3 大于 p_2,使主调压器阀门开大,流量增加,p_2 恢复到给定值。反之,当 p_2 超过给定值时,指挥器薄膜上升,使阀门关闭。同时,由于作用在排气阀薄膜下侧的力使排气阀开启,一部分压力为 p_3 的燃气排入大气,使主调压器薄膜下侧的力减小,又由于 p_2 偏大,故使主调压器的阀门关小,p_2 也立即恢复到给定值。其结构图如图 2-26 所示。

2）雷诺式调压器

当处于无负荷状态,主调压器及两个辅助调压器阀门均呈关闭状态。随着负荷增大,出口压力下降,出口压力 p_2 下降,低压辅助调压器失去平衡状态,调压阀门打开,燃气流向低压管道;同时中压辅助调压器调压阀门也打开;流经针形阀的流量增大,针形阀阻力损失也增大,针形阀后中间压力 p_0 降低,使压力平衡器薄膜下降,通过杠杆将主调压器阀打开。当负荷越大,流经辅助调压器的流量也就越大,针形阀的阻力损失也就越大,中间压力也就越小,主调压器阀门的开度也就越大;如负荷减小,调压器的动作与上述情况相反。负荷减至零时,阀门完全关闭,切断燃气的通路。雷诺式调压器如图2-27所示。

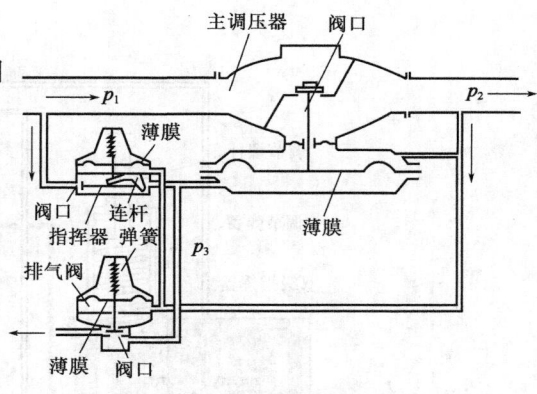

图2-26 T型调压器结构图

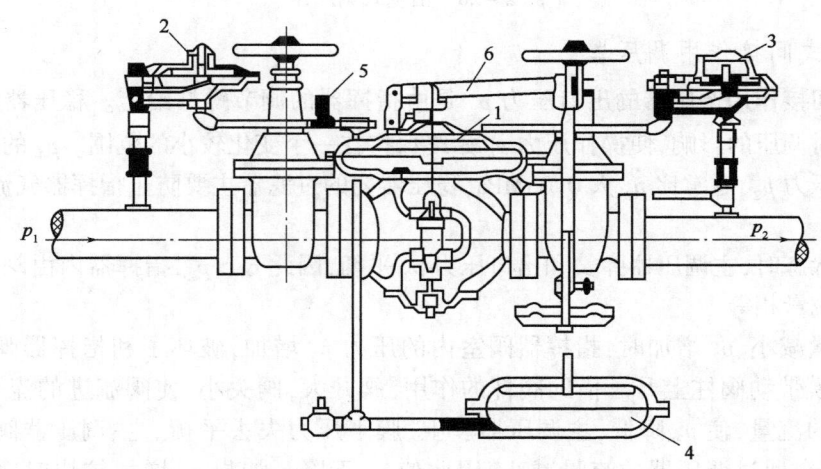

图2-27 雷诺式调压器

1—主调压器;2—中压辅助调压器;3—低压辅助调压器;4—压力平衡器;5—针形阀;6—杠杆

当进口压力小于等于中间压力但又大于低压额定压力时,主阀敞开,指挥系统失效,中压直通低压。

3）活塞式调压器

进口压力 p_1 由外信号管输入一级指挥器作为二级指挥器的操作能源,再由二级指挥器输出操作压力 p_3 至执行器的下腔以操纵阀芯总成的启闭,从而达到控制出口压力 p_2 的目的。

出口压力的任何变化都会作用在指挥器内,改变指挥器薄膜两边 p_2 和调节弹簧的平衡。当出口压力 p_2 降低时,指挥器薄膜在调节弹簧的作用下向下运动,使阀瓣开启,操作压力 p_3 增大,主薄膜在作用下向上移动,加大主阀瓣与阀口的开度,从而通过阀口的流量增加,维持下游压力的恒定。反之,当出口压力 p_2 增加时,指挥器降低操作压力 p_3,减少阀芯的开度以维持下游压力的恒定。活塞式调压器如图2-28所示。

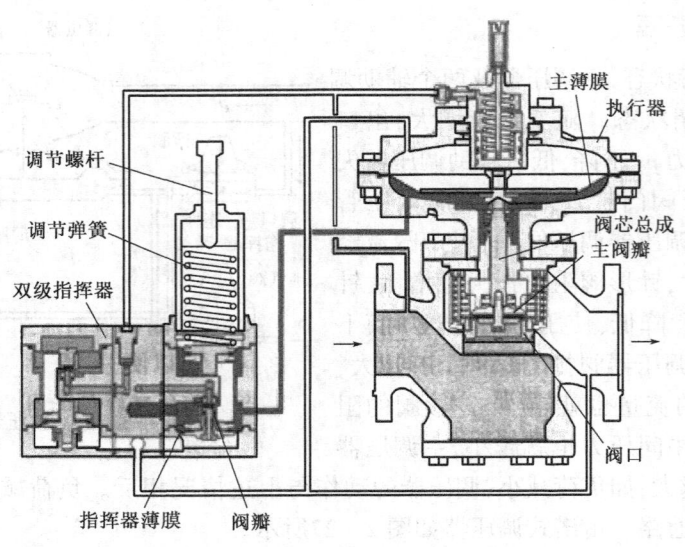

图 2-28 活塞式调压器

4) 轴流式间接作用调压器

轴流式间接作用调压器的出口压力 p_2 是由指挥器的调节螺杆给定。稳压器的作用是消除进口压力对调压的影响,使操作压力 p_4 始终保持在一个变化较小的范围。p_4 的大小取决于弹簧和出口压力 p_2,通常比 p_2 大 0.05MPa,稳压器内的过滤器主要防止指挥器气流孔阻塞,避免操作故障。

在平衡状态时,主调压器弹簧和出口压力 p_2 平衡,因此 $p_3 > p_2$,指挥器内由阀流进的流量与阀流出的流量相等。

当用气量减小、p_2 增加时,指挥器阀室内的压力 p_2 增加,破坏了和指挥器弹簧的平衡,使指挥器薄膜带动阀柱上升。借助阀杆的作用,阀开大,阀关小,使阀流进的流量小于阀和校准孔流出的流量,使 p_3 降低,主调压器膜上、膜下压力失去平衡。主调压器阀向下移动,关小阀门,导致通过调压器的流量减小,因此使 p_2 下降。如果 p_2 增加较快时,指挥器薄膜上升速度也较快,使排气阀打开,加快了降低 p_3 的速度,主调压器阀尽快关小甚至完全关闭。当用气量增加、p_2 降低时,其各部分的动作相反。轴流式间接作用调压器结构图如图 2-29 所示。

5) 曲流式调压器

如图 2-30 所示,曲流式调压器主要由外壳、橡胶套、内芯和阀盖组成。在内芯的周围有若干个长条形缝隙作为通气孔道。调压器内腔用椭圆形金属板分成两部分,一侧为进口,另一侧为出口。橡胶套用腈基橡胶制作,呈筒状,是曲流式调压器的关键部件,具有耐摩擦、耐腐蚀、不易变形等性能,同时还有很好的弹性。

二、自力式调压阀的选型计算

1. 调压阀流通能力 C

流通能力 C 值是指调压阀中主阀的容量,是设计和选用调压阀主阀规格的主要参数,可参考《石油地面工程设计手册:第五册 天然气长输管道工程设计》。

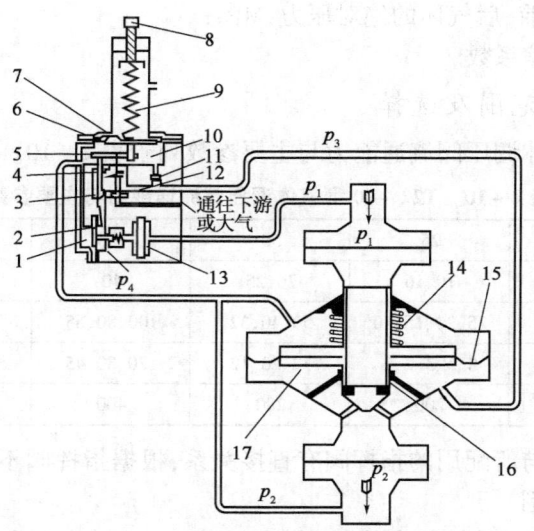

图 2-29 轴流式间接作用调压器

1—弹簧;2—皮膜;3,4—指挥器阀;5—阀杆;6—指挥器薄膜;7—阀柱;8—调节螺杆;9—指挥器弹簧;10—指挥器阀室;11—校准孔;12—排气阀;13—带过滤的稳压器;14—主调压器弹簧;15—主调压器薄膜;16—主调压器阀;17—主调压器阀室

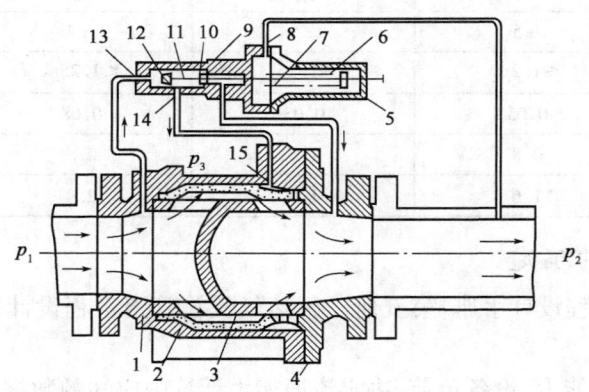

图 2-30 曲流式调压器

1—外壳;2—橡胶套;3—内芯;4—阀盖;5—指挥器上壳体;6—弹簧;7—橡胶膜片;8—导压管入口;9—指挥器下壳体;10—阀口;11—阀杆;12—阀芯;13—阀口;14—孔口;15—环状腔室

当 $p_2 > 0.5p_1$ 时:

$$C = \frac{q_v}{3874.9} \sqrt{\frac{\rho_0 Z_1 (273+t)}{(p_1 - p_2)(p_1 + p_2)}} \quad (2-25)$$

当 $p_2 < 0.5p_1$ 时:

$$C = \frac{q_v}{3365.1} \sqrt{\frac{\rho_0 Z_1 (273+t)}{p_1}} \quad (2-26)$$

式中 C——主调压阀的流通能力,t/h;

q_v——气体在标准状态下的流量,m³/h;

t——气体的流动温度,℃;

ρ_0——气体在标准状态下的密度,kg/m³;

p_1、p_2——调压阀前、后气体的绝对压力,MPa;

Z_1——气体的压缩系数。

2. 调压阀的调节范围及选择

现将 T22-40 型气体调压阀流通能力与主要参数列于表 2-10。

表 2-10　T22-40 型气体调压阀流通能力与主要参数

公称直径,mm	25	50	100	150	200
行程,mm	10、16	26、25	40	60	60
阀芯直径,mm	25、20、15、10	50、40、32	100、80、65	150、125	200
流通能力,t/h	8、5、3.2、1	32、20、12	120、80、45	280、180	450
膜头有效面积,cm^2	200	280	400	630	1000

调压阀的调节范围与所配用的指挥阀有直接关系,根据指挥阀不同型号的压缩弹簧可得到调压阀不同的调节范围。

T22-40 型气体调压阀的性能参数列于表 2-11。

表 2-11　T22-40 型气体调压阀的性能参数

弹簧号 项目	Ⅰ $0.05 \leq p_2 < 0.3$	Ⅱ $0.3 \leq p_2 < 0.8$	Ⅲ $0.8 \leq p_2 < 1.6$	Ⅳ $1.6 \leq p_2 < 3$
稳压精度,%	±5	±5	±4	±4
关闭压力,p_d	≤$1.2p_2$	≤$1.2p_2$	≤$1.25p_2$	≤$1.25p_2$
最小压力差,MPa	0.05	0.05	0.08	0.1
最大进口压力,MPa	0.8	1.6	2.5	4
膜头最大工作压力,MPa	1.6	1.6	2.4	3

3. 调压阀直径的确定

根据《石油地面工程设计手册:第五册　天然气长输管道工程设计》,调节阀直径的确定符合以下要求:

(1)根据工艺生产能力、设备负荷,决定流通能力计算中应知的数据,计算流量(最大和最小流量)。

(2)决定计算压差(一般不希望小于系统总压差的 30%~50%)。

(3)利用计算公式求得最大、最小流量时的 C 值,即 C_{max} 和 C_{min},从可控角度出发,$R = C_{max}/C_{min}$ 不应大于 30。

(4)从调节阀产品说明书上选取大于 C_{max} 并最接近一级的 C 值。

(5)根据得到的 C 值,验证调节阀的开度,一般最大计算流量时的开度不希望超过 90%,最小流量时的开度不希望小于 10%,即 $C_{max} < 0.9C$,$C_{min} > 0.1C$。如不能满足,则采用两台并联使之满足。

在实际工作中,调压器产品用空气(或燃气)作介质按规定的标准和方法进行过性能检测,即调压器产品样本明示了一定通径(DN)的调压器,在进口压力(p_1)和出口压力(p_2)时相应的额定流量(标准状态下,压力为 101325Pa,温度为 273.16K)q_n。因此,根据设计要求的工况参数可以很容易地应用式(2-27)、式(2-28)进行换算,确定实际所需调压器的型号规格。

如果产品样本中给出的调压器参数是 q'、ρ_0'、p_1'、p_2' 和 $\Delta p'$,则换算公式的形式如下:

(1) 亚临界流动状态,即当 $v = \dfrac{p_2 + p_0}{p_1 + p_0} > 0.5$ 时,则

$$q = q'\sqrt{\dfrac{\Delta p(p_2 + p_0)\rho_0'}{\Delta p'(p_1 + p_0)\rho_0}} \qquad (2-27)$$

(2) 临界流动状态,即当 $v = \dfrac{p_2 + p_0}{p_1 + p_0} \leqslant 0.5$ 时,则

$$q = 50q'(p_1 + p_0)\sqrt{\dfrac{\rho_0'}{\Delta p'(p_2' + p_0)\rho_0}} \qquad (2-28)$$

式中 q——所求调压器的额定流量,m^3/h;
q'——样本中调压器的额定流量,m^3/h;
Δp——所选调压器时的计算压力降,Pa;
$\Delta p'$——样本中调压器时的计算压力降,Pa;
p_1、p_2——所选调压器的进、出口压力,Pa;
p_1'、p_2'——样本中调压器的进、出口压力,Pa;
ρ_0——所选调压器通过的燃气密度,kg/m^3;
ρ_0'——样本中调压器检测用的介质密度,kg/m^3;
p_0——标准大气压力,为101325Pa。

为了保证调压器本身调节的稳定性,其调压阀的开启度不宜处在完全开启的状态,一般要求调压器调压阀的最大开启度以75%~95%为宜,因而按式(2-27)、式(2-28)求得的额定流量需作适当修正,即放大1.15~1.20倍计算出调压器的最大流量。

$$q_{max} = (1.15 \sim 1.20)q \qquad (2-29)$$

考虑到管网事故工况和其他不可预计的因素,选用调压器的额定计算流量与管网计算流量之间有如下关系:

$$q_n = 1.20q_j \qquad (2-30)$$

式中 q_n——选用调压器的额定计算流量,m^3/h;
q_j——管网计算流量,m^3/h。

因此,选用调压器的最大流量 q_{max} 为

$$q_{max} = (1.15 \sim 1.20)q_n = (1.38 \sim 1.44)q_j \qquad (2-31)$$

值得注意的是,调压器的调节范围与所选配的指挥器有直接关系,指挥器根据不同型号的压缩弹簧可得到调压器不同的调节范围。调压器压差过小会影响调节性能,压差过大也会影响调节性能和阀芯的使用寿命,因而必须采取二级调压,调压器具体的调节范围及压差应按产品使用说明书正确选择。

第七节 流量计

在燃气生产、输送、分配和使用过程中,需要对燃气的各种参数(压力、温度、流量速度、密度、黏度和热值等)进行计量。不同参数的计量采用不同的计量仪表或器具,燃气流量的计量则采用燃气流量计仪表或燃气计量器具。国内外凡是适合于测量燃气流量的各种流量计量仪

视频2-13 燃气流量计

或器具均可统称为燃气流量计(视频2-13)。

燃气流量是一个动态值,被测量燃气包括液体态和气态两种状态,不同状态的燃气具有不同特性。燃气管道内的输送压力可以从低压到高压,被测量流量的大小可以从微小流量到特大流量。燃气总量的计量对象类型很多,气源售出计量、城市购入计量、区域供气计量和用户使用计量等。用户计量又有居民用户计量、公福用户计量、工业用户计量和建筑采暖用户计量之分。因此,为准确测量燃气流量,必须研究不同类别的燃气在不同条件下的燃气流量计算方法,并提供相应的燃气流量计。

城市燃气供应的主要对象是居民用户及公共建筑用户,尤其是前者数量极大,但每户燃气流量值很小,燃气输送压力最低。流量计算的准确度要求最高,而且必须一户一表。居民用户所用的燃气流量计一般为皮膜式燃气流量计,简称燃气表,习惯上将用于居民用户的燃气表称为家用燃气表。

一、流量计简介

常用的流量计有罗茨流量计、皮膜流量计、差压式流量计、涡轮流量计、旋进旋涡流量计和超声流量计。

(1)罗茨流量计:其工作原理是当被测介质经过流量计时,在流量计进、出口形成压力差,此压力差推动罗茨转子旋转,当转子、计量室结构尺寸一定时,其排出介质的体积与转子转速成正比,此转速经变速机构以一定的变速比传给表头指针和计数器,即可读出介质流出的体积量。罗茨流量计具有初始动流量小、压损小的优点,是理想的中小流量、不稳定流量、量程比较宽的流量状态的计量仪表,对上游来讲是比较理想的交接表。缺点是维护要求高,对气质要求高,在高寒地区供热需电伴热,维护跟不上会发生冰堵卡死等故障。

(2)皮膜流量计:其工作原理是将燃气引入容积一定的计量室,当充满后予以排出,通过一定机构,将充气排气的次数转换成容积单位(m^3),反映到流量计的外部计数器上。由于一个计量室不能使气体排出,故一般有两个计量室交替进行充气和排气。皮膜运动的推动力是燃气表进出口的气体压力差。每个运动周期燃气表都排出一定量的气体,将燃气表的运动周期次数通过传动机构反映到表外的计数器上,便显示出气体通过的体积数。这样燃气表的计量工作就在这个反复运动下得以连续进行。

(3)差压式流量计(又称孔板流量计):是利用燃气通过节流装置时所产生的压差来测量燃气流量的,它由节流装置、导压管和差压计组成。差压式流量计结构易于复制,简单、牢固、性能稳定可靠、价格低廉。差压式流量计应用范围特别广泛,在封闭管道的流量测量中各种对象都有应用。

(4)涡轮流量计:一种典型的速度式燃气流量计,其特点是测量精度高、测量范围宽、动态响应好、压力损失小、能耐较高的工作压力,仪表发生故障时,不影响燃气管路系统内燃气的正常输送,可实现流量的指示和总量的积算。当流体进入流量计时,在一体化两级整流器作用下得到整流并加速,流体推动与流向呈一定角度的涡轮叶片,在克服机械阻力矩和流体阻力矩后,涡轮开始旋转并进入稳态,在一定流量范围内,气体流量正比于转子转速。叶轮的转速经一个复合的齿轮传动系统减速后,通过一个密封的磁耦合器传送到计数器或频率计,显示总的积算流量,同时将脉冲频率经过频率—转换器以指示瞬时流量。

(5)旋进旋涡流量计：其结构紧凑，主要由壳体、旋涡发生体、传感器（温度、压力、流量）、整流器、支架和转换器构成。旋进旋涡流量计适用于流量较大、比较稳定的流量状态计量，缺点是始动流量大、压损大。当流体进入流量传感器时，在旋涡发生体的作用下，被强制围绕中心线旋转，产生旋涡流，旋涡流在文丘里管中旋进，到达收缩段突然节流后，使旋涡流加速，当通过扩散段时，旋涡中心沿一锥形螺旋线进动。此时，旋涡中心通过检测点的进动频率与流体的流速成正比。由压电传感器检测到的旋涡漂流进动频率信号经前置放大器放大、滤波、整形转换为与流速成正比的脉冲信号，然后再与温度、压力等检测信号一起被送往微处理器进行积算处理，最后在液晶显示屏上显示出测量结果。

(6)超声流量计：由超声波换能器、电子线路及流量显示和累积系统三部分组成。超声波发射换能器将电能转换为超声波能量，并将其发射到被检测流体中，接收器接收到的超声波信号，经电子线路放大并转换为代表流量的电信号供给显示和积算仪表进行显示和积算，这样就实现了流量的监测和显示。超声流量计是近年来迅速发展的新型流量计，可不破坏流速进行流量监测，且适用于大口径管道。它通过检测流体流动对超声束（或超声脉冲）的作用以测量流量。超声波在流动的流体中传播时就载上流体流速的信息，通过接收到的超声波就可以检测出流体的流速，从而换算成流量。根据对信号检测的原理，超声流量计可以分为传播速度差法（直接时差法、时差法、相位差法和频差法）、波束偏移法、多普勒偏移法、多普勒法、互相关法、空间滤法及噪声法等。

二、流量计选型

1.超声流量计

在天然气计量中使用的超声流量计的工作原理为传播时间差法。超声流量计是长输管道常用流量计之一，计量标准为《用气体超声流量计测量天然气流量》（GB/T 18604—2014），其特性如下：

(1)公称通径不小于100mm。

(2)最低压力为0.8MPa，某些厂家的产品最低压力可达到0.4MPa，个别厂家的产品可在常压下使用。

(3)测量：不确定度一般在0.5%以内。

(4)量程比为1:(30~100)。

(5)压力损失较低。

(6)上、下游直管段要求：上游10D（视厂家而定），最好(25~30)D，加流动调节器；下游5D（D为管道直径）。

(7)对气质要求比较低。

(8)受环境温度影响较小，对脉冲流和噪声比较敏感，可采用调频换能器减少其影响。

(9)检定或校准要求：在最低使用压力和40%最大流量下，就可在全范围内使用，通过使用中的检验，可把检定周期从2年延长至6年。

(10)超声流量计购置费用高，安装费用中等，运行费用低，维护费用低，修理费用高。

(11)其他：表体没有阻力原件，可过载，流量计故障时不影响供气。

超声流量计具体实物如图2-31所示。

图 2-31 超声流量计

2. 涡轮流量计

涡轮流量计是长输管线常使用的流量计之一,计量标准为《用气体涡轮流量计测量天然气流量》(GB/T 21391—2008),其特性如下:

(1)公称通径一般不大于 500mm。
(2)最低压力没有要求。
(3)测量不确定度可达到 0.25%。
(4)量程比为 1:(10~50)。
(5)压力损失中等。
(6)上、下游直管段要求:上游 10D、下游 5D,加流动调节器可以更短。
(7)对气质要求比较高。
(8)受环境温度影响较小,受脉动流影响比较大。
(9)检定或校准要求:在 1/2~2 倍的检定或校准压力范围内使用,不影响准确度。
(10)购置、安装及运行费用中等,维护费用高,修理费用高。
(11)其他:压力和流量突变时可能会损坏叶片,可短时间过载,流量计故障可能会影响供气。

涡轮流量计剖面图及实物如图 2-32 所示。

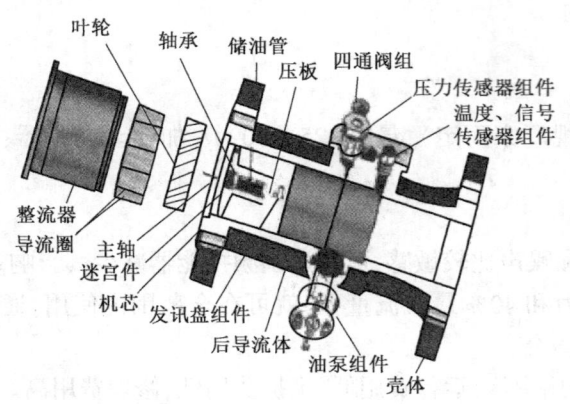

图 2-32 涡轮流量计

3. 孔板流量计

标准孔板流量计是长输管线常用流量计之一,其计量标准为《用标准孔板流量计测量天然气流量》(GB/T 21446—2008),其特性如下:

(1)公称通径为50~1000mm。
(2)最低压力没有要求。
(3)测量不确定度一般在1.0%左右。
(4)量程比为1:(3~10)。
(5)压力损失较大。
(6)上、下游直管段要求:上游最长为145D,如果加流动调节器为30D;下游为7D。
(7)对气质要求中等。
(8)受环境温度影响较小,脉动流在一定程度上会影响准确度。
(9)检定或校准要求:唯一的一种几何检定合格就可使用的流量计。
(10)购置费用低,安装费用高,运行费用较高,维护费用低,修理费用低。
(11)其他:压力突变可能会造成节流件或二次仪表损坏,但可以过载,流量计故障不影响供气。

目前我国采用体积计量中大多数都使用孔板流量计进行流量测量,其工作原理及实物图如图2-33所示。

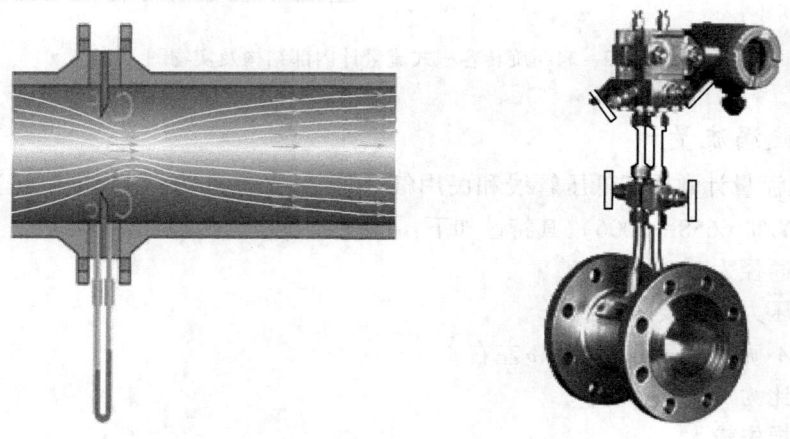

图2-33 孔板流量计工作原理及实物图

4. 旋转容积式流量计

旋转容积式流量计常用于低压管线和民用气计量,计量标准为《用旋转容积式气体流量计测量天然气流量》(SY/T 6660—2006),其特性如下:

(1)公称通径为25~200mm。
(2)最低压力没有要求。
(3)测量不确定度可达到0.2%。
(4)量程比为1:(5~150)。
(5)压力损失较大。

(6)上、下游直管段要求为上游4D、下游2D。
(7)对气质要求高。
(8)受环境温度影响较大。
(9)要求尽量在使用压力下检定或校准。
(10)购置费用高,安装费用中等,运行费用高,维护费用高,修理费用高。
(11)其他:压力和流量突变会造成转子损坏,可短时间过载,流量计故障时可能断气。

旋转容积式流量计内部结构及实物图如图2-34所示。

图2-34 旋转容积式流量计内部结构及实物图

5. 旋进旋涡流量计

旋进旋涡流量计常用于低压管线和民用气计量,计量标准为《用旋进旋涡流量计测量天然气流量》(SY/T 6658—2006),其特性如下:

(1)公称通径为25~200mm。
(2)最低压力没有要求。
(3)测量不确定度一般在1.0%左右。
(4)量程比为1:(10~15)。
(5)压力损失较大。
(6)上、下游直管段要求为上游10D、下游5D。
(7)气质要求中等。
(8)受环境温度影响较小,受脉动流影响较大。
(9)要求尽量在使用压力下检定或校准。
(10)购置费用低,安装费用低,运行费用中等,维护费用中等,修理费用中等。
(11)其他:压力和流量突变可能会损坏叶片,可短时间过载,流量计故障可能会影响供气。

旋进旋涡流量计工作原理及实物图如图2-35所示。

长输站场通常采用孔板流量计进行计量。门站和储配站通常采用涡轮流量计,也有采用多声道超声流量计和涡轮流量计等。

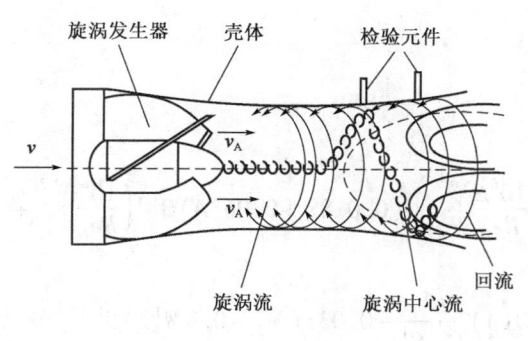

图 2-35 旋进旋涡流量计工作原理及实物图

孔板流量计是将标准孔板与多参数差压变送器（或差压变送器、温度变送器及压力变送器）配套组成的高量程比差压流量装置，可测量气体、蒸气、液体及天然气的流量，广泛应用于石油、化工、冶金、电力、供热、供水等领域的过程控制和测量。节流装置又称为差压式流量计，是由一次检测件（节流件）和二次装置（差压变送器和流量显示仪）组成广泛应用于气体、蒸气和液体的流量测量，具有结构简单、维修方便、性能稳定的特点。

二、孔板流量计选型计算

孔板流量计选择步骤如下：
(1) 把可以直接求出的参数求出其具体值，如 F_G、F_Z、F_T；
(2) 把不可以直接求出的参数表示成只含 d 一个未知数的表达式，如 C、E、ε。
(3) 把所有计算出的和所有表示出的参数代入，通过一个迭代可求出 β 值，从而计算出 d 的值。
(4) 根据工艺要求以及计算出的参数值可选出适合的流量计。

1. 体积流量

由《用标准孔板流量计测量天然气流量》（GB/T 21446—2008），得

$$Q_n = A_s C E d^2 F_G \varepsilon F_Z F_T \sqrt{p_1 \Delta p} \qquad (2-32)$$

式中　Q_n——天然气在标准参比条件下的体积流量，m^3/s；
　　　A_s——体积流量计量系数，A_s 取 3.1794×10^{-6}；
　　　C——流出系数；
　　　E——渐近速度系数；
　　　d——孔板开孔直径，mm；
　　　F_G——相对密度系数；
　　　ε——可膨胀性系数；
　　　F_Z——超压缩系数；
　　　F_T——流动温度系数；

p_1——孔板上游侧取压孔气流绝对静压,MPa;

Δp——气流流经孔板时产生的差压,Pa。

2. 流量计算中主要参数的确定

1) 流出系数

$$C = 0.5961 + 0.0261\beta^2 - 0.216\beta^8 + 0.000521\left(\frac{10^6\beta}{Re_D}\right)^{0.7} + (0.0188 + 0.063A)\beta^{3.5}\left(\frac{10^6}{Re_D}\right)^{0.3} +$$

$$(0.043 + 0.080e^{-10L_1} - 0.123e^{-7L_1})(1 - 0.01A)\frac{\beta^4}{1-\beta^4} - 0.031(M_2 - 0.8M_2^{1.1})\beta^{1.3}$$

$$(2-33)$$

其中

$$M_2 = \frac{2L_2}{1-\beta} \quad (2-34)$$

$$A = \left(\frac{19000\beta}{Re_D}\right)^{0.8} \quad (2-35)$$

$$\beta = d/D$$

$$L_1 = l_1/D$$

$$L_2 = l_2/D$$

式中　β——直径比;

Re_D——管径雷诺数;

l_1——孔板上游端面到上游取压孔的距离;

l_2——孔板下游端面到下游取压孔的距离;

D——测量管内径;

L_1——孔板上游端面到上游取压孔的距离除以测量管内径得出的商;

L_2——孔板下游端面到下游取压孔的距离除以测量管内径得出的商。

当 $D<71.12$ 时,式(2-33)中 C 值还应增加 $0.011(0.75-\beta)(2.8-\frac{D}{25.4})$ 项的值(D 取 mm)。

当间距符合法兰取压方式时,$L_1 = L_2 = 25.4/D$;当间距符合角接取压方式时,$L_1 = L_2 = 0$。

2) 渐近速度系数

$$E = \sqrt{\frac{1}{1-\beta^4}} \quad (2-36)$$

3) 孔板开孔直径

孔板开孔直径 d 需考虑孔板材料受温度的影响,计算公式为

$$d = d_{20}[1 + A_d(t_1 - t_{20})] \tag{2-37}$$

式中　d_{20}——孔板开孔在20℃±2℃条件下的测量直径,mm；
　　　A_d——孔板材料的线膨胀系数,mm/(mm·℃)；
　　　t_1——天然气流过节流装置时实测的气流温度,℃；
　　　t_{20}——检测时恒温室温度,℃。

4）相对密度系数

$$F_G = \sqrt{\frac{1}{G_r}} \tag{2-38}$$

式中　G_r——天然气的真实相对密度。

5）可膨胀系数

$$\varepsilon = 1 - (0.351 + 0.256\beta^4 + 0.93\beta^8)\left[1 - \left(\frac{p_2}{p_1}\right)^{\frac{1}{k}}\right] \tag{2-39}$$

式中　p_2——孔板下游气流的绝对静压,MPa；
　　　K——天然气的等熵指数。

按式(2-39)计算 ε 时应满足 p_2 与 p_1 之比大于或等于0.75。

6）超压缩系数

超压缩系数 F_Z 是因天然气特性偏离理想气体定律而导出的修正系数,其定义式为

$$F_Z = \sqrt{\frac{Z_n}{Z_1}} \tag{2-40}$$

式中　Z_n——天然气在标准参比条件下的压缩因子；
　　　Z_1——天然气在操作条件下的压缩因子。

7）流动温度系数

流动温度系数 F_T 是因天然气流经节流装置时,气流的平均热力学温度 F_1 偏离标准参比条件热力学温度(293.15K)而导出的修正系数,计算公式为

$$F_T = \sqrt{\frac{293.15}{T_1}} \tag{2-41}$$

其中

$$T_1 = t_1 + 273.15$$

式中　T_1——天然气流过节流装置时实测的气流温度。

第八节 储气罐

在天然气输配系统中,高压储气罐的使用较为广泛。高压储气罐又称为定容储气罐,其几何容积固定不变,而是靠改变其中燃气的压力来储存燃气,储气压力随储气量的变化而增减。高压储气罐一般为各类钢制储气罐,按其形状可分为圆筒形和球形两种。国内储气罐受城镇燃气压力级制和储气罐制造材料的制约,多采用压力为 1.0~1.6MPa 的球形储气罐。

球罐由球壳、人孔、接管、支座、梯子平台、喷淋装置以及保温设施等组成,具有表面积小、占地面积小、承载压力大等特点。球罐构造图如图 2-36 所示。

卧式储气罐是由钢板制成的圆筒体和两端封头构成的容器,封头可为半球形、椭圆形和蝶形。卧式储气罐结构示意图如图 2-37 所示。

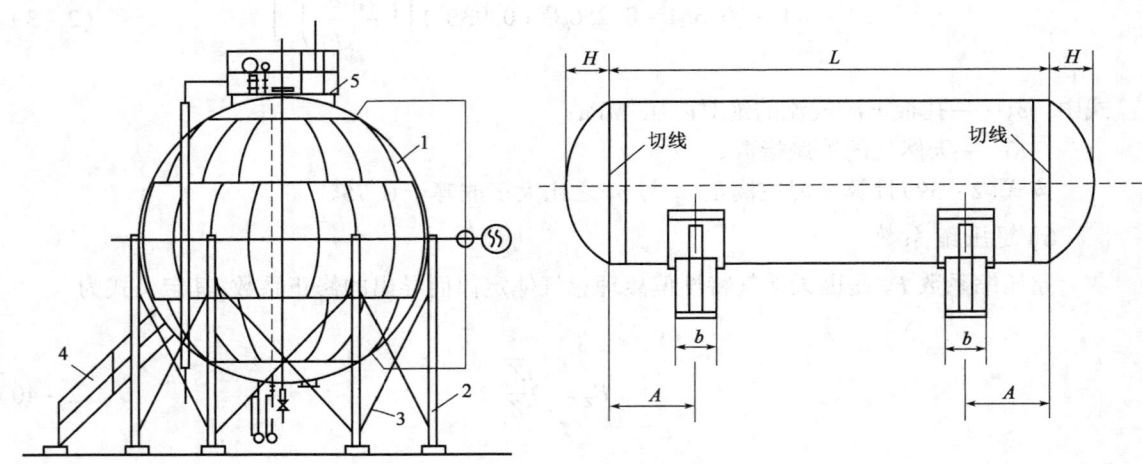

图 2-36 球罐构造图
1—壳体;2—支柱;3—拉杆;4—盘梯;5—操作台

图 2-37 卧式储气罐结构示意图

一、有效储气量

$$V_C = \frac{V(p_{max} - p_{min})T_0}{p_0 T} \quad (2-42)$$

式中 V_C——有效储气量,m^3;

V——储气罐的几何容积,m^3;

p_{max}、p_{min}——运行最高、最低压力(绝),MPa;

T_0——标准状态下的温度,K;

p_0——标准状态下的压力,MPa;

T——运行状态下的温度,K。

二、储气罐的容积利用系数

$$\varphi = \frac{p_{\max} - p_{\min}}{p_{\max}} \tag{2-43}$$

通常储气罐的工作压力已定,要提高容积利用系数,只有降低储气罐的剩余压力,而后者又受到管网中燃气压力的限制,为了使储气罐的容积利用系数提高,可以在高压储气站内安装引射器。当储气罐内燃气压力接近管网压力时,使引射器工作,利用进入储配站的高压燃气的能量把天然气从压力较低的罐中引射出来,可以提高整个站的储气罐容积利用系数。

三、球罐球壳壁厚

按弹性失效准则,由第一强度理论强度条件,由式(2-44)计算球壳在设计压力 p 作用下所需的厚度:

$$\delta = \frac{pD}{4[\sigma]\phi - p} + C \tag{2-44}$$

其中
$$C = C_1 + C_2 + C_3$$

式中 δ——球壳壁厚,mm;
　　p——设计压力,MPa;
　　D——球罐内直径,mm;
　　$[\sigma]$——球壳材料许用应力,MPa;
　　ϕ——焊缝系数;
　　C——壁厚附加量;
　　C_1——钢板最大负偏差,一般不大于 1mm;
　　C_2——腐蚀裕量,一般地上储气罐 $C_2 = 1$mm,地下钢壁储气罐 $C_2 = 3$mm;
　　C_3——封头冲压加工减薄量,通常取计算厚度的 10%,但不大于 4mm。

四、卧式储气罐筒体壁厚

卧式储气罐筒体壁厚的计算是按周向应力的强度条件设计,壁厚计算公式如下:

$$\delta = \frac{pD}{2[\sigma]\phi - p} + C \tag{2-45}$$

式中 δ——球壳壁厚,mm;
　　p——设计压力,MPa;
　　D——卧式储气罐筒体内直径,mm;
　　$[\sigma]$——筒体材料许用应力,MPa;
　　ϕ——焊缝系数;
　　C——壁厚附加量。

五、高压管束储气

高压管束储气实质上是一种高压管式储气罐,能承受更高的压力。高压管束储气是将多组大直径地下管束与增压、调压和计量装置构成一定容量的地下管束储气库。这种方式可充分利用上游来气压力,可结合城市高压、次高压配气管道的建设,建设投资较高,多用于城市配气管线压力较高、管网长的城市。

高压管束储气量的计算公式如下：

$$V_s = \frac{VT_0}{p_0 T}\left(\frac{p_{\max}}{Z_1} - \frac{p_{\min}}{Z_2}\right) \quad (2-46)$$

式中 V_s——管束有效储气量，m^3；
V——管束的几何容积，m^3；
T_0——标准状态下的温度，K；
p_0——标准状态下的压力，MPa；
T——平均储气温度，K；
$p_{\max}$、$p_{\min}$——运行最高、最低压力（绝），MPa；
Z_1、Z_2——运行最高、最低压力下的气体压缩系数。

第九节 加热炉

在一定的温度和压力条件下，天然气中的水会与液态或气态的烃类成分生成结晶水合物$C_mH_n \cdot xH_2O$。结晶水合物在聚集状态下是白色或带铁锈色的疏松结晶体，类似于冰或致密的雪，若在输配气站场内生成，会造成管路、阀件和设备的堵塞。因此，常常在节流降压前对管道内的天然气进行加热。常用的天然气加热炉包括水套加热炉、真空炉及电加热器。加热炉的选择主要与热负荷、平均温差、总传热系数等参数有关，在选型时需要充分考虑这些因素。

一、水套加热炉

水套加热炉是一种间接明火式加热器，燃料在火筒中燃烧，产生的高温烟气以辐射、对流等传热形式将热量传给水套中的水，使水的温度升高，水再将热量传递给在盘管中流动的天然气，使天然气获得热量，温度升高。水浴温度可在50～100℃范围内变化，一般适用于800～2000kW的工况。其特点是热负荷弹性大、占地面积较大、炉内易结垢。水套加热炉结构示意图如图2-38所示。

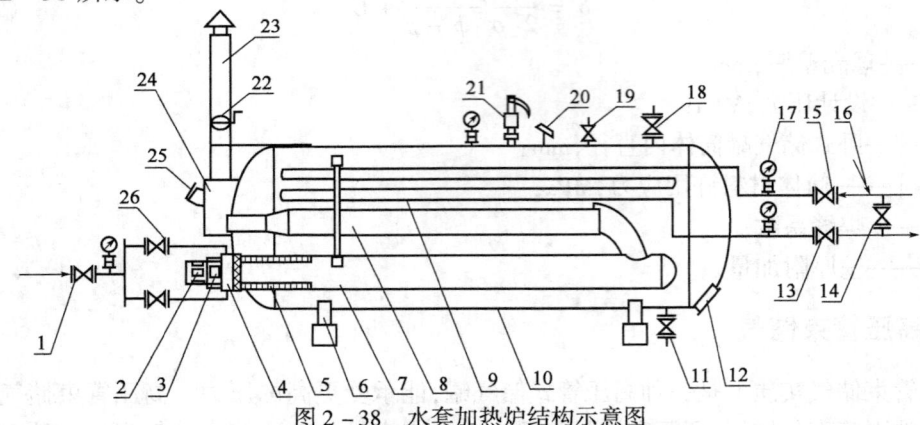

图2-38 水套加热炉结构示意图
1—燃料总阀；2—二级合风；3—一级合风；4—燃烧器；5—耐火燃烧道；6—鞍式支座；7—火管；8—烟管；9—加热盘管；10—壳体；11—排污阀；12—人孔；13—出液阀；14—连通阀；15—进液阀；16—温度计；17—压力表；18—加水阀；19—放空阀；20—温度变送器；21—安全阀；22—烟道挡板；23—烟囱；24—烟箱；25—防爆门；26—燃料阀

二、真空炉

真空炉是将加热盘管置于温度范围90~99℃的气相空间中,利用微负压状态的水蒸气通过盘管将热量传递给被加热介质。其优点是加热效率较高、结垢少、体积较小。由于是通过调节真空度来调节热负荷,所以负荷弹性较小,主要用在热负荷2000kW、变化范围较小的工况。

三、电加热器

电加热器一般适用于负荷较小的工况,占地面积较小,温度控制方便,运行灵活,维护较简单。电加热器的功率一般不大于300kW,其结构示意图如图2-39所示。

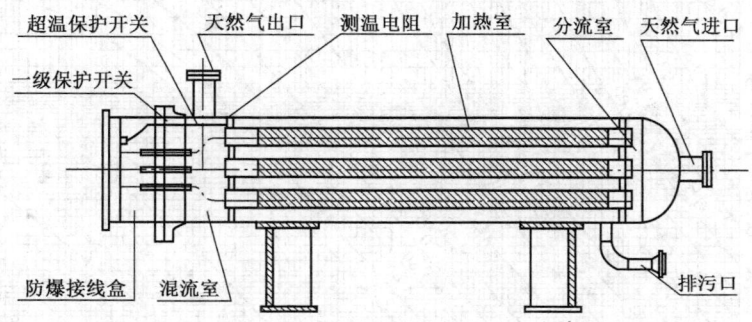

图2-39 电加热器结构示意图

四、加热炉设计计算

1. 气体比热容计算

天然气为多组分气体,需按气体混合物计算比热容,计算公式如下:

$$c_p^0 = \sum_{i=1}^{n} x_{wi} c_{pi} \tag{2-47}$$

式中 c_p^0——气体混合物的比定压热容,kJ/(kg·℃);
x_{wi}——组分 i 的质量分数;
c_{pi}——组分 i 的比定压热容,kJ/(kg·℃)。

气体的比定压热容与压力有关。当压力大于 4.59×10^2 kPa 时,应进行压力校正。纯烃真实气体的比定压热容可由式(2-48)进行校正计算:

$$\frac{\tilde{c}_p^0 - \tilde{c}_p}{R} = \left(\frac{\tilde{c}_p^0 - \tilde{c}_p}{R}\right)^{(0)} + \omega \left(\frac{\tilde{c}_p^0 - \tilde{c}_p}{R}\right)^{(1)} \tag{2-48}$$

式中 $\dfrac{\tilde{c}_p^0 - \tilde{c}_p}{R}$——比定压热容的压力修正项;

$\left(\dfrac{\tilde{c}_p^0 - \tilde{c}_p}{R}\right)^{(0)}$——简单流体比定压热容的压力校正项,可由图2-40查得。

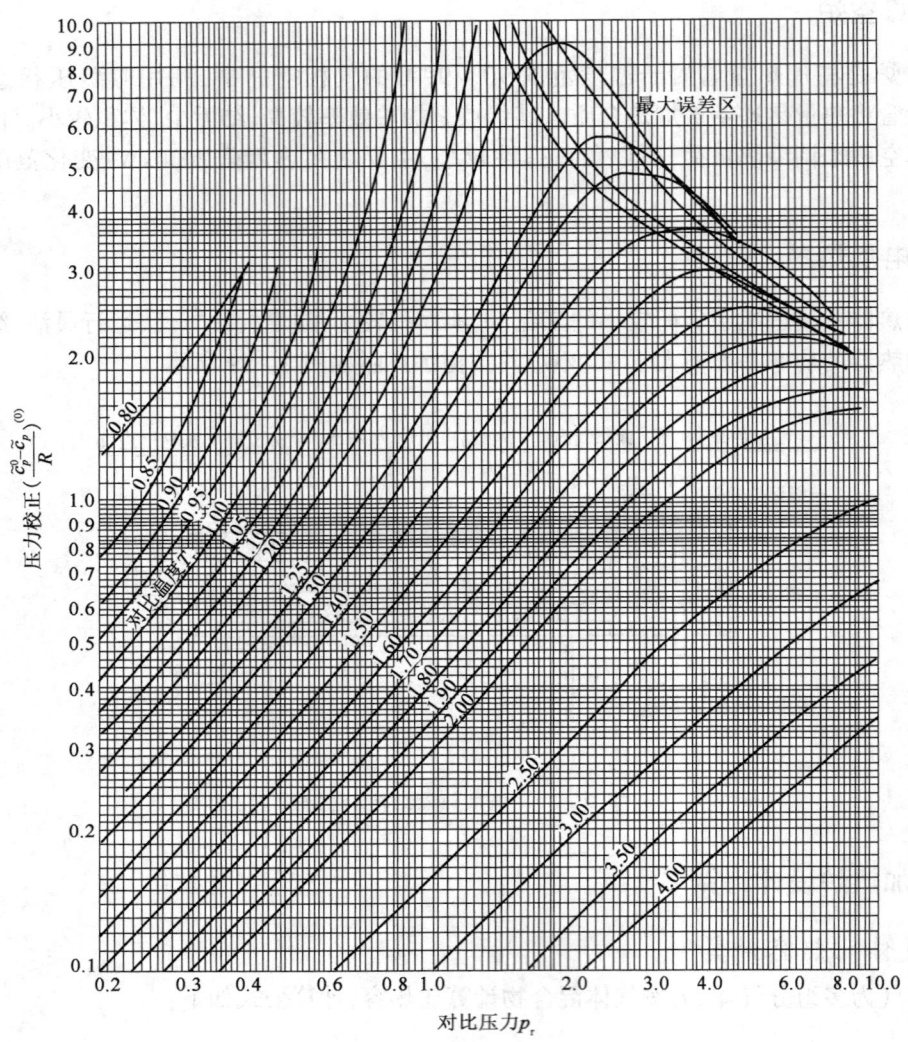

图2-40 简单流体比定压热容的压力校正表

2. 加热炉所需热负荷

$$Q = 1.1 q_v \rho_G c_p (t_1 - t) \tag{2-49}$$

式中 Q——加热炉所需热负荷,kJ/h;
q_v——天然气标况下流量,m³/h;
ρ_G——天然气标况下密度,kg/m³;
c_p——天然气在 p_{cp} 和 t_{cp} 条件下的比定压热容,kJ/(kg·℃);
t_1——天然气加热后温度,℃;
t——天然气加热前温度,℃。

根据初始压力 p_1、节流后压力 p_2 以及相对密度,查图 2-41 至图 2-43 可得加热后温度,再考虑节流降压前将天然气加热,并且天然气加热后的温度应比操作条件下水合物形成温度高 2~3℃计算。

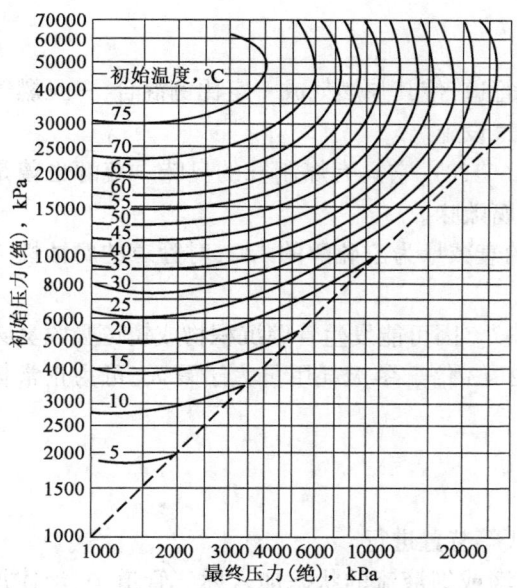

图2-41 相对密度为0.6的天然气在不形成水化物的条件下允许达到的膨胀程度

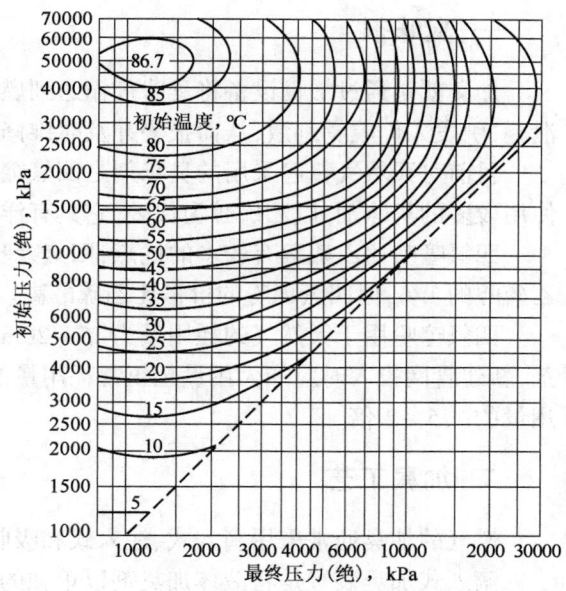

图2-42 相对密度为0.7的天然气在不形成水化物的条件下允许达到的膨胀程度

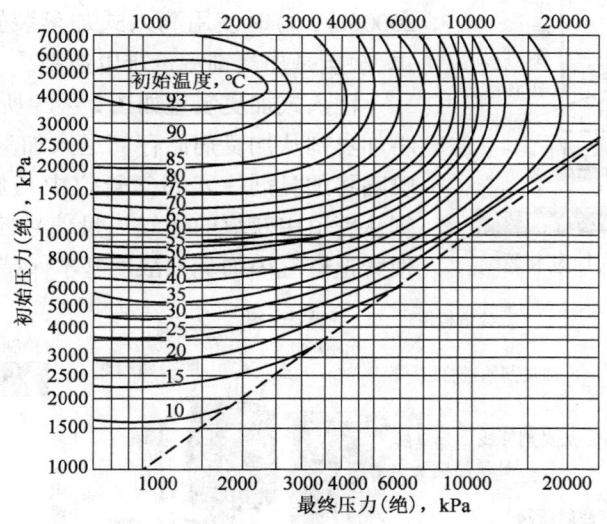

图2-43 相对密度为0.8的天然气在不形成水化物的条件下允许达到的膨胀程度

第十节 加臭装置

为了让城镇燃气在泄漏时容易察觉,对于无臭或臭味不足的燃气应该加臭。天然气是无味无臭的燃气,在城市燃气供应前需要增加臭味。

一、臭味剂

加臭就是通过加臭设备将臭味剂输送到燃气管道,使其与燃气成一定比例混合,一旦燃气泄漏,引发人们嗅觉刺激,从而报警并及时维修燃气设施。

目前对天然气普遍采用的臭味剂是四氢噻吩(THT),它具有煤制气的臭味。硫醇也曾是使用较多的臭味剂,以乙硫醇为代表,它具有洋葱腐败味。

四氢噻吩比乙硫醇有较多的优点,四氢噻吩的衰减量为乙硫醇的 1/2,对管道的腐蚀性为乙硫醇的 1/6,但四氢噻吩的价格比乙硫醇高。

四氢噻吩用于天然气的耗用量为 15~20mg/m³。因可能发生管壁沉积物或锈斑吸收臭味剂,新建管网投入时应加大用量至正常耗用量的 2~3 倍。冬天耗用量大于夏天,可为正常耗用量的 1.5~2 倍。

二、加臭工艺

燃气的加臭通常采用滴入式、注入式和吸收式等装置进行。

滴入式加臭装置是将液体加臭剂以单独的液滴或细液流的状态加入燃气管道中,液体加臭剂蒸发并与燃气混合。图 2-44 中加臭剂储槽为一天的加臭剂用量。从观察管观察每分钟流入的加臭剂滴数,滴数由针形阀调节,在燃气流量不大(200~20000m³/h)时使用滴入式加臭装置。其优点是构造简单,缺点是加臭剂流量难以控制。

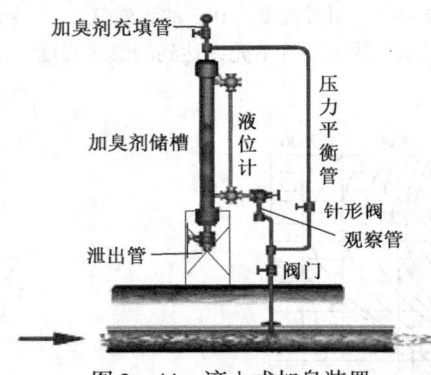

图 2-44 滴入式加臭装置

注入式加臭装置如图 2-45 所示。其原理是加臭泵将加臭剂从加臭剂储存筒送入加臭管线,经加臭剂注入喷嘴将加臭剂注入燃气管道中与燃气混合。控制器根据从管道中获取的燃气流量信号控制加臭泵的输出量,使管道燃气内加臭剂浓度基本保持恒定。

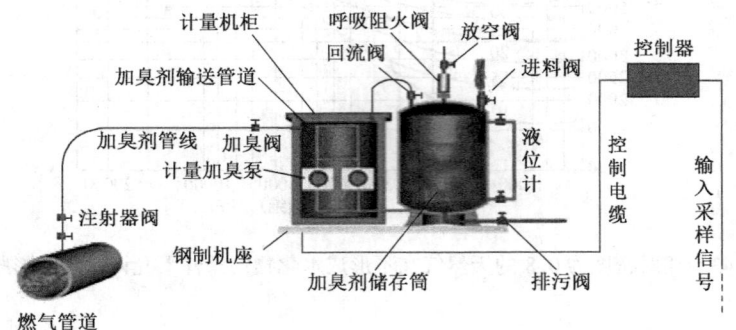

图 2-45 注入式加臭装置

三、加臭量的计算

依据《城镇燃气加臭技术规程》(CJJ/T 148—2010),最小加臭量宜按式(2-50)计算:

$$C_n = \frac{K}{0.2L_1} \qquad (2-50)$$

式中 K——加臭剂在空气中达到警示气味的最小浓度值,mg/m^3;
L_1——燃气在空气中达到爆炸下限的体积分数,%。

计算最低加臭浓度 K 值见表2-12,常见无毒燃气的加臭剂用量见表2-13。

表2-12 计算最低加臭浓度的 K 值

加 臭 剂	THT(四氢噻吩)	S-Free	TBM(三丁基硫醇)
K 值,mg/m^3	0.08	0.07	0.03

表2-13 常见无毒燃气的加臭剂用量

燃气种类	加臭剂含量,mg/m^3		
	四氢噻吩	硫醇	无硫加臭剂
天然气(天然气在空气中爆炸下限的体积分数为5%)	20	4~8	15~18
液化石油气(C_3和C_4各占一半)	50	—	—
液化石油气与空气的混合气(液化石油气与空气各占一半;液化石油气成分为C_3和C_4,各占一半)	25	—	—

第十一节 站内管线

一、站内管线的选用原则

输配站场站内管线通常选用无缝钢管,应该符合现行国家标准《输送流体用无缝钢管》(GB/T 8163—2018)的要求。应根据设计压力、设计温度、介质特性、使用地区等因素,经技术经济比较后确定管材。采用的钢管和钢材,应具有良好的强度和焊接性能。

一般大型的输气站场,如输气首站、输气末站、压气站等压力损失应控制在50~150kPa;站内管线经济合理的流速一般为10~20m/s。

二、管径计算

天然气的压缩系数可由《石油和化工工程设计工作手册:第五册 输气管道工程设计》第二章里的经验计算公式确定:

$$Z = \frac{100}{100 + 1.734 p_m^{1.15}} \quad (2-51)$$

式中 p_m——输气管内气体平均压力(绝),MPa。

根据《石油和化工工程设计工作手册:第三册 气田地面工程设计》,站内气体管道的内径计算公式为

$$d = \sqrt{\frac{4 p_0 T Z q_v}{\pi p T_0 \omega}} \quad (2-52)$$

式中　　d——管子内径,m;
　　　　ω——管内气体流速,m/s;
　　　　q_v——标准状况下($p_0=0.101325\mathrm{MPa}$,$T_0=293\mathrm{K}$)的气体流量,m³/s;
　　　　p——操作条件下气体的绝对压力,MPa;
　　　　p_0——标准状况下气体的绝对压力,为0.101325MPa;
　　　　T——操作条件下气体的温度,K;
　　　　T_0——标准状况下气体的温度,为293K;
　　　　Z——气体压缩因子。

三、输气站场或配气站场天然气压力大于等于4.0MPa时,站内管道壁厚计算

输气站场或配气站场天然气压力大于等于4.0MPa时,站内管道壁厚按照《输气管道工程设计规范》(GB 50251—2015)的公式计算,计算所得的管壁厚度应向上整至管道规范要求的壁厚δ。

$$\delta = \frac{pD}{2\sigma_s \varphi F t} \quad (2-53)$$

式中　　δ——钢管计算壁厚,mm;
　　　　p——设计压力(绝),MPa;
　　　　D——钢管外径,mm;
　　　　σ_s——钢管的最小屈服强度,MPa;
　　　　φ——焊缝系数,无缝钢管的$\varphi=1.00$,双面埋弧焊的$\varphi=0.85$,单面埋弧焊的$\varphi=0.80$;
　　　　F——强度设计系数,按表2-14选取;
　　　　t——温度折减系数,当温度小于120℃时,t值取1.0。

表2-14　穿越道路的管段以及输气站和阀室内管道的强度设计系数

管段或管道	地区等级				
	一		二	三	四
	一类	二类			
	强度设计系数				
有套管穿越三、四级公路的管道	0.72	0.72	0.6	0.5	0.4
无套管穿越三、四级公路的管道	0.6	0.6	0.5	0.5	0.4
穿越一、二级公路,高速公路,铁路的管道	0.6	0.6	0.6	0.5	0.4
输气站内管道及截断阀室内管道	0.5	0.5	0.5	0.5	0.4

输气管线的地区应按沿线居民户数和(或)建筑物的密集程度划分为4个地区等级,并应依据地区等级做出相应的管道设计。

输气管线地区等级划分应符合下列规定:沿管线中心两侧各200m范围内,任意划分长度为2km并能包括最大聚居户数的若干地段,按划定地段内的户数应划分为4个等级。在乡村人口聚集的村庄、大院及住宅楼,应以每一独立户作为一个供人居住的建筑物计算。

地区等级应按下列原则划分:
(1)一级一类地区:经常有人活动及无永久性人员居住的地段;
(2)一级二类地区:户数在15户或以下的地段;
(3)二级地区:户数在15户以上、100户以下的区段;

(4)三级地区:户数在100户或以上的地段,包括市郊居住区、商业区、工业区、规划发展区以及不够四级地区条件的人口稠密区;

(5)四级地区:四层及四层以上楼房(不计地下室层数)普遍集中、交通频繁、地下设施多的区段。

穿越道路的管段以及输气站和阀室内管道的强度设计系数,应符合表2-15的规定。

表2-15 穿越铁路、公路和人员聚集场所的管道以及门站、储配站、调压站内管道的强度设计系数

管道及管段	地区等级			
	一	二	三	四
有套管穿越Ⅲ、Ⅳ级公路的管道	0.72	0.6		
无套管穿越Ⅲ、Ⅳ级公路的管道	0.6	0.5		
有套管穿越Ⅰ、Ⅱ级公路、高速公路、铁路的管道	0.6	0.6	0.4	0.3
门站、储配站、调压站内管道及其上、下游各200m管道,截断阀管道及其上、下游各50m管道(其距离从站和阀室边界线起算)	0.5	0.5		
人员聚集场所的管道	0.4	0.4		

四、配气站场且天然气压力小于4.0MPa时,站内管道壁厚计算

配气站场且天然气压力小于4.0MPa时,站内管道壁厚按照《城镇燃气设计规范》(GB 50028—2006)的公式计算:

$$\delta = \frac{pD}{2\sigma_s \varphi F} \tag{2-54}$$

式中　δ——钢管计算壁厚,mm;

p——设计压力(绝),MPa;

D——钢管外径,mm;

σ_s——钢管的最低屈服强度,MPa;

F——强度设计系数,按表2-15选取;

φ——焊缝系数,对于无缝钢管,取1.00。

城镇燃气管道地区等级的划分应符合下列规定:沿管道中心线两侧各200m范围内,任意划分为1.6km长并能包括最多供人居住的独立建筑物数量的地段,作为地区分级单元。

管道地区等级应根据地区分级单元内建筑物的密集程度划分,并应符合下列规定:

(1)一级地区:有12个或12个以下供人居住的独立建筑物。

(2)二级地区:有12个以上、80个以下供人居住的独立建筑物。

(3)三级地区:介于二级和四级之间的中间地区。有80个或80个以上供人居住的独立建筑物但不够四级地区条件的地区、工业区或距人员聚集的室外场所90m内敷设管线的区域。

(4)四级地区:4层或4层以上建筑物(不计地下室层数)普遍且占多数、交通频繁、地下设施多的城市中心城区(或镇的中心区域等)。

站内管道及管段根据不同等级地区的强度设计系数见表2-15。

第十二节 阀 门

阀门是截断、接通流体通路或改变流向、流量及压力值的装置。城镇燃气常用的阀门有球阀、闸阀、蝶阀、截止阀、旋塞阀、节流阀、止回阀、安全阀、补偿器。

一、球阀

1. 球阀的用途

球阀是带圆形通孔的球体作为启闭件,球体随阀杆转动,以实现启闭动作的阀门(视频2-14)。直通球阀用于截断介质,已广泛应用于长输管道;多通球阀可以改变介质流动方向或进行介质分配。

视频2-14 球阀

球阀的主要功能是切断和接通管道中的介质流通通道,其工作原理是借助手柄或其他驱动装置使球体旋转90°,使球体的通孔与阀体通道中心线重合或垂直,以完成阀门的全开或全关。

球阀一般用于需要快速启闭或要求阻力小的场合,还可以用于高压管道和低压力降的管道。

2. 球阀的特点

(1)球阀的最大特点是在众多的阀门类型中流体的阻力最小,流动特性最好。
(2)对于要求快速启闭的场合一般选用球阀。
(3)与蝶阀相比,球阀重量较大,结构尺寸也较大。
(4)与旋塞阀相比,球阀开关轻便、相对体积小,所以可以支撑很大口径的阀门。
(5)球阀密封可靠、结构简单、维修方便,密封面与球面常处于闭合状态,不宜被介质冲蚀。
(6)球阀启闭迅速,便于实现事故紧急切断。由于节流可能造成密封件或球体的损坏,一般不用球阀节流,全通道球阀不适用于调节流量。
(7)介质流动方向不受限制。

3. 球阀的典型结构

球阀主要由阀体、球体、手柄、阀柄、填料、密封圈等组成,如图2-46所示。

二、闸阀

视频2-15 闸阀

1. 闸阀的用途

闸阀是截断阀的一种,使用范围较宽。其作用原理为闸板在阀杆的带动下,沿阀座密封面升降而达到启闭目的。闸阀的流动阻力小,启闭省力,广泛用于各种管道的启闭。当闸阀部分开启时,在闸板背面产生涡流,易引起闸阀的侵蚀和振动,也易损坏阀座的密封面,维修很困难,因此一般不用作节流阀(视频2-15)。

2. 闸阀的特点

(1) 闸阀的共同特点是高度大；启闭时间长；在启闭过程中密封面容易被冲蚀，修理比截止阀困难，不适用于含悬浮物和析出结晶的介质；难以用非金属耐腐蚀材料来制造。

(2) 与截止阀相比，闸阀流动阻力小，启闭力小，密封可靠，是最常用的一种阀门。

(3) 与球阀和蝶阀相比，闸阀开启时间较长，结构尺寸较大，不宜用于直径较大的情况。

(4) 可双向流动。

3. 闸阀的典型结构

闸阀主要由阀体、阀盖、支架、阀杆、手轮、阀杆螺母、闸板、阀座、填料函、密封填料、填料压盖及传动装置组成。明杆平行式双闸板闸阀结构如图 2-47 所示。

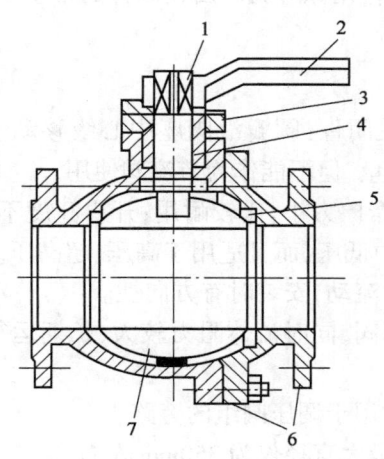
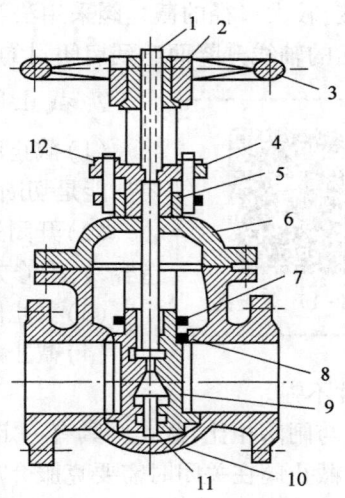

图 2-46 球阀结构
1—阀柄；2—手柄；3—填料压盖；4—填料；
5—密封圈；6—阀体；7—球体

图 2-47 明杆平行式双闸板闸阀结构
1—阀杆；2—轴套；3—手轮；4—填料压盖；5—填料；
6—上盖；7—卡环；8—密封圈；9—闸板；
10—阀体；11—顶楔；12—螺栓

三、蝶阀

1. 蝶阀的用途

蝶阀是用随阀杆转动的圆形蝶板作为启闭件，以实现启闭动作的阀门。蝶阀主要作为截断阀使用，也可设计成具有调节或截断兼调节的功能。蝶阀主要用于低压大中口径管道上（视频 2-16）。

2. 蝶阀的特点

(1) 蝶阀具有轻巧的特点，与其他阀门相比要节省许多材料，且结构简单；开闭迅速，只需旋转；调节性能好。

(2) 切断和节流都能用。

(3) 流体阻力小，操作省力。

(4) 密封性能不如闸阀可靠，在某些需要调节的工况下可以代替闸阀。能够使用蝶阀的地方，最好不要使用闸阀，因为蝶阀比闸阀要经

视频 2-16 蝶阀

济,而且调节流量性能也好。对于设计压力较低、管道直径较大、要求快速启闭的场合,一般选用蝶阀。

(5)使用压力和工作温度范围较小。

3. 蝶阀的典型结构

蝶阀主要由阀体、阀杆、蝶板、密封圈和转动装置组成。垂直板式蝶阀结构如图2-48所示。

四、截止阀

1. 截止阀的用途

截止阀是截断阀的一种,一般通径较小。小通径的截止阀多采用外螺纹连接、卡套连接或焊接连接;较大口径的截止阀采用法兰连接或焊接。其作用原理为阀瓣在阀杆的带动下,沿阀座密封面的轴线升降而达到启闭目的(视频2-17)。

视频2-17 截止阀

2. 截止阀的特点

(1)截止阀的动作特性是关闭件,阀瓣沿阀座中心线移动。其主要功能是切断,也可粗略调节流量,但不能作为节流阀使用。

(2)开闭过程中,密封面间摩擦力小,比较耐用;开启高度不大;制造容易,维修方便;不仅适用于中低压,而且适用于高压、超高压。

(3)截止阀只允许介质单向流动,安装时有方向性。

(4)截止阀结构长度大于闸阀,同时流体阻力较大,长期运行时密闭可靠性不强。

(5)与闸阀相比,截止阀具有一定的调节作用,故常用于调压阀组的旁路。

(6)截止阀在关闭时需要克服介质的阻力,因此其最大直径仅为350mm左右。

(7)对要求有一定调节作用的开关场合(如调压阀旁路)和输送液化石油气、液态烃介质的场合,宜选用截止阀代替闸阀。

3. 截止阀的典型结构

截止阀结构如图2-49所示。

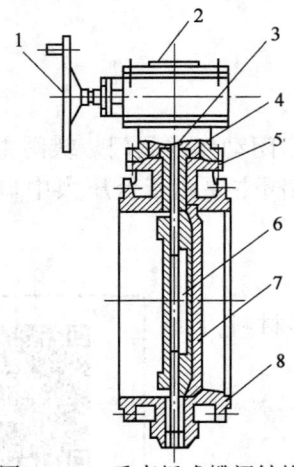

图2-48 垂直板式蝶阀结构
1—手轮;2—传动装置;3—阀杆;4—填料压盖;
5—填料;6—蝶板;7—密封面;8—阀体

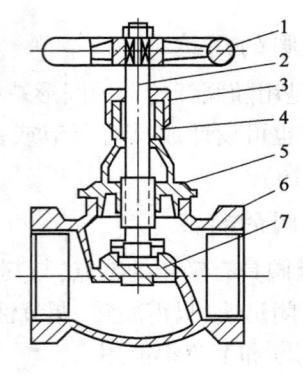

图2-49 截止阀结构
1—手轮;2—阀杆;3—填料压盖;4—填料;
5—上盖;6—阀体;7—阀瓣

五、旋塞阀

1. 旋塞阀的用途

旋塞阀一般用于中低压、小口径、温度不高的场合,用于截断、分配和改变介质流动方向。其作用原理是塞子绕其轴线旋转而启闭通道。直通式旋塞阀主要用于截断介质流动;三通式旋塞阀主要用于截断介质流动;三通式旋塞阀和四通式旋塞阀多用于改变介质流向和进行介质分配;当用于高温场合时,可采用提升式旋塞阀,旋塞顶端设有提升机构。开启旋塞阀时,先提起旋塞,与阀体密封面脱开,这样旋转扭矩小,密封面磨损小。

2. 旋塞阀的特点

(1) 旋塞阀结构简单,外形尺寸小,重量轻;流体直流通过,阻力降低;启闭方便、迅速(塞子旋转1/4圈就能完成开闭动作)。

(2) 旋塞阀在管道中主要用于切断、分配和改变介质流动方向。

(3) 介质流向不受限制。

(4) 旋塞阀的缺点是启闭力矩大;密封面为锥面,密封面较大,易磨损;锥面加工研磨困难,难以保证密封;不易维修。

3. 旋塞阀的典型结构

旋塞阀主要由阀体、塞子等组成。填料式旋塞阀结构如图2-50所示。

六、节流阀

1. 节流阀的用途

节流阀用于调节介质流量和压力。其作用原理为通过阀瓣改变通道截面积而调节流量和压力。

2. 节流阀的特点

(1) 截止型节流阀适用于小口径管道,调节范围较大、较精确;旋塞型节流阀适用于中小口径管道;蝶形节流阀适用于大口径管道。

(2) 节流阀不宜作为截断阀使用。

3. 节流阀的典型结构

节流阀结构如图2-51所示。

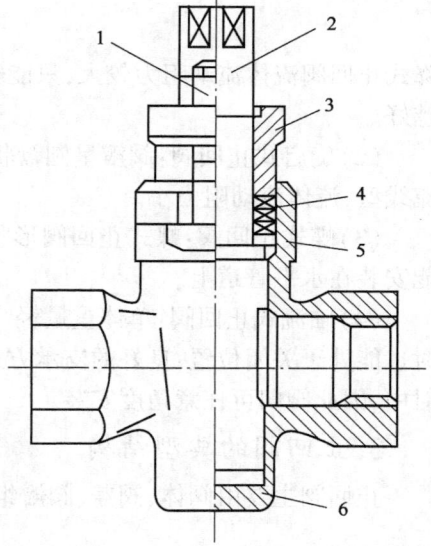

图2-50 填料式旋塞阀结构
1—螺栓螺母;2—阀芯;3—填料压盖;
4—填料;5—垫圈;6—阀体

七、止回阀

1. 止回阀的用途

止回阀用于阻止介质逆向流动。其作用原理为启闭件(阀瓣)借介质的作用力自动阻止介质逆向流动(视频2-18)。

2. 止回阀的特点

(1) 升降式止回阀:阀瓣沿着阀座中心线升降,阀体与截止阀阀体完全一样,可以通用。升

视频2-18 止回阀

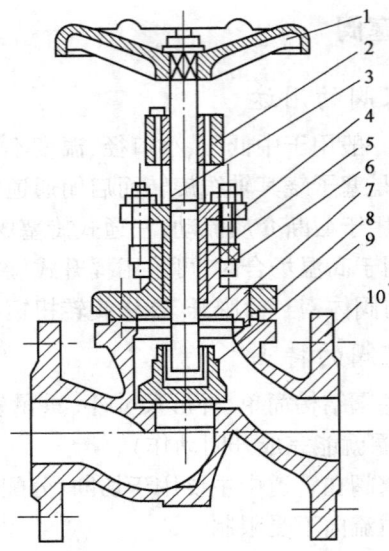

图2-51 节流阀结构
1—手轮;2—阀杆螺母;3—阀杆;4—填料压盖;5—T形螺栓;
6—填料;7—阀盖;8—垫片;9—阀瓣;10—阀体

降式止回阀流体流动阻力较大,只能安装在水平的管道上,其优点是介质压力越高,密封性能越好。

(2)旋启式止回阀:阀瓣呈圆盘状,阀瓣绕阀座通道外固定轴旋转。其优点为阀门通道为流线型,流体流动阻力小。

(3)蝶式止回阀:蝶式止回阀形状与蝶阀相似,阀座是倾斜的。其结构简单,密封性差,只能安装在水平管道上。

(4)轴流式止回阀:单体重量轻,刚度好,便于维护;弹簧的推力使阀瓣在无介质压力作用时也能处于关闭位置;良好的支承方式使阀门无论处于什么安装位置时阀瓣和阀座均能良好对中,因此阀门可任意角度安装。

3.止回阀的典型结构

止回阀主要由阀体、阀盖、阀瓣组成,升降式止回阀结构如图2-52所示。

八、安全阀

1.安全阀的选型原则

安全阀是用于受压设备、容器和管路上,作为超压保护的装置。当设备、容器或管路内的压力升高超过允许值时,阀门自动开启,继而全量排放,以防止设备、容器或管路内的压力继续升高;当压力降低到规定值时,阀门应及时自动关闭,从而保护设备、容器或管路的安全运行。

(1)按平衡内压的方式不同,安全阀的结构型式主要有重锤式和弹簧式。

①重锤式:用杠杆和重锤来平衡阀瓣压力。优点是由

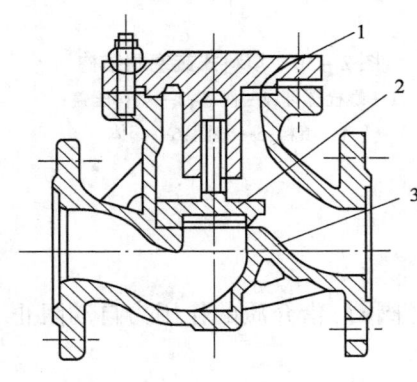

图2-52 升降式止回阀结构
1—阀盖;2—阀瓣;3—阀体

阀杆传来的力是不变的,缺点是比较笨重、回座压力低。

②弹簧式:利用压缩弹簧力来平衡阀瓣压力。优点是体积小、轻便、灵敏度高、安装位置也不受严格限制。同一型号规格的安全阀可通过更换弹簧来改变其工作压力级,而在某一压力范围内,可通过调压阀杆来调节开启压力(即整定压力)。缺点是作用在阀杆上的力随弹簧变形而发生变化(视频2-19)。

(2)按结构不同,安全阀分为封闭式和不封闭式、带扳手和不带扳手等。封闭式用于易燃、易爆或有毒介质的生产装置上,不封闭式用于蒸汽或惰性气体的生产装置中;带扳手的作用主要是检查阀瓣的灵活程度,有时也做紧急泄压用。

(3)按阀瓣升启高度不同,安全阀又分为微启式和全启式。微启式安全阀泄放量小、效率低,一般只用于液体介质。全启式安全阀泄放量大,回座性能好,气体和液体都能适用。弹簧封闭微启式安全阀结构如图2-53所示。

视频2-19 弹簧式安全阀

(4)先导式安全阀。与传统的安全阀相比,先导式安全阀改粗弹簧直接感测压力为压力传感器感测压力,大大提高了压力感测的灵敏度。主阀采用笼式套筒阀芯和软密封结构,从而确保阀芯起跳后正确复位和严密密封,解决了传统弹簧式安全阀由于阀门动作后阀芯不易复位、由于关闭不严导致长期泄漏及过量排放致使工业原料大量浪费和环境污染等问题。

先导式安全阀适用于天然气、城市燃气系统及石油化工等企业防止气体超压保护工艺设备等场合,也适用于工艺管道上气体过量溢流等场合。先导式安全阀结构如图2-54所示。

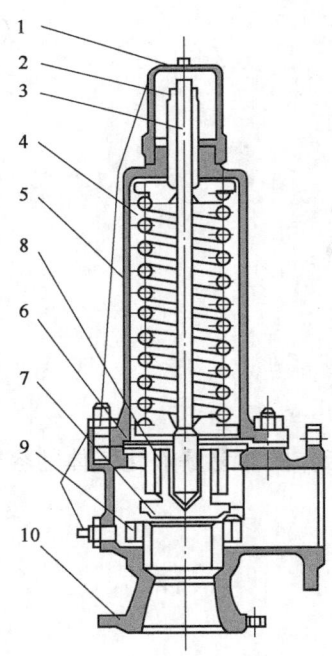

图2-53 弹簧封闭微启式安全阀结构

1—保护罩;2—调整螺栓;3—阀杆;4—弹簧;5—阀盖;
6—导向套;7—阀瓣;8—衬套;9—调节环;10—阀体

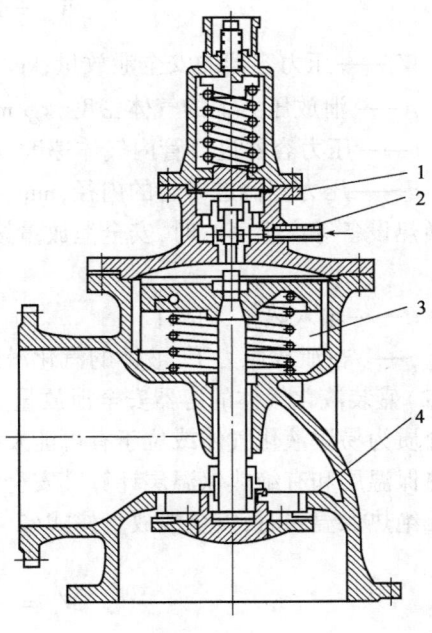

图2-54 先导式安全阀结构

1—隔膜;2—副阀瓣;3—活塞缸;4—主阀座

2. 先导式安全阀的计算

参考《石油和化工工程设计工作手册:第五册 输气管道工程设计》,根据工艺设计要求,确定安全阀的泄放压力(安全阀定压)和最大泄放量;计算安全阀通道截面积,选用等于或大于计算通道截面积的安全阀;根据泄放压力,选用弹簧的定压范围,并在订货表上注明定压范围。

1) 安全阀的泄放压力

安全阀开始起跳时的进口压力称为安全阀的泄放压力或定压,它应等于或小于受压设备或管道的设计压力。安全阀的泄放压力可按下面的方法确定:

当 $p \leqslant 1.8\text{MPa}$ 　　　　　　　　　$p_o = p + 0.18$
当 $1.8\text{MPa} < p \leqslant 7.5\text{MPa}$ 　　　　$p_o = 1.1p$
当 $p > 7.5\text{MPa}$ 　　　　　　　　　　$p_o = 1.05p$

式中　p——被保护设备或管道操作绝对压力,MPa;
　　　p_o——安全阀泄放绝对压力,MPa。

2) 安全阀的泄放量

根据《压力容器通用要求》(GB 150.1—2011),对安全阀泄放量要求如下:

(1) 盛装压缩气体或水蒸气的容器安全泄放量。

对压缩机储气罐和蒸汽罐等容器的安全泄放量,分别取该压缩机和蒸汽发生器在单位时间内的最大产气(汽)量。

气体储气罐等的安全泄放量,按式(2-55)计算:

$$W_s = 2.83 \times 10^{-3} \rho v d^2 \tag{2-55}$$

式中　W_s——压力容器的安全泄放量,kg/h;
　　　ρ——泄放压力下的气体密度,kg/m³;
　　　v——压力容器进口管内气体速度,m/s;
　　　d——压力容器进口管的内径,mm。

换热设备等产生蒸汽时,安全泄放量按式(2-56)计算:

$$W_s = H/q \tag{2-56}$$

式中　H——输入热量,kJ/h;
　　　q——在泄放压力下,液体的汽化潜热,kJ/kg。

(2) 盛装液化气体的容器安全泄放量。

介质为易爆液化气体或位于有可能发生火灾环境下工作的非易爆液化气体的容器,分为无绝热保温层和有绝热保温层计算其安全泄放量。

无绝热保温层时,安全泄放量按式(2-57)计算:

$$W_s = \frac{2.55 \times 10^5 F A_t^{0.82}}{q} \tag{2-57}$$

式中　F——系数,压力容器置于地面以下用沙土覆盖时,$F=0.3$,压力容器置于地面上时,$F=1.0$,容器置于大于 $10\text{L}/(\text{m}^2 \cdot \text{min})$ 喷淋装置下时,$F=0.6$;
　　　A_t——压力容器受热面积,m²。

有绝热保温层时(例如在火灾条件下,保温层不被破坏),安全泄放量按式(2-58)计算:

$$W_s = \frac{2.61 \times (650-t)\lambda A_t^{0.82}}{\delta q} \tag{2-58}$$

式中　t——泄放压力下介质的饱和温度,℃;
　　　λ——常温下绝热材料的导热系数,kJ/(m·h·℃);
　　　δ——保温层厚度,m。

(3)安全阀通道截面积公式。

$$A = \frac{G}{10.197 C K p_1 \sqrt{\dfrac{M}{Z T_1}}} \tag{2-59}$$

其中

$$C = 387 \sqrt{K \left(\frac{2}{K+1}\right)^{\frac{K+1}{K-1}}}$$

式中　A——安全阀通道截面积,cm^2;
　　　G——安全阀的最大泄放量,kg/h;
　　　C——气体特性系数;
　　　K——流量系数,一般取0.9~0.97;
　　　p_1——安全阀达到最大泄放量时的进口绝对压力,MPa;
　　　M——气体摩尔质量,kg/kmol;
　　　Z——气体压缩系数;
　　　T_1——安全阀进口处绝对温度,K。

九、补偿器

补偿器用于对管段因冷热而产生的膨胀量通过自身的伸缩进行调节,同时因为多数安装在阀门的旁边或下侧,也起到了方便阀门拆卸和检修的作用。补偿器的种类主要有波纹、套筒、方形等几大类,最常用的为波纹补偿器,如图2-55所示。

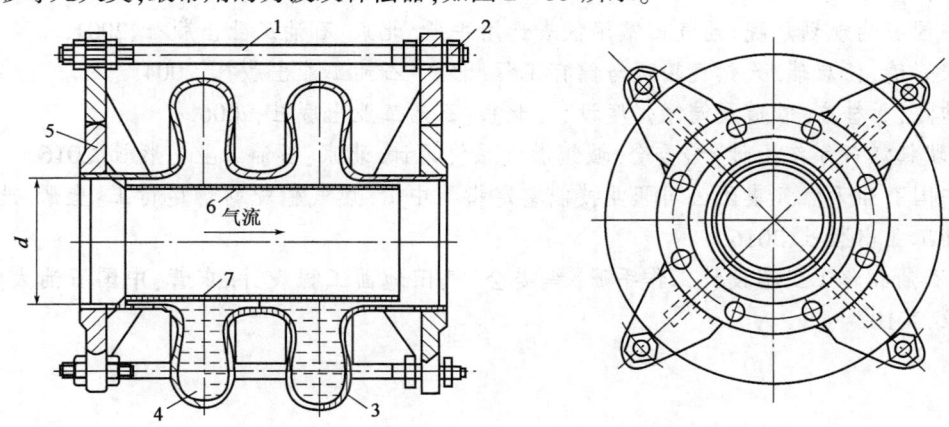

图2-55　波纹补偿器
1—螺杆;2—螺母;3—波节;4—石油沥青;5—法兰盘;6—套管;7—注入口

思 考 题

1. 输气站场有哪些？简述各站场有哪些功能？
2. 分输站有哪些设备？简述其工艺流程。
3. 调压站按照功能可分为哪几类？通常由哪些设备组成？
4. 多管干式除尘器的工作原理是什么？
5. 在天然气长输系统中，常用的调节阀种类有哪些？
6. 简述压差式流量计的工作原理和特点。
7. 为什么要在节流降压前对管道内的天然气进行加热？
8. 如何确定加臭剂的用量？

参 考 文 献

[1] 油田油气集输设计规范:GB 50350—2015.
[2] 输气管道工程设计规范:GB 50251—2015.
[3] 城镇燃气设计规范:GB 50028—2006.
[4] 中国石油天然气总公司.石油地面工程设计手册:第五册 天然气长输管道工程设计.东营:石油大学出版社,1995.
[5] 《石油和化工工程设计工作手册》编委会.输气管道工程设计.东营:中国石油大学出版社,2010.
[6] 严铭卿.燃气工程设计手册.北京:中国建筑工业出版社,2009.
[7] 陈利琼,何光渝,等.油气储运安全技术与管理.北京:石油工业出版社,2012.
[8] 马国光,吴晓南,马俊杰.天然气集输工程.北京:石油工业出版社,2014.
[9] 李长俊.天然气管道输送.北京:石油工业出版社,2008.
[10] 中国石油天然气集团公司规划设计总院.油气田常用阀门选用手册.北京:石油工业出版社,2000.
[11] 中国石油规划总院.油气田常用仪表选用手册.北京:石油工业出版社,2001.
[12] 宋德琦,任启瑞.天然气输送与储存工程.北京:石油工业出版社,2004.
[13] 帅健,于桂杰.管道及储罐强度设计.北京:石油工业出版社,2006.
[14] 《城镇燃气系统设计》编委会.城镇燃气系统设计.北京:石油工业出版社,2016.
[15] 中国石油天然气集团公司职业技能鉴定指导中心.燃气输配站场运行工:上册.北京:石油工业出版社,2016.
[16] 《石油和化工工程设计工作手册》编委会.气田地面工程设计.东营:中国石油大学出版社,2010.

第三章 压缩天然气站场

利用天然气可压缩的特点,将管道天然气处理加压充装到高压气瓶中运输给用户,作为城镇居民的燃气或作为燃气汽车燃料的供应方式,称为压缩天然气(CNG)供应系统。压缩天然气供应系统流程示意图如图3-1所示。

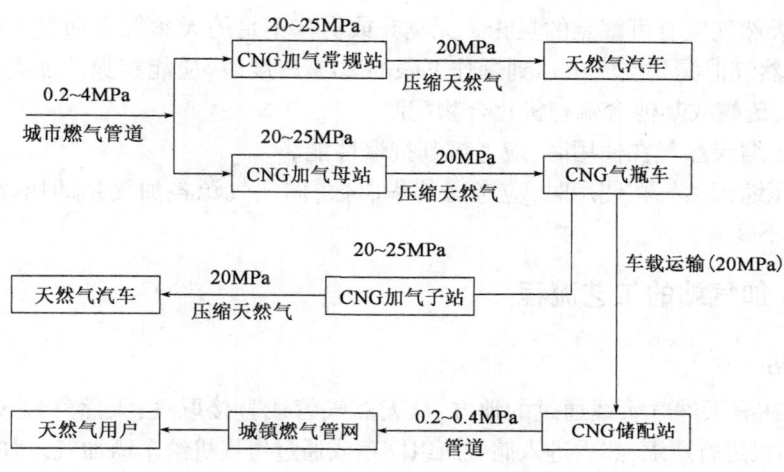

图3-1 压缩天然气供应系统流程示意图

压缩天然气站场主要包括CNG加气站和CNG储配站。

第一节 CNG加气站

CNG加气站是以压缩天然气形式向CNG汽车和大型CNG子站车提供燃料的场所。天然气管线中的气体一般先经过前置净化处理,除去气体中的硫分和水分,再由压缩机组将压力由0.2~4.0MPa压缩到25MPa,最后通过售气机给车辆加气。按加气站气源情况分类,CNG加气站可分为3种类型:一是标准站,二是母站,三是子站。

一、车用CNG的质量要求

在《车用压缩天然气》(GB 18047—2017)中对车用压缩天然气的技术指标见表3-1。

表 3-1 压缩天然气的技术指标

项　　目	技术指标
高位发热量,MJ/m³	>31.4
总硫(以硫计),mg/m³	≤200
硫化氢,mg/m³	≤15
二氧化碳,%	≤3.0
氧气,%	≤0.5
水露点,℃	在汽车驾驶的特定地理区域内,在最高操作压力下,水露点不应高于-13℃;当最低气温低于-8℃,水露点应比最低气温低5℃

注:本标准中气体体积的标准参比条件是 101.325 kPa,20℃。

(1)在操作压力和温度下,压缩天然气中不应存在液态烃。
(2)压缩天然气中固体颗粒直径应小于 $5\mu m$。
(3)压缩天然气应有可察觉的臭味。无臭味或臭味不足的天然气应加臭。加臭剂的最小量应符合当天然气泄漏到空气中达到爆炸下限的20%浓度时,应能察觉。加臭剂常用具有明显臭味的硫醇、硫醚或其他含硫有机化合物配制。
(4)车用压缩天然气在使用时,应考虑其抗爆性能。
(5)车用压缩天然气在使用时,应考虑其华白数,同一气源各加气站的压缩天然气,其燃气类别应保持不变。

二、CNG 加气站的工艺流程

1. 标准站

标准站建在有天然气管线通过的地方,从天然气管线直接取气,天然气经过脱硫、脱水等工艺,进入压缩机进行压缩,然后进入储气瓶组储存或通过售气机给车辆加气。加气量在 600~1000m³/h 之间。

在标准站中,进站的天然气经过进站过滤、计量、调压后,以一定压力进入天然气深度脱水装置,使天然气水露点达到专用天然气标准(一般为最高工作压力对应下的-25℃),而后经洗涤罐进入天然气压缩机进行四级压缩,使其压力达到25MPa,通过优先顺序控制盘进入高、中、低压3组储气瓶暂时存储,而后经过优先顺序控制盘、加气机(或由压缩机直供气)对天然气汽车充气。当储气瓶中的气量低于压缩机的启动设置点时,压缩机重新启动,压缩天然气进入高、中、低压3组储气瓶中暂时存储,重复上述过程。CNG 标准加气站流程示意图如图 3-2 所示,其实景见视频 3-1。

2. 母站

母站建在临近天然气管线的地方,从天然气管线直接取气,经过脱硫、脱水等工艺,进入压缩机压缩,然后进入储气瓶组储存或通过售气机给子站。母站的加气量一般在 2500~4000m³/h 之间。

母站的主要功能是从输气管线中取出天然气,经过滤、调压、计量后进入分子筛干燥深度脱水,满足充气露点要求,随后进入压缩机多级升压达25MPa左右,然后到达站内高、中、低压储气钢瓶组或直接经充气阀组和加气机对钢瓶拖车及汽车加气。高、中、低压储气钢瓶组的取气充气顺序由优先顺序控制阀调配,其目的是尽量提高钢瓶取气率。CNG 加气母站流程示意图及工艺流程图如图3-3、图3-4所示(见书末插页),其实景见视频3-2。

图3-2 CNG标准加气站流程示意图

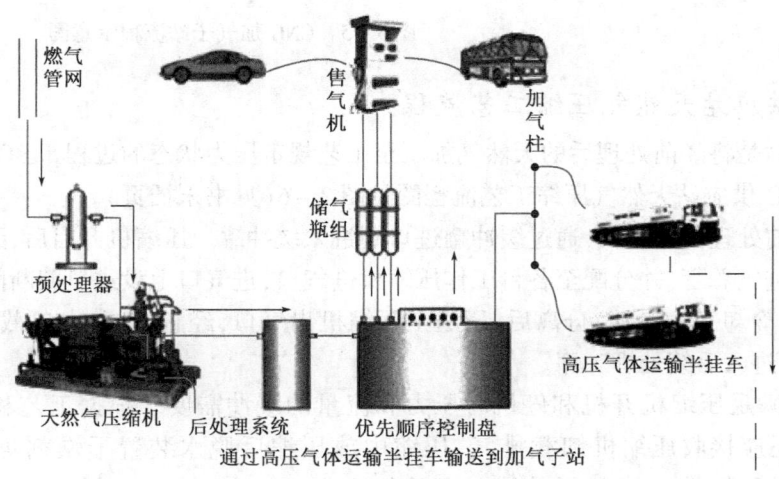

通过高压气体运输半挂车输送到加气子站

图3-3 CNG加气母站流程示意图

管道来气先经过调压计量橇,再通过脱水装置脱水,进入缓冲罐,然后进入压缩机增压至25MPa,通过程序控制盘,分别去向售气机、加气柱、储气井。此外,设置了回收罐、排污罐,回收废气,集中排污。

3. 子站

将转运来的钢瓶拖车中的压缩天然气经济有效地加给天然气汽车。子站转运车以25MPa的压力从母站运往子站,首先可以通过售气机直接对车辆加气。当转运车内气体压力降到20MPa,压缩机Ⅱ级缸启动,压缩气体至25MPa存储在现场储气库中,从而可对车辆进行两级充气(先由转运车作低压瓶组对车辆充气,然后由现场储气库作高压瓶组对车辆充气);当转运车内气体压力降到7.15MPa时,压缩机Ⅰ、Ⅱ级缸均启动,天然气经两级压缩到25MPa存储在现场储气库中,对车辆进行两级充气。当转运车内压力降到3MPa时,转运车运往母站进行充气。CNG加气子站流程示意图如图3-5所示,其实景见视频3-3。

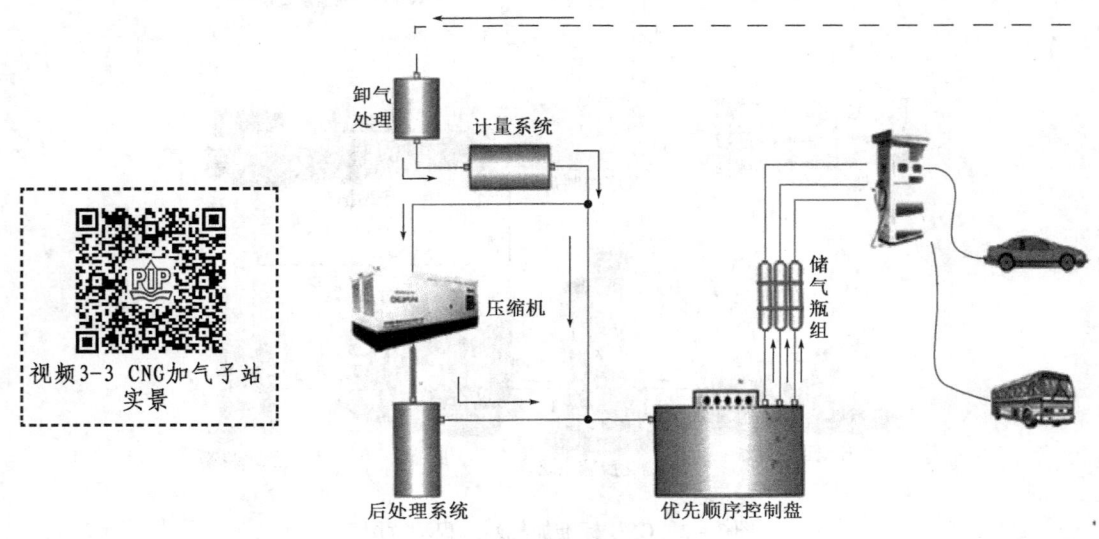

图3-5 CNG加气子站流程示意图

4. CNG供应站天然气压缩工艺流程

天然气压缩是将经前处理后的天然气加压至工艺规定压力状态的过程,是CNG供应站的重要工序。CNG供应站天然气压缩工艺流程图见图3-6(见书末插页)。

来自压缩前处理的天然气,通过缓冲罐进口阀进入缓冲罐。压缩机开启后,天然气由缓冲罐进入压缩机进气总管,并分配至各台工作压缩机进气口,进气口上设进口截断阀。经压缩机多级压缩、级间冷却、气液(油)分离后,压送至压缩机出气口,经止回阀、出口截断阀,汇入压缩机排气总管,进入后续处理工序。

缓冲罐应满足压缩机开机和停机时压力和流量的缓冲需要。根据工艺和设备配备的不同,缓冲罐还应接收压缩机卸载排气、压缩中或压缩后脱水装置干燥剂再生后的湿天然气、加气机泄压气等。接至缓冲罐的天然气回收或回流管路上应设置流向缓冲罐的止回阀。

5. CNG 站储气控制盘工艺流程

图 3-7(见书末插页)为某梯级储气控制盘工艺流程,其工艺条件为三级储气压力级制、梯级补气秩序和三管取气制。

当低、中、高压级的储气压力顺次达到设定最低工作压力后,由压力表 p_H 二次仪表给出压缩机启动信号 p_{HL},开启压缩机,生产 CNG 并开始储气(补气)。在压缩机出口压力(或压缩机开机联动信号)下,储气阀 V_C 开启,中、低压级处于预备补气状态。

由压缩机来的 CNG 进入储气优先控制盘后,分两路。一路进入高压级储气设备,另一路经高压级加气总管流向加气机。当加气机有高压级加气任务时,加气机取气接口的压力小于高压储气设备的压力 p_H,故高压级加气管路上的流量较大,以首先保证加气需要。当加气任务减小或没有加气任务时,压缩机来气大部分或全部转向高压储气设备。当高压级加气管上压力达到某设定值 p_{HM}(如 23MPa),控制阀 V_{HM} 打开,高压级向中压级储气。当中压级加气管上压力达到某设定值 p_{MM}(如 16MPa),控制阀 V_{ML} 打开,中压级向低压级储气。直至中、低压级与高压级达到压力平衡,三级均同时升至最高储气压力,压力表 p_H 二次仪表给出压缩机停机信号 p_{HH},压缩机出口压力下降(或压缩机停机联动信号),储气阀 V_C 关闭,储气结束。

该控制盘还具有保障中、低压级压力的补气功能。当低压级储气容器内压力 p_L 低于某设定的低压级起补压力 p_{LL}(如 10MPa)时,低压级补气控制阀 V_L 打开,由中压级储气容器向低压级补气,p_L 上升,达到比 p_{LL} 稍高的关闭压力后,控制阀 V_L 关闭。同理,当中压级储气容器内压力 p_M 低于某设定的中压级起补压力 p_{ML}(如 15MPa)时,中压级补气控制阀 V_M 打开,由高压级储气容器向中压级补气,p_M 上升,达到比 p_{ML} 稍高的关闭压力后,控制阀 V_M 关闭。这种内部的补气,能保证取气处处于较平稳状态,最大限度地降低节流降温的影响。

6. 取气及加气工艺流程

图 3-8 为取气顺序控制盘工艺流程,其工艺条件为三级储气压力和三管取气,称为三级三管制(或三区三限制)。

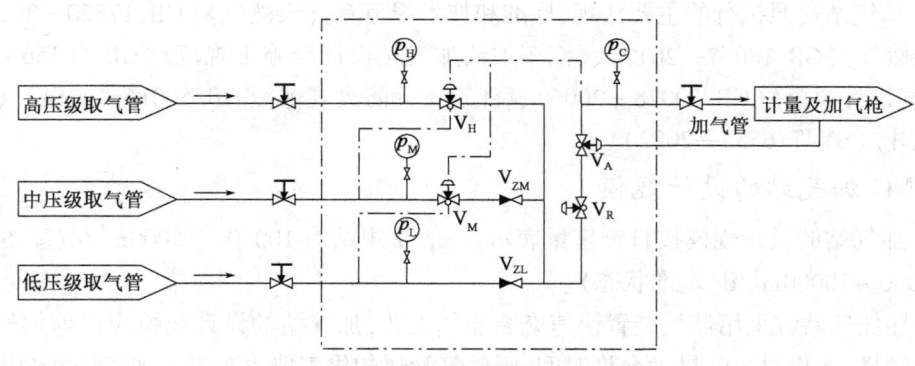

图 3-8 取气顺序控制盘工艺流程

加气枪工作阀打开时,联动切断阀 V_A 打开,启动一个加气过程。加气开始时,低压级取气阀(可由限流器 V_R 担任)处于常开状态,高压级和中压级取气控制阀 V_H 和 V_M 均为关闭状态,此时,只可通过低压级取气管从低压级储气设备内取气,并流向低压取气阀后的加气管(含计量装置及加气枪等)。随着加气继续,加气压力 p_C 逐渐上升,当阀 V_R 前后压差 $p_L - p_C$ 小于某设定值时,中压级取气阀 V_M 打开,通过中压级取气管从中压级储气设备内取气,并继续对外加气。此时,低压级止回阀 V_{ZL} 闭合,防止中压气体倒流入低压级储气设备。当中压级取气阀压

力 p_M 与加气压力 p_C 之差 $(p_M - p_C)$ 随着 p_C 的增加而减小到另一设定值时，高压级取气阀 V_H 打开，通过高压级取气管从高压级储气设备内取气。此时，中压级止回阀 V_{ZM} 闭合，防止高压气体倒流入中压级储气设备。当对外加气完成时，关闭加气枪工作阀，带动切断阀 V_A 关闭，打开泄压阀，p_C 迅速降低，使高压级和中压级取气控制阀 V_H 和 V_M 关闭。取气控制阀门组恢复到加气前状态。

CNG 汽车加气站多采用三管取气工艺流程。三级三管加气机并联工艺流程如图 3-9 所示。二管取气加气工艺流程则在三管基础上减少一根取气总管及其对应支管。若需在三管取气基础上增加单独的压缩机直充管，则加气机需相应配置接管。

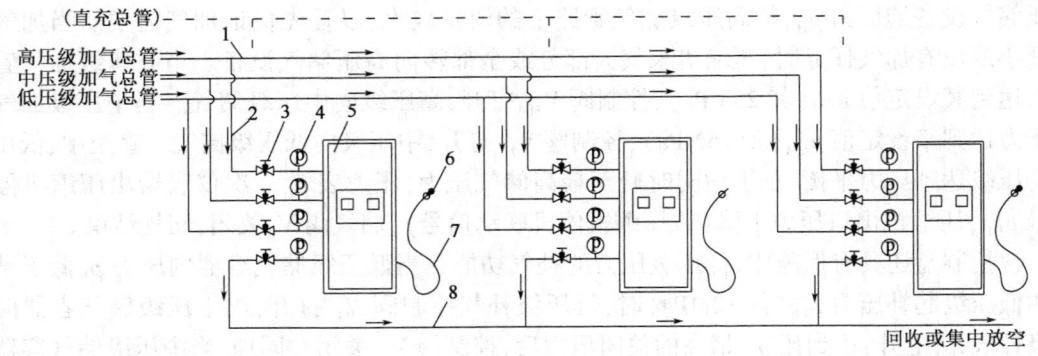

图 3-9　三级三管加气机并联工艺流程
1—取气总管；2—取气支管；3—阀门；4—压力表；5—加气机；6—加气枪；7—加气软管；8—泄压总管

按照要求，加气结束后，卸载加气软管内高压力所泄放的天然气，可由泄压回流管组织回收，或按规定集中放散。

三、CNG 加气站的设计要求

CNG 加气站遵照执行的主要法规、标准和技术规范有：《天然气》（GB 17820—2012）、《车用压缩天然气》（GB 18047—2017）、《汽车加油加气站设计与施工规范》（GB 50156—2012）、《城镇燃气设计规范》（GB 50028—2006）、《建筑设计防火规范》（GB 50016—2014）、《高压气地下储气井》（SY/T 6535—2002）。

1. CNG 加气站的设计规模

CNG 加气站的设计规模按日销售量表示，一般常规站为 10000~15000 m^3/d（基准状态），子站为 5000~10000 m^3/d（基准状态）。

商业性加气站宜采用储气装置快速充装加气工艺，加气站的设计规模应根据加气车辆的数目和充气量、客户对充气最大允许时间、天然气管道的供气能力来定。加气母站的设计规模应根据母站、子站合计的车辆充装用气量和天然气管道对加气母站的供气能力来定。加气子站的设计规模根据车辆充装用气量和母站的供应条件来定。

2. CNG 加气站的工艺设计

1）进站调压计量

CNG 加气站的进口应设置进站切断阀，当气源为城市高压、中压输配管道时，还应在切断阀后设置安全阀。切断阀设在事故情况下便于操作的安全地点，安全阀应为全启封闭式弹簧安全阀,开启压力为站外天然气输配管道最高工作压力。

为给压缩机平稳供气,防止超压,保证压缩机运行安全,在进站切断阀后宜设置调压装置。在调压器入口处应安装过滤器,要求进调压器的天然气含尘量不应大于 $5mg/m^3$,微尘直径应小于 $10\mu m$。

调压器的进口、出口管道之间应设置旁通管道及旁通阀。调压器的计算流量应按压缩机最大工作台数的最大排气量的 1.2 倍确定。

进站管道上应设置计量装置,采用标准孔板计量时,流量计量系统的不确定度不应低于 1.5 级。调压计量流程见视频 3-4,过滤、调压及计量见视频 3-5。

视频 3-4 调压计量流程

视频 3-5 过滤、调压及计量

2) 脱硫和脱水

CNG 加气站的气源来自城市配气管网,气源的质量应符合国家标准《天然气》(GB 17820—2012)中的二类气质指标。与《车用压缩天然气》(GB 18047—2017)的要求相比,水露点和 H_2S 含量达不到要求,所以需要脱硫和脱水。

H_2S 会导致钢材氢鼓泡、氢脆及硫化物应力腐蚀、破裂。车用压缩天然气含水可能会导致汽车在用气过程中因节流生成水合物而堵塞管道,所以压缩天然气需在 CNG 站内深度脱水,达到规范标准。

(1) 脱硫。

CNG 加气站流量不大,H_2S 组分含量低,脱硫宜选择间歇法。间歇法按脱硫原理可分为化学反应法和物理吸附法两种。化学反应法有海绵铁法、氧化铁浆液法、锌盐浆法及苛性钠法;物理吸附法有分子筛法。海绵铁法和分子筛法统称为固体床脱硫法。脱硫流程和脱硫系统分别见视频 3-6 和视频 3-7。

视频 3-6 脱硫流程

视频 3-7 脱硫系统

(2) 脱水。

增压后进入储气装置及出站压缩天然气的含水量必须符合《车用压缩天然气》(GB 18047—2017)的规定。脱水在天然气增压前、增压中或增压后均可进行。

CNG 加气站的脱水工艺宜采用固体吸附法,增压前脱水宜采用活性氧化铝—分子筛或硅胶—分子筛两级脱水;增压中或增压后脱水宜采用分子筛一级脱水,进脱水装置前应经过级间冷却、气液分离和除油过滤,以脱出游离水和从压缩机带出的润滑油。

脱水装置的工艺设计宜符合:脱水装置应按两套设计,一套运行,一套再生,交替运行周期可为 6~8h。增压前脱水天然气流速宜取 120~150mm/s,增压中脱水天然气流速宜取 30~50mm/s,增压后脱水天然气流速宜取 20~40mm/s。天然气与脱水剂接触时间宜取 40~60s。

增压前脱水系统脱水剂的再生宜采用进站天然气,经电加热、脱水剂再生、冷却、气液分离后并入进站天然气管道内。增压中或增压后脱水系统脱水剂的再生宜采用脱除水和油分后的压缩天然气,再生后的天然气宜冷却分离后并入压缩机出口管道。脱水流程和脱水系统分别见视频 3-8 和视频 3-9。

视频3-8 脱水流程　　视频3-9 脱水系统

3)增压

CNG 加气站(母站及标准站)压缩机的选型和台数应根据进、出站压力,加气能力和 CNG 站工作特性确定。压缩机排气压力不应大于 25MPa(表压),多台并联运行的压缩机单台排气量应按压缩机容积流量的 80%~85% 进行计算。CNG 母站宜设一台备用压缩机以保证不间断运营。加气子站宜设一台小型倒气用压缩机。

进入压缩机的天然气质量要满足压缩机的规定,不含游离水,含尘量小于或等于 $5mg/m^3$,微尘直径应小于 $10\mu m$,增压前脱水工艺在进压缩机前宜设置过滤器。为保证压缩机工作平稳,压缩前设置缓冲罐,在缓冲罐内停留时间不宜小于 10s,在罐顶设置安全阀。压缩机卸载排气应回收,回收的天然气可进入回收罐或进气缓冲罐。

天然气在压缩机进气总管的流速不大于 20m/s,压缩机后出气总管天然气流速不大于 5m/s。压缩机进口管道上应设置手动和电动控制阀门,压缩机出口管道上应设置安全阀、止回阀和手动切断阀。对于压缩机动力装置,条件允许时宜优先选用电动机,供电条件不满足时可选用天然气发动机。

加气子站内,小型压缩机应符合下列规定:进气压力不宜小于 0.6MPa,排气压力不应大于 25.0MPa,排气量可按最大天然气储存量的 20% 计算,并应在 2~4h 内完成传输。

增压流程和增压系统分别见视频 3-10 和视频 3-11。

视频3-10 增压流程　　视频3-11 增压系统

4)储存

根据作业需要,加气时间比较集中的 CNG 加气站,储气量以日加气量的 1/2 为宜;加气时间不很集中的 CNG 加气站,储气量以日加气量的 1/3 为宜。在城市建成区内,CNG 加气站储气设施的总容积应符合下列规定:CNG 加气母站储气设施的总容积不应超过 120m³;CNG 常规加气站储气设施总容积不应超过 30m³;CNG 加气子站内设置有固定储气设施时,站内停放的车载储气瓶组拖车不应多于 1 辆,固定储气设施采用储气瓶时,其总容积不应超过 18m³,固定储气设施采用储气井时,其总容积不应超过 24m³。

CNG 加气站内压缩天然气的储气设施宜选用储气瓶或储气井,储气设施的工作压力应为 25MPa,使用环境温度宜为 -25~40℃。

(1)储气瓶组。

储气瓶组宜按运行压力分为高压、中压、低压三级设置,各级瓶组自成系统,各级系统宜选用同一种规格型号的大容积储气瓶,单瓶水容积大于或等于 250L。当选用小容积储气瓶时(单瓶水容积大于或等于 60L),每组储气瓶的总容积不宜大于 4m³,瓶数不宜大于 60 个。在每组储气瓶的进气、出气总管上应设置人工快速切断阀。

对储气瓶组的补气应从高压向低压逐级进行,取气则顺序相反。各储气瓶组内天然气补气起充压力和瓶组间储气瓶数量的比值见表 3-2。

表 3-2 各储气瓶组内天然气补气起充压力和瓶组间储气瓶数量的比值

项 目	低压瓶组	中压瓶组	高压瓶组
瓶组内天然气起充压力,MPa	12.0	18.0	22.0
瓶组间储气瓶数量的比值	2.5~3.0	1.5~2.0	1.0

(2)储气井。

储气井的设计、建造和检验应符合国家标准《高压气地下储气井》(SY/T 6535—2002)的有关规定。最大允许充装压力应为 25.0MPa,储气井管组分为高压储气井组、中压储气井组和低压储气井组,分组设置,分组充装,对储气井组补气起充压力和瓶组间储气瓶数量的比值可按表 3-2 选取。储气井管外径为 177.8~273.1mm 规格的石油套管及其管件。在每组储气井管的天然气进口、出口管道上宜设置人工快速切断阀。

5)加气

加气机的数量应根据加气站的规模、加气汽车数量、每辆汽车加气时间 4~6min 计算确定。加气机的加气软管上应设拉断阀。储气瓶组或储气井与加气枪之间应设主截断阀、紧急截断阀和加气截断阀。储存加气流程见视频 3-12。

视频 3-12 储存加气流程

四、CNG 加气站的选址与总平面布置

1. 站址选择

(1)站址选择应符合城镇总体规划,以及燃气发展规划,应满足城镇 CNG 站建设规划,远离重要设施和人口密集区,应符合国家和地方安全、环保和卫生的要求。

(2)站址应具备可靠的供水、供电条件,靠近公路,交通方便,宜位于城镇和居民区的全年最小频率风向的上风侧,并避开"窝风"地段。

(3)在城市建成区内不应建一级加油加气合建站。

(4)站址应远离人口稠密的繁华区、重要公共建筑、重要物资仓库、通信和交通枢纽等设施。

(5)站址与周围建筑物、构筑物的防火间距必须符合现行的国家和行业标准《建筑设计防火规范》(GB 50016—2014)和《汽车加油加气站设计与施工规范》(GB 50156—2012)的规定。

2. 平面布置原则

(1)平面布置遵循国家现行规范和标准,符合市政建设规划和环保要求。

(2)布置紧凑合理,建筑物能合建尽量合建。

(3)根据生产功能和危险程度等进行设施分区并按功能布置,方便管理,保障安全,与竖向设计统一考虑。充分利用地形、地质、风向等自然条件,因地制宜进行功能区块布置。生产装置区应布置在站内常年最小频率风向的上风侧。

(4)内外交通合理通顺,应有合理的操作空间和检查路线,并使站场工艺、非生产区、人行道、车道等布置流畅。

(5)竖向布置和场地标高合理,处理好站场地面的雨水排出,免受内涝的威胁。

(6)强化绿化设计,美化环境。

(7)总体布局与周围环境尽量保持协调,做到美观大方、安全可靠、节约投资。

3. 平面设计

(1)加气站内设有加气棚、站房、压缩机房、变配电间、办公室、循环及消防水池、储气井以及工艺装置区等。

(2)站内各设施的防火距离应满足《汽车加油加气站设计与施工规范》(GB 50156—2012)中表 5.0.13 的规定。

(3)站场毗邻公路一侧为敞开式设计,其余各侧设有围墙与周围居民区隔离。

(4)车辆入口与出口分开设置,加气棚布置在出、入口间,且靠近公路一侧。

(5)厕所位于车辆出口一侧。

(6)储气井及放散管远离公路和售气区,布置在站场后侧。

(7)变配电间、仪控室、压缩机房、循环及消防水池设在站内下侧。

4. 竖面设计

(1)站内室内地面比室外地面高 0.2m,配电房室内比室外高 0.6m;工艺装置区、储气井区比周围地坪高 0.1m。

(2)加气岛及汽车加气场地宜设罩棚,罩棚采用非燃烧实体材料制作,其有效高度为 6m(大于 4.5m)。罩棚边缘与加气机的平面距离不小于 2m。

(3)加气岛应高出停车场的地坪 0.15~0.2m,其上的罩棚支柱距岛端部应不小于 0.6m。

(4)整个站场的坡度等同站外公路的坡度以利于雨水排放,站场标高进口端高于出口端,后侧高于前侧。

5. 站内停车场和道路的设计

(1)单车道宽度大于 3.5m,设计 4m;双车道宽度大于 6m,设计大于 8m。

(2)站内的道路转弯半径不小于 9m,设计 12m。

(3)道路坡度不大于 6%,设计为 1%。宜坡向站外。

(4)站内停车场和道路路面不应采用沥青路面。

6. CNG 加气母站平面布置图

某 CNG 加气母站总平面布置图如图 3-10 所示。

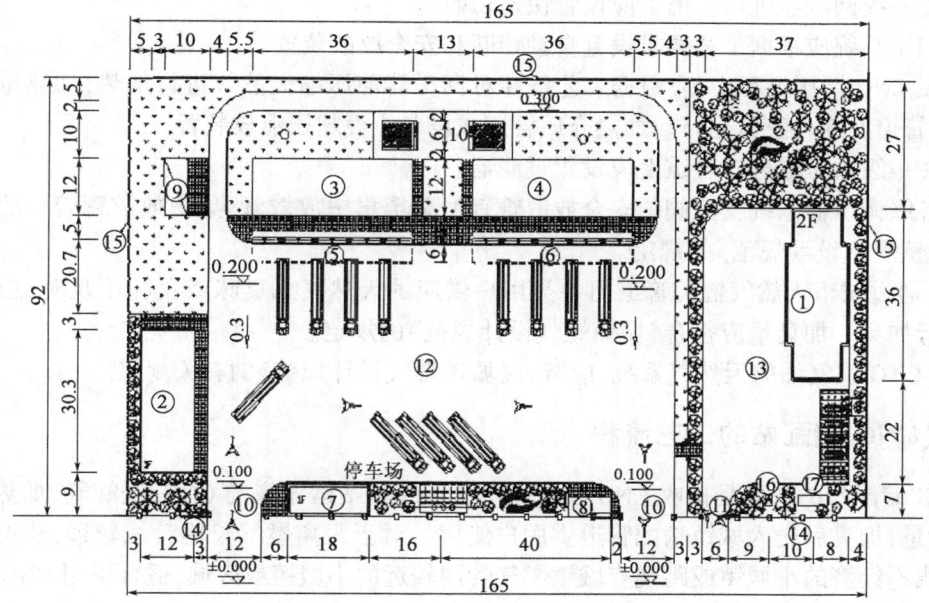

图 3-10 某 CNG 加气母站总平面布置图

1—站房;2—配电及控制室;3—压缩机房1;4—压缩机房2;5—管束车加气棚1;6—管束车加气棚2;7—工具房;
8—门卫室;9—室外设备区;10—主大门;11—副大门;12—生产区道路;13—非生产区道路;14—透空围墙;
15—实体围墙;16—水表井;17—污水处理装置

第二节 CNG 储配站

一、CNG 储配站的功能和设计要求

CNG 储配站的设计规模应根据城镇各类天然气用户的总用气量和供应本站的 CNG 加气站供气能力及气瓶车运输条件等确定。

(1) CNG 储配站的天然气总储气量应根据气源、运输和气候等条件确定,但不应小于本站计算月平均日供气量的 1.5 倍。

(2) CNG 储配站的天然气总储气量包括停靠在站内固定车位的 CNG 气瓶车的总储气量。当供气站天然气总储气量大于 30000m^3 时,除采用气瓶车储气外应建天然气储罐等其他储气设施。

(3) 气瓶组供气站的规模应符合下列要求:

① 气瓶组最大储气总容积为各气瓶组总几何容积(m^3)与其最高储气压力(绝对压力 102kPa)乘积之和,并除以压缩因子。气瓶组最大储气总容积不应大于 1000m^3,气瓶组总几何容积不应大于 4m^3。

② 气瓶组储气总容积应按 1.5 倍计算月平均日供气量来确定。

(4) CNG 应根据工艺要求分级调压,并应符合下列要求:

①在一级调压器进口管道上应设置快速切断阀。
②调压系统应根据工艺要求设置自动切断和安全放散装置。
③在 CNG 调压过程中,应根据工艺条件对调压器前压缩天然气进行加热,加热量应保证设备、管道及附件正常运行。加热介质管道或设备应设超压泄放装置。
④在一级调压器进口管道上应设置过滤器。
⑤各级调压器系统安全阀的安全放散管宜汇总至集中放散管,集中放散管管口的设置应符合《城镇燃气设计规范》的规定。

(5)通过城市天然气输配管道向各类用户供应的天然气无臭味或臭味不足时,应在供气站内进行加臭。加臭量应符合《城镇燃气设计规范》的规定。

(6)CNG 供气站的天然气系统,应符合《城镇燃气设计规范》的有关规定。

二、CNG 储配站的工艺流程

CNG 储配站的功能是接收 CNG 长管拖车从加气母站运输来的 CNG,经卸气、加热、调压、储存、计量、加臭后送入城镇输配管道供用户使用。对于距离燃气长输管线较远,建设天然气高压支线不经济的小城镇或距现有城镇燃气管网较远的小城镇或区域,适合采用 CNG 供应。

CNG 储配站具有卸气、加热、调压、储存、计量和加臭等功能,其工艺流程如图 3-11 所示(见书末插页)。

CNG 运输车进入 CNG 供气站后,通过卸气柱卸气并进行进站计量,一半气体进入高压储气设备,储气压力 10MPa,剩余 CNG 经一级换热器、过滤器、一级调压器进行换热和调压,将压力降到约 4.0MPa;再进入二级换热器和二级调压器进行二次换热和调压,将压力降至储气罐的工作压力为 1.6MPa,分为两部分,一部分天然气进入次高压 A 级储气设施储存,另一部分天然气经流量计出站计量,由三级调压器调至 0.4MPa,经加臭装置加臭后,送入城镇燃气管网。

当 CNG 运输车中的天然气压力降到一级调压器进口压力以下时,开启旁通管,直接进行二级调压,后续流程同前;CNG 运输车的天然气压力继续下降到二级调压器进口压力以下,开启二级调压管旁路,与次高压 A 级储气设施内的天然气一起,进行三级调压;当 CNG 运输车内的天然气压力低于三级调压器进口压力的最低要求时,切断 CNG 运输车的供气阀门,由高压储气设备供气,经一、二、三级调压后进入城镇燃气管网。

站内一、二级加热器所需热量,由锅炉提供,锅炉燃料为天然气,引自出站燃气管线,由锅炉专用调压器调至燃烧器额定压力。

三、CNG 储配站的选址与总平面布置

CNG 储配站站址选择应符合下列要求:
(1)符合城镇总体规划的要求。
(2)应具有适宜的地形、工程地质、交通、供电、给水排水及通信条件。
(3)少占农田、节约用地,并注意与城市景观协调。
(4)CNG 储配站内天然气储气罐与站外建筑物、构筑物的防火间距应符合现行国家标准《建筑设计防火规范》(GB 50016—2014)的规定。站内露天天然气工艺装置与站外建筑物、构筑物的防火间距按甲类生产厂房与厂外建筑物、构筑物的防火间距执行。
(5)CNG 储配站内天然气储气罐与站内建筑物、构筑物的防火间距应符合《城镇燃气设计规范》(GB 50028—2006)的规定。

(6)天然气储气罐或罐区之间的防火间距应符合《城镇燃气设计规范》(GB 50028—2006)的规定。

(7)当天然气储气罐区设置检修用集中放散装置时,集中放散装置的放散管与站内、外建筑物或构筑物的防火间距应符合《城镇燃气设计规范》的规定。

(8)气瓶车固定车位与站外建筑物、构筑物的防火间距应符合《城镇燃气设计规范》的规定。

(9)气瓶车固定车位的设置和气瓶车的停靠应符合《城镇燃气设计规范》的规定。

(10)CNG储配站总平面应分区布置,即分为生产区和辅助区。CNG储配站应设2个对外出入口。

(11)当CNG储配站与液化石油气混气站合建时,站内天然气储气罐及固定车位与液化石油气储气罐的防火间距应符合现行国家标准《建筑设计防火规范》(GB 50016—2014)的规定。

(12)CNG系统的设计压力应符合《城镇燃气设计规范》的规定。

(13)CNG气瓶组供气站宜设置在供气小区边缘,供气规模不宜大于1000户。

(14)气瓶组应在站内固定地点设置。气瓶组及天然气放散管管口、调压装置至明火、散发火花地点和建筑物、构筑物的防火间距不应小于表3-3的规定。

表3-3 气瓶组及天然气放散管管口、调压装置至明火、散发火花地点和建筑物、构筑物的防火间距(m)

项目	名称	气瓶组	天然气放散管管口	调压装置
明火、散发火花地点		25	25	25
民用建筑、燃气热水炉间		18	18	12
重要公共建筑、一类高层民用建筑		30	30	24
道路(路边)	主要	10	10	10
	次要	5	5	5

注:本表以外的其他建筑物、构筑物的防火间距应符合国家现行标准《汽车用燃气加气站技术规范》CJJ 84中天然气加气站三级站的规定。

(15)气瓶组可与调压计量装置设置在一起。

(16)气瓶组的气瓶应符合国家有关现行标准的规定。

(17)气瓶组供气站的调压应符合《城镇燃气设计规范》的规定。

某CNG供气站平面布置图如图3-12所示(见书末插页)。

第三节 脱硫、脱水系统

一、脱硫系统

天然气脱硫工艺根据所采用的脱硫剂物理形态的不同,可分为湿法脱硫和干法脱硫两种方式。

湿法脱硫根据采用脱硫剂的不同主要分为A.D.A法、改良A.D.A法、HPF法、塔—希法、对苯二酚法等。湿法脱硫具有处理量大、处理剂可再生、单位处理成本低、工艺复杂、脱硫净化度低等特点,一般应用于天然气的粗加工和一次脱硫。

干法脱硫根据脱硫剂的不同分为氢氧化铁法、氧化亚铁法、氧化锌法、分子筛法、活性炭法等。与湿法脱硫相比,干法脱硫具有工艺简单、设备占地少、净化度高等,不仅可以脱除硫化氢,还可以脱除有机硫,能够将天然气中硫化物脱至 $0.5mg/m^3$ 以下;其缺点是再生效率较低。

CNG 站场多采用常温干法脱硫工艺,采用塔式脱硫设备。干法脱硫净化度较高、设备简单、操作方便,塔式脱硫设备占地面积小。常温干法脱硫的脱硫剂有活性氧化铁、高效氧化铁、精脱硫剂、活性炭和分子筛。

CNG 站场常用氧化铁系列脱硫剂。脱硫剂用量与脱硫剂组分、性质、天然气中硫化氢浓度、工作压力和温度、接触时间等有关。

(1)活性氧化铁脱硫剂的用量(容积):

$$V = 6.4K\frac{WQ_0}{nf\rho\mu} \tag{3-1}$$

式中　V——活性氧化铁脱硫剂容积,m^3;
　　　K——操作安全系数,可取 1.3;
　　　W——天然气中硫化氢含量(基准状态),mg/m^3;
　　　Q_0——CNG 站供气规模(基准状态),m^3/d;
　　　n——脱硫剂年更新次数;
　　　f——新脱硫剂的工作硫容,%;
　　　ρ——新脱硫剂的堆密度,kg/m^3;
　　　μ——脱硫剂脱硫化氢实际效率,%。

(2)脱硫塔的直径:

$$D = 0.188\sqrt{\frac{Q_{max}}{pv}} \tag{3-2}$$

式中　D——脱硫塔计算内径,m;
　　　Q_{max}——通过脱硫塔的天然气最大流量(基准状态),m^3/h;
　　　p——脱硫塔工作压力(绝对压力),MPa;
　　　v——脱硫塔空塔时天然气通过速度,mm/s,当天然气中硫化氢含量较高时取低值,反之,取高值。

(3)脱硫剂的层高度:

$$H = 0.001v\tau \tag{3-3}$$

式中　τ——天然气与脱硫剂的接触时间,s,当要求硫化氢脱出率高时取脱硫剂要求的高值,反之,取低值。

二、脱水系统

1. 分子筛脱水工艺流程

根据分子筛再生气不同,分子筛脱水流程可以分为干气与湿气再生脱水流程。天然气首先经过进口分离器脱除天然气的固体分子筛粉末,进入下一个工艺单元。当吸附过程经过一操作周期(8~24h)后,吸附床被天然气中的水汽饱和,将塔切换为再生过程。

再生气进入加热炉直接加热至 240~250℃,自下而上流经床层,再生气量约为原料气的 5%~10%。当塔内的温度升高时,捕集在吸附剂空隙内的水分会转变成水蒸气,并由天然气携带出塔,气体离开塔顶后被冷却器冷却,再生气经气水分离器冷凝水后,可作加热炉燃料等用途,也可以换回原料气再脱水。当吸附床层出口气体温度升至预定温度后,加热再生完毕,加热炉停用,再生气经旁通进入吸附塔,用于冷却再生床层;当床层温度冷却至要求温度(40~50℃)时,又可开始进入下一循环的吸附。

该工艺流程的优点是:
(1)脱水后,气体中水含量可低于1mg/L,露点温度可达-100℃以下;
(2)对进料气的温度、压力、流量变化不敏感,操作弹性大;
(3)操作简单,占地面积小。

该工艺流程的缺点是:
(1)对于大装置,设备投资大,操作费用高;
(2)气体压降大于溶剂吸收脱水的压降;
(3)吸附剂使用寿命短,一般使用3年就得换,增加了成本;
(4)能耗高,再生气量大,低处理量时更明显。

2. 分子筛脱水设计计算

分子筛脱水装置的设计参考《石油和化工工程设计工作手册:第三册 气田地面工程设计》。

1)吸附塔的计算

(1)天然气饱和水含量。

天然气饱和水含量由天然气露点图3-13查得。图3-13纵坐标为天然气含水量,它为相对密度等于0.6的天然气与纯水的平衡值。若相对密度不等于0.6时,应乘以图中的校正系数:

$$d = 0.983 d_0 C_{RD} C_S \tag{3-4}$$

式中 d——天然气饱和水含量,mg/m^3;
d_0——由图查得的含水量,mg/m^3;
C_{RD}——相对密度校正系数,由图3-13查得;
C_S——含盐量校正系数,由图3-13查得。

(2)分子筛的用量。

$$W = \frac{(d_1 - d_2) q \tau}{10000 S_d \tau_d} \left(1 + \frac{k}{100}\right)\left(1 + \frac{\eta \tau_s}{100}\right) \tag{3-5}$$

式中 W——分子筛用量,kg;
d_1——脱水前天然气含水量(基准状态),mg/m^3;
d_2——脱水后天然气含水量(基准状态),mg/m^3;
q——CNG加气站年均日供气量(基准状态),m^3/d;
τ——分子筛一个再生周期内的工作时间,h;
S_d——分子筛有效湿容量,%,可取7%~12%;
τ_d——CNG站平均日工作时间,h;
k——干燥再生湿气的附加干燥负荷,%,可取10%~15%;
η——分子筛在一个脱水周期内的使用损耗率,%;
τ_s——分子筛设计使用次数,可取200~300。

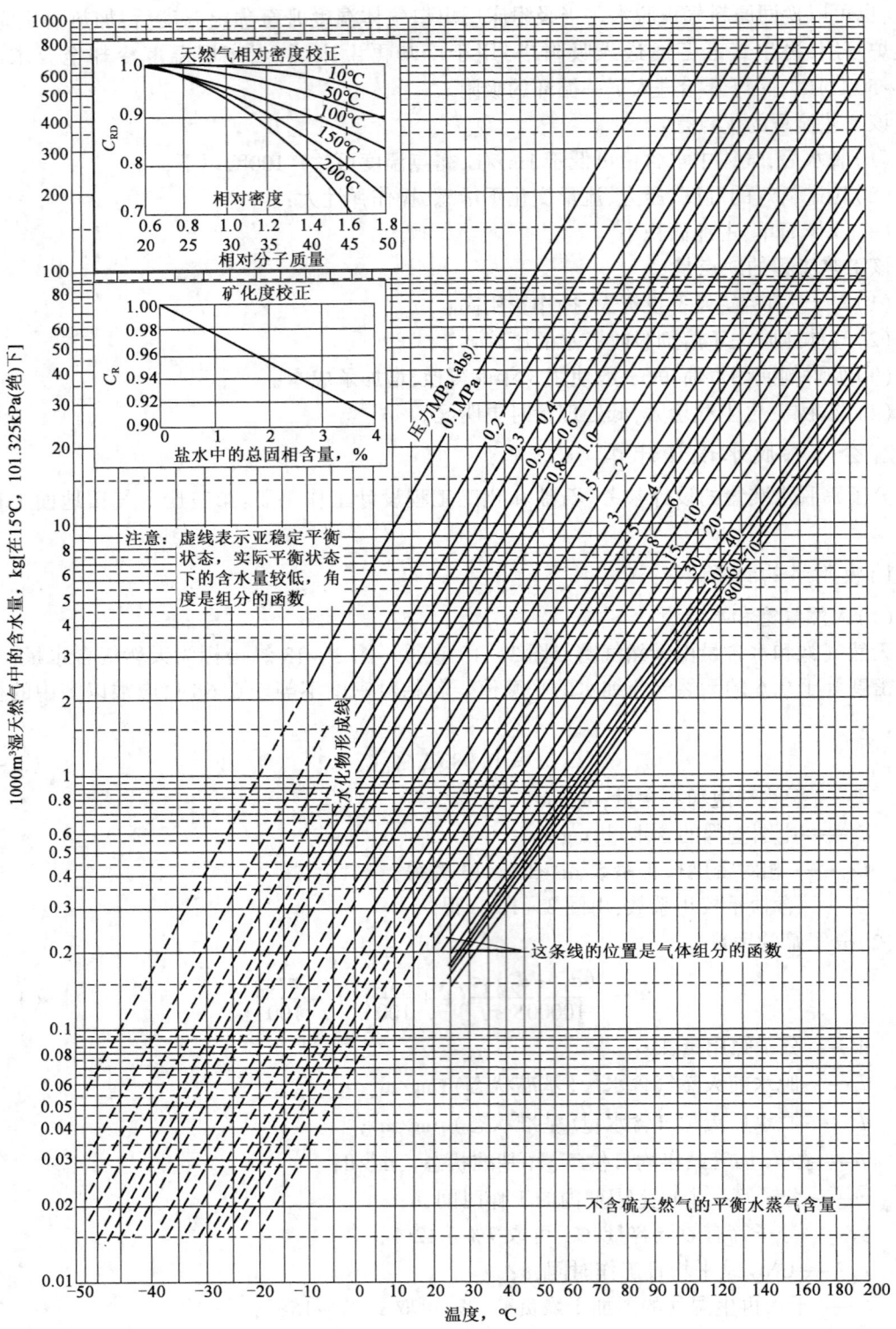

图 3-13 天然气的露点

(3)吸附塔允许气体空塔流速。

湿天然气从上而下穿过固定床,计算出的气体空塔流速要保证不会造成床层的搅动和粉碎。

$$G = \sqrt{C\rho_b\rho_g D_p} \tag{3-6}$$

$$v = \frac{G}{\rho_g} \tag{3-7}$$

式中 G——允许的气体空塔质量流速,kg/(m²·s);
    C——系数,气体自上向下流动,取 0.25~0.32,自下向上流动,取 0.167;
    ρ_b——分子筛的堆积密度,kg/m³;
    ρ_g——气体在操作条件下的密度,kg/m³;
    D_p——分子筛的平均直径(球形)或当量直径(条形),m;
    v——气体空塔流速,m/s。

(4)分子筛床层直径。

$$D = \sqrt{\frac{Q}{0.785v}} \tag{3-8}$$

式中 D——分子筛床层直径,m;
    Q——天然气处理量(操作条件下),m³/s;
    v——气体空塔流速,m/s。

(5)吸附床层高度。

$$h_B = \frac{127.4 W_T}{\rho_b D^2 S_d} \tag{3-9}$$

式中 h_B——吸附床层高度,m;
    W_T——吸附水的总量,kg/周期;
    ρ_b——分子筛的堆积密度,kg/m³;
    D——分子筛床层直径,m;
    S_d——分子筛有效湿容量,%,可取 7~12。

实际塔高为吸附床层高度加上床层的支撑高度以及床顶为确保气流分散的足够空间,附加高度通常为 1~1.5m。

(6)吸附传质区长度。

$$h_z = 1.41 A \frac{q^{0.7895}}{v^{0.5506} \varphi^{0.2646}} \tag{3-10}$$

式中 h_z——吸附传质区长度,m;
    A——系数,分子筛 $A=0.6$,硅胶 $A=1$,活性氧化铝 $A=0.8$;
    q——床层截面积的水负荷,kg/(m²·h);
    v——气体空塔流速,m/min;
    φ——进吸附塔气体的相对湿度,%。

(7)气体通过床层的压力降。

基于 Ergun 方程式建立,则

$$\frac{\Delta p}{L} = B\mu v_g + C\rho_g v_g^2 \tag{3-11}$$

式中 Δp——压降,kPa;
L——床层高度,m;
μ——气体黏度,mPa·s;
v_g——气体空床气速,m/min;
ρ_g——气体操作条件下的密度,kg/m³。

B、C 取值见表3-4。

表3-4 参数(B、C)取值表

分 子 筛	B	C
3.2mm 直径球形	4.155	0.00135
3.2mm 圆柱条形	5.357	0.00188
1.6mm 直径球形	11.278	0.00207
1.6mm 圆柱条形	17.660	0.00319

(8)转效时间。

$$\theta_B = \frac{0.01 x \rho_B h_T}{q} \tag{3-12}$$

式中 θ_B——转效时间,h;
x——分子筛有效吸附容量(质量分数),%;
ρ_B——分子筛堆积密度,kg/m³;
h_T——吸附床层设计长度,m;
q——分子筛的水负荷,kg/(m²·h)。

2. 再生计算

1)再生热负荷

计算在230℃时,分子筛比热容为0.96kJ/(kg·℃),钢材比热容为0.5kJ/(kg·℃),瓷球比热容为0.88kJ/(kg·℃),并考虑10%的热损失,则再生热负荷为

$$Q = 1.1(Q_1 + Q_2 + Q_3 + Q_4) \tag{3-13}$$

式中 Q_1——加热分子筛的热量,kJ;
Q_2——加热吸附器本身(钢材)的热量,kJ;
Q_3——脱附吸附水的热量,kJ;
Q_4——加热铺垫的瓷球的热量,kJ。

设吸附后床层温度是 t_1,热再生气进出口的平均温度为 t_2,则

$$Q_1 = m_1 c_{p_1}(t_2 - t_1) \tag{3-14}$$
$$Q_2 = m_2 c_{p_2}(t_2 - t_1) \tag{3-15}$$
$$Q_3 = m_3 \times 4186.8 \tag{3-16}$$
$$Q_4 = m_4 c_{p_4}(t_2 - t_1) \tag{3-17}$$

式中 m_1——分子筛的质量,kg;
m_2——吸附器筒体及附件等钢材的质量,kg;
m_3——吸附水的质量,kg;
m_4——铺垫的瓷球的质量,kg;

c_{p_1}——分子筛的比定压热容,kJ/(kg·℃);

c_{p_2}——吸附器筒体及附件等的比定压热容,kJ/(kg·℃);

c_{p_4}——瓷球的比定压热容,kJ/(kg·℃)。

式(3-16)中的4186.8kJ/kg是水的脱附热。

2)再生气量

$$G = \frac{1.1Q}{c_p \Delta t s} \tag{3-18}$$

其中
$$\Delta t = t_3 - \frac{1}{2}(t'_2 + t_1) \tag{3-19}$$

式中 G——再生气量,kg/h;

Q——再生加热所需的热量,kJ;

c_p——再生气比定压热容,kJ/(kg·℃);

Δt——再生气平均温降,℃;

s——再生气时间,h;

t_3——再生气进吸附器时温度,℃;

t'_2——再生加热结束时气体出口温度,℃。

3)冷却气量

加热再生吸附塔后,需要通入冷的干气冷却,冷却到比吸附正常进行时床层温度低3~6℃,此时温度为t'_1。

冷却吸附塔需移去的热量Q':

$$Q' = Q_1 + Q_2 + Q_4 \tag{3-20}$$

吸附器由加热的平均温度t_2冷却到t'_1,平均温度:

$$t_m = \frac{1}{2}(t_2 + t'_1) \tag{3-21}$$

冷却气量:

$$G' = \frac{Q'}{c_p(t_m - t_a)s'} \tag{3-22}$$

式中 G'——冷却气量,kg/h;

Q'——冷却移去的热量,kJ;

c_p——冷却气比定压热容,kJ/(kg·℃);

t_m——冷却气平均温度,℃;

t_a——冷却气初始温度,℃;

s'——冷却时间,h。

3. 加热炉热负荷

一般再生气出加热炉的温度比t_3高10~15℃,加热炉热负荷Q''为

$$Q'' = G c_{pm}[(t_3 + 15) - t_a] \tag{3-23}$$

式中 G——再生气量,kg/h;

c_{pm}——再生气平均比定压热容,kJ/(kg·℃);

t_3——再生气进吸附器时温度,℃。

第四节　天然气压缩系统

天然气压缩系统主要由进气缓冲罐、压缩机、润滑系统、冷却系统、控制系统及附件组成。缓冲罐是保证进入压缩机的气体压力稳定的设备。压缩机是加气站最重要的设备,其性能好坏直接影响加气站运行的可靠性和经济性。CNG 加气站使用的压缩机排气压力高、排气量小,一般采用往复活塞式压缩机。

一、活塞式压缩机分类

活塞式压缩机的种类和型式极多,是各种压缩机中结构最复杂、组成零件最多的。活塞式压缩机按功能可分为 4 个部分,即气缸部分、传动部分、机身部分、辅助设备。

（1）气缸部分:直接用于气体压缩的部分,主要包括气缸、缸盖、缸座、活塞、气阀、填料等。填料安装于活塞杆穿出气缸的部分,作用是对气缸内外进行密封,以防止气缸内压力较高的气体漏出。压缩机气缸部分构成示意图如图 3-14 所示。

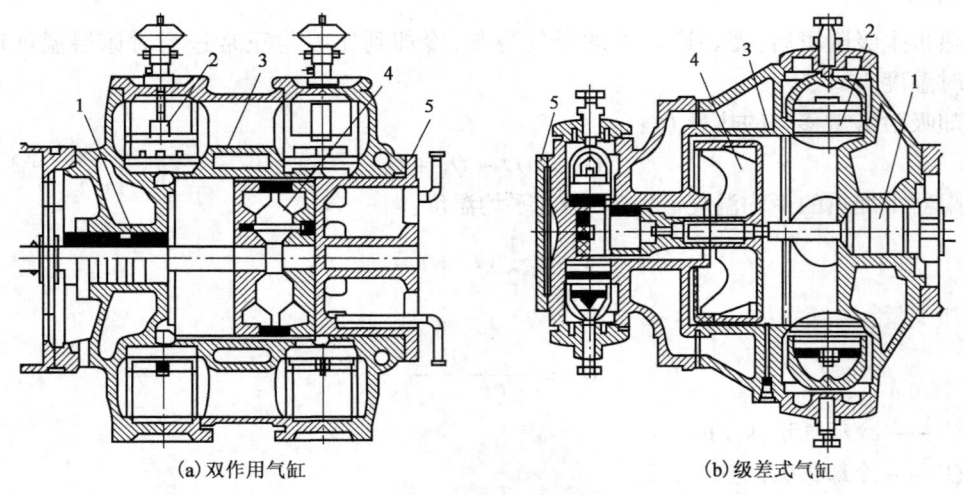

(a) 双作用气缸　　　(b) 级差式气缸

图 3-14　压缩机气缸部分构成示意图
1—填料;2—气阀;3—气缸;4—活塞;5—缸盖

（2）传动部分:主要包括曲轴、连杆、十字头等部件,如图 3-15、图 3-16 所示,其功能是把原动机输入的旋转运动转化为活塞的往复运动。曲轴与原动机通过皮带、联轴器或其他变速机构相连,活塞杆的大头套在曲轴上,小头通过十字头销连在十字头上,故活塞杆的一端与十字头连接,另一端与活塞相连。对传动部分各零件的要求主要是强度和刚度方面的,对于活塞杆还有受压时的稳定性问题,同时要求满足一定的结构关系即可。

（3）机身部分:作用是支撑、容纳气缸部分和传动部分的零件,同时安装其他辅助设备,包括曲轴箱、中体等。中体就是曲轴箱与气缸的中间连接件,有时曲轴箱本身也被单独称为机身或机座。

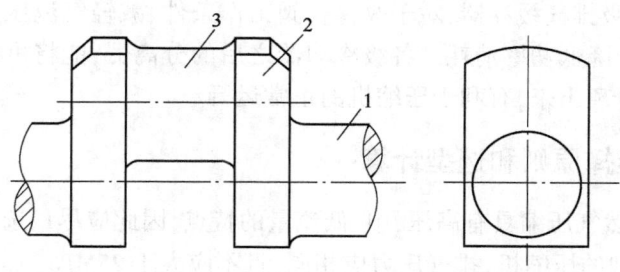

图 3-15 曲柄组成示意图
1—主轴颈；2—曲柄；3—曲柄销

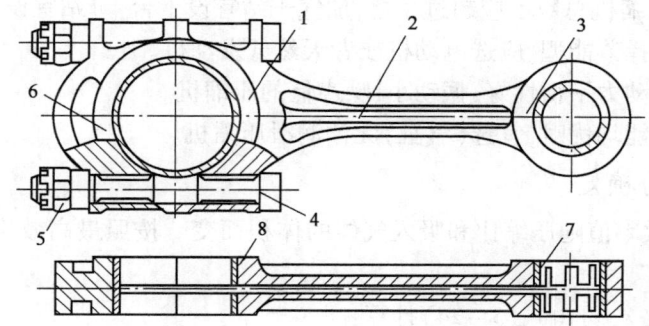

图 3-16 连杆组成结构示意图
1—大头；2—杆身；3—小头；4—螺栓；5—螺母；6—大头盖；7—小头衬套；8—大头瓦

(4)辅助设备：压缩机系统还必须有气体净化装置、气体和压缩机冷却装置、润滑油循环装置、安全保护控制装置等辅助设备才能正常工作。

活塞式压缩机按结构可分为立式、卧式、角度式和对称平衡式。其特点分述如下：

(1)立式压缩机特点：主机直立，占地面积小；活塞重量不支撑在气缸上，没有因此而产生摩擦和磨损。大型立式压缩机高度大，需要设置操作平台，操作不方便，管道布置困难；多级压缩时，级间设备占地面积大。立式压缩机现在仅用于中、小型及微型压缩机，使机器高度均处于人体高度，便于操作方便，中型压缩机主要用无油润滑结构的活塞，无需支撑仅需导向。级数以少为宜，避免管道布置麻烦。

(2)卧式压缩机特点：卧式压缩机大都制成气缸置于机身两侧的结构，优缺点恰好和立式压缩机相反。卧式压缩机的级间设备甚至可以配置在压缩机的上方或下方。中、大型压缩机宜采用卧式结构。

(3)角度式压缩机特点：结构紧凑，每个曲拐上装有两根以上的连杆，使曲轴结构简单、长度较短，并且可以采用滚动轴承。缺点是对大型机组时高度较大，因此角度式压缩机适用于用作中、小型及微型压缩机。

进口压缩机排量一般较大，冷却方式为风冷，结构紧凑，多为橇装式，占地面积小、自动化程度高、性能优良，但费用高，售后服务不及国产。国产压缩机排量一般较小、水冷（占地面积大）较多、自动化程度不及进口设备、性能欠缺，但费用低，售后服务方便。各有利弊，应根据实际情况，综合考虑。

无论是风冷还是水冷，CNG压缩机的各级排气温度应不高于180℃。

加气站内的压缩机均为在役压缩机，除了常开压缩机就是调峰压缩机，没有备用压缩机。

压缩机各级配以吸排气缓冲器,对于改善气阀工作条件、减轻气流压力脉动、消减管线震动作用明显,也有助于降低功率消耗。各级冷却器之后的分离器,能将可能凝聚的多碳组分、水分、过量的润滑油分离出来,有利于压缩机的正常运行。

二、压缩机的选择原则和选型计算

(1) CNG 站的天然气压缩具有高压,中、低流量的特点,因此应尽量选择活塞式压缩机。

(2) 宜选同一系列的压缩机,排气压力应相同,且不应大于 25MPa。

(3) 压缩机排量应尽量满足生产量的需求。为适应不同生产负荷下的经济运行,可选择单机容量不同的压缩机,但不宜超过 2 种。

(4) CNG 站的压缩机总数不应超过 3 台,加气子站宜设 1 台,母站宜设 1 台备用。

(5) 原动机应选择节能型,应选电动机或者天然气发动机。

(6) 城区内应选动力平衡性好、振动小、噪声低的压缩机。

(7) 在性能和耗能均优时,宜选(气缸)无油润滑压缩机。

1. 压缩比 ε 的确定

压缩机的综合效率值随压缩比和吸入气体的体积而变。按照最高效率点取级数,各级的压缩比 $\varepsilon = 2 \sim 4$。

压缩机的总压比 ε_t 可由式(3-24)计算:

$$\varepsilon_t = \frac{p_d}{p_s} \tag{3-24}$$

式中 p_d——压缩机的排气压力,MPa;

p_s——压缩机的进气压力,MPa。

级数 B 确定后按等压缩比原则,求得各级压缩比 ε:

$$\varepsilon = \sqrt[B]{\varepsilon_t} \tag{3-25}$$

2. 排气量和进气量

在压缩机排气端测得的单位时间内排出的气体体积,换算到压缩机第一级进气条件(压力、温度、湿度)下的数值称为排气量,用 V_s 表示,单位为 m^3/h。

供气量是指排出的气体按标准状态($p_0 = 101.325kPa$,$T_0 = 273K$)计算的干燥气体的容积值。排气量与进气量的关系按式(3-26)计算:

$$V_s = \frac{p_0 T_s}{(p_s - \phi p_{sa}) T_0} V \tag{3-26}$$

式中 V_s——排气量,m^3/h;

p_0——标准状态大气压力,kPa;

T_s——进气温度,K,进气温度为 25℃,即 $T_s = 298K$;

p_s——进气压力,kPa;

ϕ——进气状态下的相对湿度;

p_{sa}——进气温度下水的饱和蒸气压力,kPa;

T_0——标准状态大气温度,K;

V——进气量,m^3/h。

3. 压缩机排气温度的确定

活塞式压缩机的排气温度可按绝热公式计算：

$$T_d = T_s \varepsilon^{\frac{k-1}{k}} \tag{3-27}$$

式中 T_d——压缩机的排气温度，K；
　　T_s——压缩机的进气温度，K，进气温度为25℃，即 $T_s = 298$K；
　　ε——压缩机的各级压缩比；
　　k——气体绝热指数。

4. 驱动机的功率

$$N_d = \frac{N}{\eta_c} \tag{3-28}$$

式中 η_c——传动效率，对皮带传动 $\eta_c = 0.96 \sim 0.99$，对齿轮传动 $\eta_c = 0.97 \sim 0.99$，直联 $\eta_c = 0.1$。

5. 缓冲罐的工艺计算

为了保证压缩机的平稳工作，在压缩机前必须设置缓冲罐，用于压缩机的进口管道上，阻止管道压力波动对压缩机损害。同时，再缓冲罐顶设置安全阀。安全阀的开启压力为压缩机允许最高进口压力的 $0.9 \sim 0.95$ 倍，以保证压缩机系统安全运行。要求天然气在缓冲罐中的停留时间不小于10s。

1) 缓冲罐容积的计算

$$V = Qt \tag{3-29}$$

式中 V——缓冲罐容积，m³；
　　Q——操作状态下进气流量，m³/s；
　　t——天然气在缓冲罐内停留时间，s。

根据缓冲罐容积，确定筒体公称直径和筒体高度。

2) 缓冲罐壁厚的计算

根据压力容器壁厚计算公式求缓冲罐壁厚：

$$\delta_0 = \frac{pD}{2\sigma_s \varphi - p} \tag{3-30}$$

式中 p——设计工作压力，kgf/cm²；
　　D——压力容器内径，mm；
　　σ_s——管材屈服极限，kgf/cm²。

第五节　储　气　设　备

CNG站场的储气设备可分为储气井、储气瓶和球罐。

一、CNG储配站储气容积

CNG储配站的供气对象为城镇配气管网，日供应规模的确定参考《燃气工程设计手册》。

CNG 储配站储气容积不仅与储气压力有关，还与 CNG 运输车的天然气压力以及站内储气罐容积有关，储气容积与储气压力之间关系如下：

$$n = \frac{p}{p_1} - 1 \tag{3-31}$$

式中　n——站内储气罐容积与车载储气罐容积之比；
　　　p——车载储气罐的压缩天然气压力，MPa；
　　　p_1——站内储气罐的储气压力，MPa。

当供气规模大时，可选用储气井做高压储气设备；当供气规模小时，可选用大瓶组或储气柱高压储气。

二、CNG 加气站储气容积

CNG 加气站储气容积应根据设计加气汽车数量、每辆汽车的加气时间、母站服务的子站个数、规模和服务半径等因素综合确定。

CNG 加气标准站的日供应规模按式(3-32)计算：

$$q_{dV} = mq_{aV} \tag{3-32}$$

式中　q_{dV}——CNG 加气站日供应规模（基准状态），m³/d；
　　　m——最大日加气次数，次/d；
　　　q_{aV}——CNG 汽车每次加气量（基准状态），m³/次。

CNG 加气站计算储气量是指通过 CNG 加气站的生产、储存和供应三者之间的平衡关系确定的理论储气量。

$$V_j = \max\left[\sum_{i=1}^{k}(q_{si} - q_{ji})\right] + \left|\min\left[\sum_{i=1}^{k}(q_{si} - q_{ji})\right]\right| (k = 1,2,\cdots,n) \tag{3-33}$$

式中　V_j——计算储气量（基准状态），m³；
　　　q_{si}——第 i 小时 CNG 生产量（基准状态），m³；
　　　q_{ji}——第 i 小时 CNG 供应量（基准状态），m³；
　　　n——储气设施在一个工作周期内的工作时间，h。

CNG 加气站的储气容积按式(3-34)计算：

$$V = 3.45 \times 10^{-4} KV_{0j} \frac{273+t}{p} Z + V_C \tag{3-34}$$

式中　V——储气容积（基准状态），m³；
　　　K——生产及储存安全操作系数，可取 1.1～1.2；
　　　V_{0j}——CNG 站计算储气量（基准状态），m³；
　　　t——CNG 储存温度，℃；
　　　p——CNG 最高储存绝对压力，MPa；
　　　Z——储存压力和温度下的压缩因子；
　　　V_C——储气设备公称容积系列所需最小圆整值（基准状态），m³。

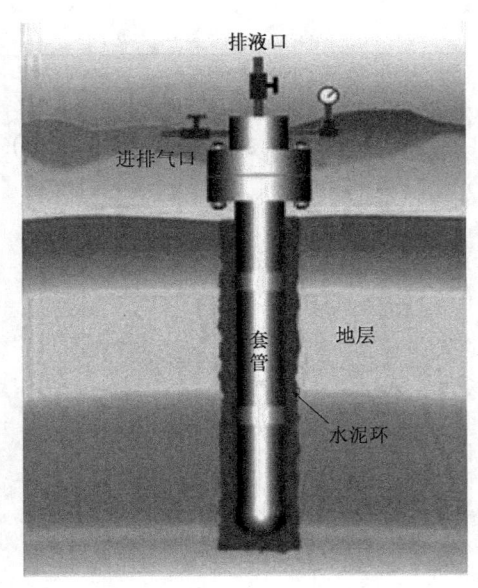

图 3-17　储气井井管结构形式

三、储气井的选型

CNG 储气井井管是竖井式高压气储气管的简称。井管应符合《高压气地下储气井》(SY/T 6535—2002)的规定,其公称压力为 25MPa(表压),公称容积为 1~10m³,储存介质为符合《车用压缩天然气》(GB 18047—2017)的天然气。其结构形式如图 3-17 所示,参数见表 3-5。

表 3-5 井管基本参数表

公称容积,m³	井筒外径,mm	壁厚,mm	井管长(深)度,m
1	177.8	6.71~10.16	50
	191.1	6.71~10.16	40
2	177.8	6.71~10.16	100
	191.1	6.71~10.16	80
	244.5	7.92~10.03	50
3	177.8	6.71~10.16	150
	191.1	6.71~10.16	120
	244.5	7.92~10.03	100
	273.1	7.09~11.43	60
4	177.8	6.71~10.16	200
	191.1	6.71~10.16	160
	244.5	7.92~10.03	135
	273.1	7.09~11.43	80
5	191.1	6.71~10.16	200
	244.5	7.92~10.03	125
	273.1	7.09~11.43	100
6	244.5	7.92~10.03	200
	273.1	7.09~11.43	120
10	273.1	7.09~11.43	200

根据储气井产业发展现状,制造安装的储气井分为两大规格:
(1)7in 储气井(井筒直径 177.8mm × 壁厚 10.36mm)系列产品(法兰式、旋塞式);
(2)9⅝in 储气井(井筒直径 244.5mm × 壁厚 11.05mm)系列产品(法兰式、旋塞式)。
9⅝in 储气井常用规格型号及主要技术参数详见表 3-6。

表 3-6 9⅝in 储气井常用规格型号及主要技术参数

规 格	9⅝in 储气井	9⅝in 储气井	9⅝in 储气井	9⅝in 储气井	9⅝in 储气井
型号	CQJ-02-25	CQJ-03-25	CQJ-04-25	CQJ-4.5-25	CQJ-06-25
设计压力,MPa	27.5	27.5	27.5	27.5	27.5
工作压力,MPa	25	25	25	25	25
强度(水压)试验,MPa	37.5	37.5	37.5	37.5	37.5
气密性试验,MPa	25	25	25	25	25
单井井深,m	51.5	77.25	103	116	155

续表

规 格	9⅝in 储气井	9⅝in 储气井	9⅝in 储气井	9⅝in 储气井	9⅝in 储气井
型号	CQJ-02-25	CQJ-03-25	CQJ-04-25	CQJ-4.5-25	CQJ-06-25
单井水容积,m^3	2	3	4	4.5	6
单井储气量,m^3	500	750	1000	1125	1500
井管疲劳循环次数	不小于 2.5×10^4	不小于 2.5×10^4	不小于 2.5×10^4	不小于 2.5×10^4	不小于 2.5×10^4
井管管,mm	244.5	244.5	244.5	244.5	244.5
井管壁,mm	11.05	11.05	11.05	11.05	11.05
井管钢级	P11 或 30CrMoG	P110 或 30CrMoG	P110 或 30CrMoG	P11 或 30CrMoG	P1 或 30CrMoG
井与井间距,m	≥2	≥2	≥2	≥2	≥2
井口离地高度,mm	300~500	300~500	300~500	300~500	300~500
排污管管径,mm	10×1	10×1	10×1	10×1	10×1
排污管外管管径,mm	12	12	12	12	12
进出气口管径,mm	22	22	22	22	22
固井方式	正循环全井段固井				
井口装置	法兰式或旋塞式				
井口附件连接方式	进排气口为单进出,井口附件上的阀件采用双阀双保险控制,压力表下配表前截止阀				

四、储气瓶

CNG 站的储气瓶是指符合《站用压缩天然气钢瓶》(GB 19158—2003)规定的公称压力为 25MPa(表压)、公称容积为 50~200L、设计温度≤60℃的专用储气钢瓶,也简称钢瓶。其使用介质为符合《车用压缩天然气》(GB 18047—2017)的天然气。有的生产厂也生产公称容积为 40L 的储气瓶。也有复合材料制成的储气瓶,公称容积为 40~80L,但目前的应用效果并不理想。

工程上习惯将常用的公称容积小于等于 80L 的钢瓶称为小瓶,将进口及随后国产的 500~1750L 储气柱称为大瓶。大瓶按《压力容器》(GB 150.1~GB 150.4—2011)、《钢质无缝气瓶》(GB 5099—1994)、《钢制压力容器分析设计标准》(JB 4732—1995)等执行,或按引进国际标准经我国核准执行。CNG 站中,将数只至数十只储气瓶连接成一组,组成较大储存容积的设备称为钢瓶组。一般小瓶以 20~60 只为一组,每组公称容积可为 1.0~4.08m^3。大瓶一般以 3、6、9 只为一组,每组公称容积可为 1.5~16.0m^3。每组均用钢架固定,橇装设置,配置进气接管和出气接管。

小瓶价格相对便宜,但密封件、阀件、接气口多,漏气概率相对较大。《汽车加油加气站设计与施工规范》(GB 50156—2012)对小瓶组的体积尺寸限制为:宽为 1 个瓶的长度,高为 1.6m,长为 5.5m。大瓶组密封件、阀件、接气口少很多,漏气概率相对很小,维护也容易,但长度较长,可达近 9m。

五、球罐

在相同容积下,球罐比储气瓶耗钢量低,占地面积小,可作为 CNG 站的储气设备。CNG

站用球罐,应符合《压力容器》(GB 150.1~GB 150.4—2011)的规定,公称压力为25MPa,公称容积为$2\sim10m^3$。目前有$3\sim4m^3$在用实例。

因制造工艺的限制,CNG站用球罐材料的强度不宜太高,因此,其壁厚较厚,球壳板材料均质状况相对较差,制造也较难,故在设计选用时,应予以注意。

第六节 其他设备

一、CNG供气站专用调压箱

目前,一、二级加热器和调压器,以及相应的辅助装置,均可以集中装配成CNG专用调压箱,这使得其相应流程的自动控制方便、占地面积也小。可以根据CNG供气站的设计流量、调压器后压力设定值等工艺条件直接选用,或按实际需要的流程和参数定制。CNG供气站专用调压箱最大流通能力可达$2000m^3/h$,一级调压器后压力可达$3.0\sim7.5MPa$,二级调压器后压力可为$1.6\sim2.5MPa$。

二、CNG供气站加热设备

CNG供气站对天然气的加热,是为了消除气体发生焦耳—汤姆逊效应引起的降温。热交换器所提高的热功率应按式(3-35)计算:

$$Q = q_n c_p \left(\Delta p \frac{dt}{dp} + \Delta t \right) \qquad (3-35)$$

式中　Q——热功率,kJ/h;

　　　q_n——标准体积流量,m^3/h;

　　　c_p——气体比定压热容,$kJ/(m^3 \cdot ℃)$;

　　　Δp——节流前后的压力差,MPa;

　　　dt/dp——焦耳—汤姆逊系数,℃/MPa;

　　　Δt——附加温度,℃。

式(3-35)中,若dt/dp作为常数来计算,则根据气体的性质和工况就可确定其所需的热功率。CNG的dt/dp值可以根据天然气的状态图来确定。在其初态参数p_1、T_1已知时,可确定初状态点的焓h_1。按焦耳—汤姆逊系数(M_J)定义的条件:绝热节流其焓不变,由终状态的焓$h_2 = h_1$和节流后的压力(p_2)参数就可以确定终温t_2。焦耳—汤姆逊系数平均值可按式(3-36)求得:

$$M_J = \frac{\Delta t}{\Delta p} = \frac{t_2 - t_1}{p_2 - p_1} \qquad (3-36)$$

式中　t_2——节流后的温度,℃;

　　　t_1——节流前(设备进口处)的温度,℃。

在工程界,传统上把焦耳—汤姆逊系数近似取为常数,对于天然气,该常数值约为4℃/MPa,根据天然气的参数可计算热功率Q,以便选用热交换器设备。

思 考 题

1. CNG加气站分为哪几类？简述其工艺流程。
2. 压缩天然气储配站规模等级如何确定？
3. 简述CNG储配站工艺流程。
4. 简述常温干法脱硫的工艺流程。
5. 分子筛脱水分别有什么优点和缺点？
6. CNG加气站天然气压缩系统包括哪些设备？各有什么功能？

参 考 文 献

[1] 城镇燃气设计规范:GB 50028—2015.
[2] 汽车加油加气站设计与施工规范:GB 50156—2014.
[3] 建筑设计防火规范:GB 50016—2014.
[4] 严铭卿.燃气工程设计手册.北京:中国建筑工业出版社,2008.
[5] 严铭卿,康乐明,等.天然气输配工程.北京:中国建筑工业出版社,2005.
[6] 樊宝德,朱焕勤.加油加气站设计与技术管理.北京:中国石化出版社,2009.
[7] 马国光,吴晓南,马俊杰.天然气集输工程.北京:石油工业出版社,2014.
[8] 袁宗明.城市配气.北京:石油工业出版社,2004.
[9] 王遇冬.天然气处理原理与工艺.北京:中国石化出版社,2007.
[10] 郁永章,等.天然气汽车加气站设备与运行.北京:中国石化出版社,2006.
[11] 《城镇燃气系统设计》编委会.城镇燃气系统设计.北京:石油工业出版社,2016.
[12] 中国石油天然气集团公司职业技能鉴定指导中心.燃气输配站场运行工:上册.北京:石油工业出版社,2016.

第四章 液化天然气站场

液化天然气(LNG)工业链中LNG调峰站、LNG气化站和LNG加气站均属于城镇燃气站场。

(1)LNG调峰站:在用气低峰时,把管网中富裕的天然气经压缩制冷制成液化天然气储存在LNG储罐中,当需要调峰时,将LNG气化,送入供气管网。

(2)LNG气化站:LNG槽车运来的LNG储存在储罐中,通过气化器让LNG相变成为气态天然气,经调压、计量和加臭后送入城市燃气管网。

(3)LNG加气站:主要包括LNG加气站和L-CNG加气站。LNG加气站是为LNG汽车储瓶充装LNG燃料的专门场所。L-CNG加气站由LNG转化为CNG,为CNG汽车储瓶充装CNG燃料的专门场所。

本章只讲述LNG气化站和LNG加气站。

第一节 LNG气化站

LNG气化站是接收、储存和分配LNG的基地,也是城镇或燃气企业把LNG从生产厂转往用户的中间调节场所。LNG气化系统是指专门用来将LNG气化成气态天然气的工艺过程及配套装置,它往往与外输系统建在一起。LNG气化及外输系统主要由LNG罐内输送泵(潜液泵)、罐外低压与高压外输泵、开架式水淋气化器、浸没燃烧式气化器及计量装置等组成。

一、LNG气化站的工艺流程

LNG气化站的工艺流程主要是由卸车、储存、气化以及调压、计量、加臭等工艺组成。液化天然气由低温槽车运至气化站,利用槽车自带的增压器给槽车储罐增压,利用压差将LNG送入LNG储罐,进行卸车。通过储罐增压器将LNG增压,进入空温式气化器,LNG吸热气化发生相变,成为天然气。当天然气在空温式气化出口温度较低时,需要经水浴式气化器气化并调压、计量、加臭后送入城市高(中)压管网,LNG气化站原理流程示意图如图4-1所示。

在非工作条件下,储槽内LNG储存的温度为-162℃,压力为常压。在工作条件下,储槽增压器将储槽内的LNG增压到0.35MPa(以下压力如未说明均为表压)。增压后的低温LNG自流进入主空温式气化器,与空气传热后,转化为气态LNG并升高温度,出口温度比环境温度低10℃,压力在0.35MPa;当空温式气化器出口的天然气温度达不到5℃以上时,通过水浴式加热器升温。最后经加臭、计量后进入输配管网送入各类用户。LNG气化站一般包括卸车工

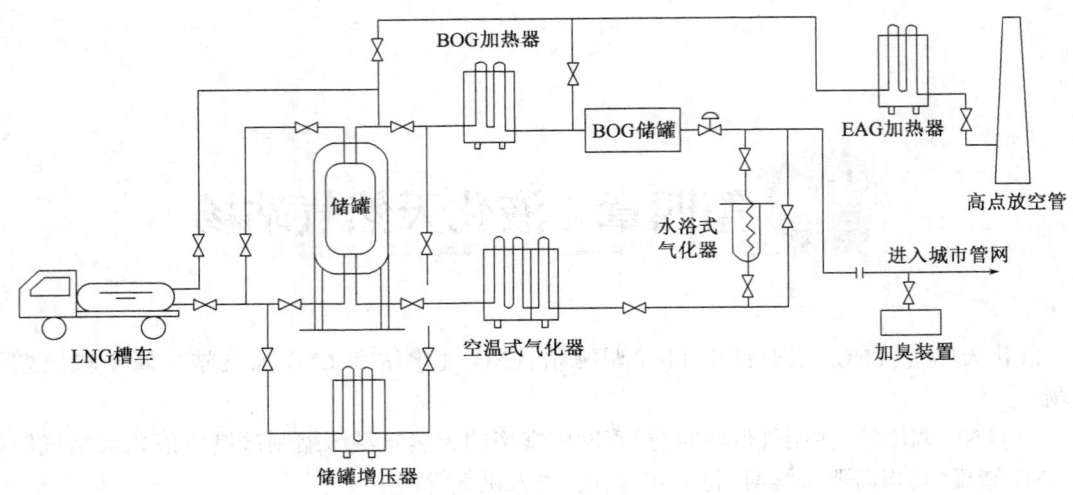

图 4-1 LNG 气化站原理流程示意图

艺、储存增压工艺、加热气化工艺、BOG 处理工艺、安全泄放工艺、计量加臭工艺。某 LNG 气化站工艺流程见图 4-2(见书末插页)。

1. 卸车工艺

卸车工艺采用槽车自增压方式(图 4-3)。卸车工艺管线包括液相管线、气相管线、气液连通管线、安全泄压管线、氮气吹扫管线以及若干低温阀门。LNG 通过公路槽车或罐式集装箱车从 LNG 液化工厂运到用气城市的 LNG 气化站,利用槽车上的空温式升压气化器对槽车进行升压(或通过站内设置的卸车增压气化器对罐式集装箱车进行升压),使槽车与 LNG 储罐之间形成一定的压差,利用此压差将槽车中的 LNG 卸入气化站储罐内。卸车结束时,通过卸车台气相管道回收槽车中的气相天然气。

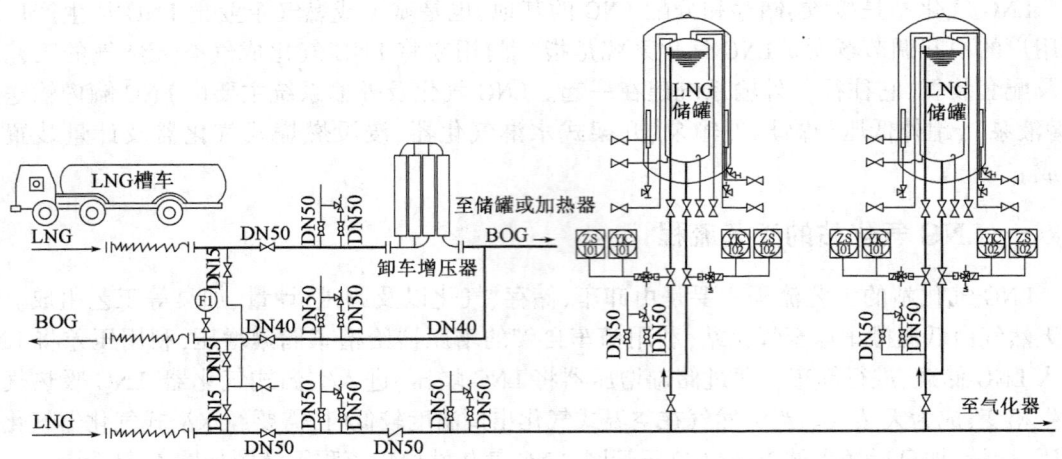

图 4-3 槽车自增压卸车工艺

卸车时,为防止 LNG 储罐内压力升高而影响卸车速度,当槽车中的 LNG 温度低于储罐中 LNG 温度时,采用上进液方式,槽车中的低温 LNG 通过储罐上进液管喷嘴以喷淋状态进入储罐,将部分气体冷却为液体而降低罐内压力,使卸车得以顺利进行;若槽车中的 LNG 温度高于储罐中 LNG 温度时,采用下进液方式,高温 LNG 由下进液口进入储罐,与罐内低温 LNG 混合而降温,避免高温 LNG 由上进液口进入罐内蒸发而升高罐内压力导致卸车困难。实际操作中,由于目前 LNG 气源地距用气城市较远,长途运输到达用气城市时,槽车内的 LNG 温度通常高于气化站储罐中的 LNG 温度,只能采用下进液方式。因此除首次充装 LNG 时采用上进液方式外,正常卸槽车时基本都采用下进液方式。

为防止卸车时急冷产生较大的温差应力损坏管道或影响卸车速度,每次卸车前都应当用储罐中的 LNG 对卸车管道进行预冷。同时应防止快速开启或关闭阀门使 LNG 的流速突然改变而产生液击损坏管道。

2. 储罐增压工艺

在 LNG 气化供应工作流程中,需要经过从储槽中增压流出、气化、加臭等程序,最后进入供气管网。而 LNG 储槽储存参数为常压 -162℃,所以在运行时需要对 LNG 储槽进行增压,以维持其 0.35~0.40MPa 的压力,保证 LNG 的输出量。储罐增压工艺如图 4-4 所示。

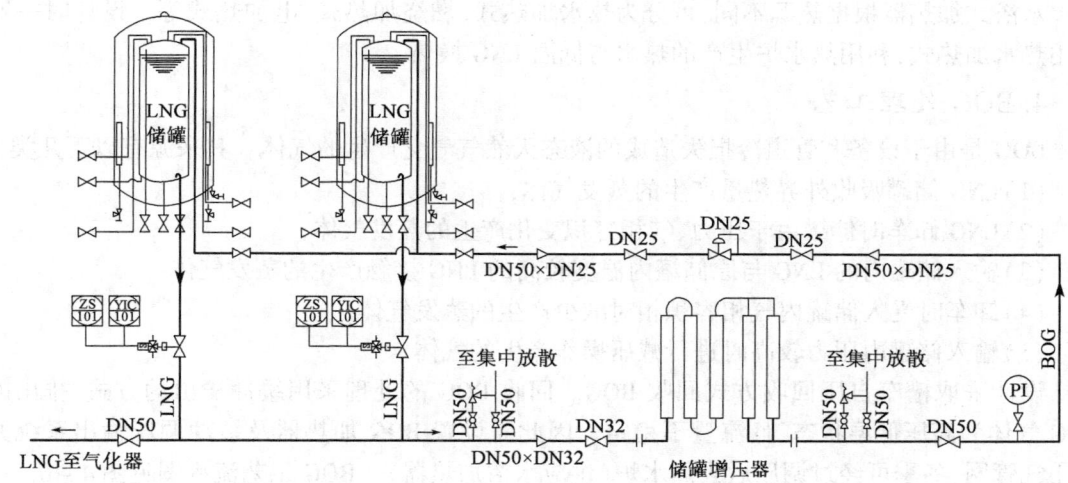

图 4-4 储罐增压工艺

中小型 LNG 储存气化站常用的增压方式通常有两种:一种是增压气化器结合自力式增压调压阀方式;一种是增压气化器结合气动式增压调压阀方式。

增压气化器结合气动式增压调压阀方式,该增压系统由储槽增压器(空温式气化器)及若干控制阀门组成。当 LNG 储槽压力低于升压调压阀设定开启压力时,调压阀开启,LNG 进入空温式气化器,气化为 NG 后通过储槽顶部的气相管进入罐内,储槽压力上升;当 LNG 储槽压力高于设定压力时,调压阀关闭,空温式气化器停止气化,随着罐内 LNG 的排出,储槽压力下降。通过调压阀的开启和关闭,从而将 LNG 储槽压力维持在设定压力范围内。

3. 气化加热工艺

气化加热工艺采用空温式和水浴式相结合的串联流程,夏季使用自然能源,冬季使用热水,利用水浴式加热器进行增热,即可满足站内的生产需要。LNG 气化加热工艺流程图如图 4-5 所示。

空温式气化器分为强制通风和自然通风两种,设计时一般采用自然通风空温式气化器。自然通风空温式气化器需要定期除霜、定期切换。在两组空温式气化器的入口处均设有气动切断阀,正常工作时两组空温式气化器通过气动切断阀在控制台处的定时器进行切换,切换周

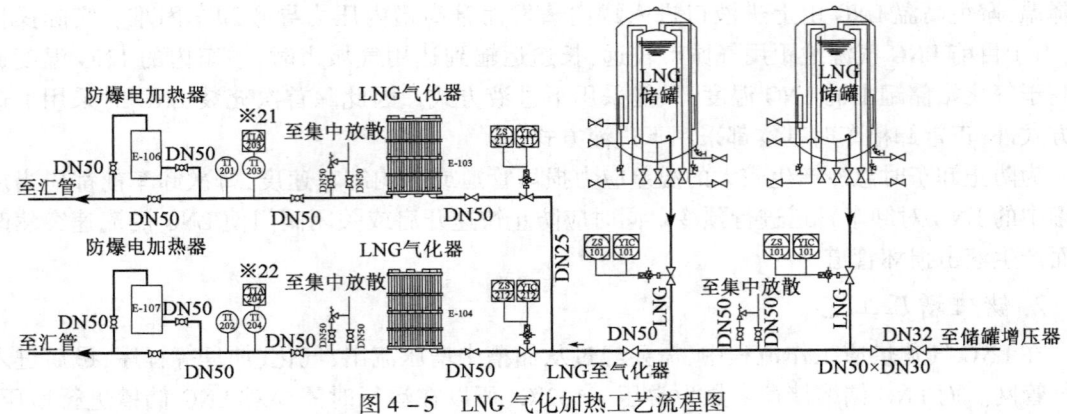

图 4-5　LNG 气化加热工艺流程图

期为 6h/次,当出口温度低于 0℃时,低温报警并联锁切换空温式气化器。

水浴式加热器根据热源不同,可分为热水加热式、燃烧加热式、电加热式等。设计时一般采用热水加热式,利用热水炉生产的热水与低温 LNG 换热。

4. BOG 处理工艺

BOG 是由于设备和管道冷损失造成的液态天然气气化产生的气体。其来源有以下几类:

(1) LNG 储罐吸收外界热量产生的蒸发气体;
(2) LNG 卸车时储罐由于压力、气相容积变化产生的蒸发气体;
(3) 输入储罐内的 LNG 与原储罐内温度较高的 LNG 接触产生的蒸发气体;
(4) 卸车时受入储罐内气相容积相对减少产生的蒸发气体;
(5) 输入储罐内压力较高时进行减压操作产生的气体。

设计采取槽车自压回收方式回收 BOG。回收 BOG 的处理采用缓冲输出的方式,排出的 BOG 气体为高压低温状态,且流量不稳定。因此需设置 BOG 加热器及缓冲调压输出系统并入用气管网,冬季可经过调压后去热水炉(供应水浴加热器)。BOG 工艺流程图见图 4-6。

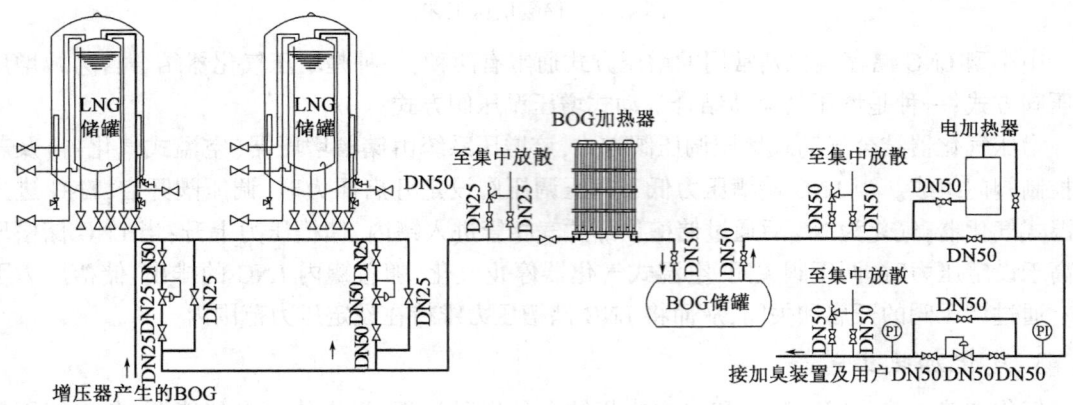

图 4-6　BOG 工艺流程图

5. 安全泄放工艺

天然气为易燃易爆物质,在温度低于 -120℃左右时,天然气密度重于空气,一旦泄漏将在地面聚集,不易挥发;而常温时,天然气密度远小于空气密度,易扩散。根据其特性,按照规范要求必须进行安全排放,设计采用集中排放的方式。安全泄放工艺系统由安全阀、爆破片、

EAG(escape air gas,LNG 安全阀超压排放出来的低温状态在大约 -107℃高密度、高危险性气体)加热器、放散塔组成。其工艺流程图如图 4-7 所示。

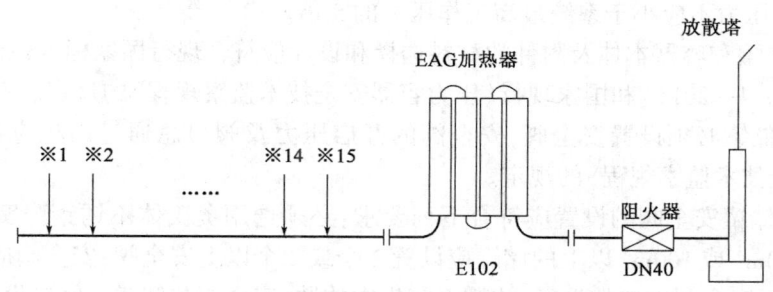

图 4-7 安全卸放工艺流程图

设置 EAG 加热器,对放空的低温 LNG 进行集中加热后,经阻火器后通过 25m 高的放散塔高点排放,EAG 加热器采用空温式加热器。常温放散 LNG 直接经阻火器后排入放散塔。阻火器内装耐高温陶瓷环,安装在放空总管路上。

为了提高 LNG 储槽的安全性能,采用降压装置、压力报警手动放空、安全阀(并联安装爆破片)起跳三重保护措施。安全阀设定压力为储槽的设定压力 0.78MPa。缓冲罐上设置安全阀及爆破片,安全阀设定压力为储罐设计压力。在一些可能会形成密闭的管道上,设置手动放空加安全阀双重措施。管道设计压力为 1.0MPa。

6. 计量加臭工艺

计量加臭工艺系统是 LNG 气化进入城市管网供气的最后环节。从主气化器及缓冲罐出来的气体首先进入计量段,计量完成后经过加臭处理并调压,最后输入用气管网。

计量采用气体涡轮流量计,计量精度 1.5 级,量程比大于 1:16,能同时满足最小流量和最大流量时的计量精度要求。流量计配备体积修正仪,自动将工况流量转换成标准流量,并自动进行温度、压力和压缩系数的修正补偿,可存储一年或更长时间的数据,对流量实现自动管理和监控功能。流量计设旁路,在流量计校验或检修时可不中断供气。

二、LNG 气化站工艺设计要求

(1)LNG 储罐、设备的设计温度应按 -168℃计算,当采用液氮等低温介质进行置换时,应按置换介质的最低温度计算。

(2)对于使用温度低于 -20℃的管道应采用奥氏体不锈钢无缝钢管,其技术性能应符合现行的国家标准《流体输送用不锈钢无缝钢管》(GB/T 14976—2012)的规定。

(3)管道宜采用焊接连接。公称直径不大于 50mm 的管道与储罐、容器、设备及阀门可采用法兰、螺纹连接;公称直径大于 50mm 的管道与储罐、容器、设备及阀门连接应采用法兰或焊接连接;法兰连接采用的螺栓、弹性垫片等紧固件应确保连接的紧密度。阀门应能适用于 LNG 介质,液相管道应采用加长阀杆和能在线检修结构的阀门(LNG 钢瓶自带的阀门除外),连接宜采用焊接。

(4)管道应根据设计条件进行柔性计算,柔性计算的范围和方法应符合现行国家标准《工业金属管道设计规范》(GB 50316—2008)的规定。

(5)管道宜采用自然补偿的方式,不宜采用补偿器进行补偿。

(6)管道的保温材料应采用不燃烧材料,该材料应具有良好的防潮性和耐腐性。

（7）LNG管道上的两个切断阀之间必须设置安全阀，放散气体宜集中放散。

（8）LNG卸车口的进液管道应设置止回阀。LNG卸车软管应采用奥氏体不锈钢波纹软管，其设计爆裂压力不应小于系统最高工作压力的5倍。

（9）LNG储罐和容器本体及附件的材料选择和设计应符合现行国家标准《压力容器》（GB 150.1～GB 150.4—2011）和国家现行《压力容器安全技术监察规程》的规定。

（10）LNG储罐必须设置安全阀，安全阀的开启压力及阀口总通过面积应符合国家现行《压力容器安全技术监察规程》的规定。

（11）LNG储罐安全阀的设置应符合下列要求：必须选用奥氏体不锈钢弹簧封闭全启式；单罐容积为100m^3或100m^3以上的储罐应设置2个或2个以上安全阀；安全阀应设置放散管，其管径不应小于安全阀出口的管径，放散管宜集中放散；安全阀与储罐之间应设置切断阀。

（12）储罐应设置放散管，其设置要求应符合《城镇燃气设计规范》（GB 50028—2006）的要求。

（13）储罐进出液管必须设置紧急切断阀，并与储罐液位控制联锁。

（14）LNG储罐仪表的设置，应符合下列要求：应设置两个液位计，并应设置液位上、下限报警和联锁装置，容积小于3.8m^3的储罐和容器，可设置一个液位计（或固定长度液位管）；应设置压力表，并应在有值班人员的场所设置高压报警显示器，取压点应位于储罐最高液位以上；采用真空绝热的储罐，真空层应设置真空表接口。

（15）LNG气化器的液体进口管道上宜设置紧急切断阀，该阀门应与天然气出口的测温装置联锁。

（16）LNG气化器或其出口管道上必须设置安全阀，安全阀的泄放能力应满足下列要求：环境气化器的安全阀泄放能力必须满足在1.1倍的设计压力下，泄放量不小于气化器设计额定流量的1.5倍；加热气化器的安全阀泄放能力必须满足在1.1倍的设计压力下，泄放量不小于气化器设计额定流量的1.1倍。

（17）LNG气化器和天然气气体加热器的天然气出口应设置测温装置并应与相关阀门联锁；热媒的进口应设置能遥控和就地控制的阀门。

（18）对于有可能受到土壤冻结或冻胀影响的储罐基础和设备基础，必须设置温度监测系统并应采取有效保护措施。

（19）储罐区、气化装置区域或有可能发生LNG泄漏的区域内应设置低温检测报警装置和相关的联锁装置，报警显示器应设置在值班室或仪表室等有值班人员的场所。

（20）爆炸危险场所应设置燃气浓度检测报警器。报警浓度应取爆炸下限的20%，报警显示器应设置在值班室或仪表室等有值班人员的场所。

（21）LNG气化站内应设置事故切断系统，事故发生时，应切断或关闭LNG或可燃气体来源，还应关闭正在运行可能使事故扩大的设备。

（22）LNG气化站内设置的事故切断系统应具有手动、自动或手动自动同时启动的性能，手动启动器应设置在事故时方便到达的地方，并与所保护设备的间距不小于15m。手动启动器应具有明显的功能标志。

三、LNG气化站的选址与总平面布置

依据《城镇燃气设计规范》（GB 50028—2006）的规定对LNG气化站进行选址与总平面布置。

1. 气化站选址原则

气化站站址选择一方面要从城市的总体规划和合理布局出发，另一方面也应从有利生产、方便运输、保护环境着眼。因此，在站址选择过程中，要考虑到既能完成当前的生产任务，又要想到将来的发展。站址选择一般考虑以下问题：

（1）站址应选在城镇和居民区的全年最小风向上风侧。若必须在城市建站时，应尽量远离人口稠密区，以满足卫生和安全的要求。

（2）考虑气化站的供电、供水和电话通用网络等各种条件，站址选在城市边缘为宜。

（3）站址至少要有一条全天候的汽车公路。

（4）气化站应避开油库、桥梁、铁路枢纽站、飞机场等重要战略目标。

（5）站址不应受洪水和山洪的淹灌和冲刷，站址标高应高出历年最高洪水位 0.5m 以上。

（6）应考虑站址的地质条件，避免布置在滑坡、溶洞、塌方、断层、淤泥等不良地质条件的地区，站址的土壤耐压力一般不低于 0.15MPa。

（7）应避开地震带、地基沉陷、废弃矿井等地段。

（8）LNG 气化站的 LNG 储罐、集中放散装置的天然气放散总管与站外建筑物、构筑物的防火间距不应小于表 4-1 的规定。

表 4-1　LNG 气化站的 LNG 储罐、集中放散装置的天然气放散总管与站外建筑物、构筑物的防火间距（m）

项目 \ 名称	储罐总容积，m³							集中放散装置的天然气放散总管
	≤10	>10~≤30	>30~≤50	>50~≤200	>200~≤500	>500~≤1000	>1000~≤2000	
居住区、村镇和影剧院、体育馆、学校等重要公共建筑（最外侧建筑物、构筑物外墙）	30	35	45	50	70	90	110	45
工业企业（最外侧建筑物、构筑物外墙）	22	25	27	30	35	40	50	20
明火、散发火花地点和室外变、配电站	30	35	45	50	55	60	70	30
民用建筑，甲、乙类液体储罐，甲、乙类生产厂房，甲、乙类物品仓库，稻草等易燃材料堆场	27	32	40	45	50	55	65	25
丙类液体储罐，可燃气体储罐，丙、丁类生产厂房，丙、丁类物品仓库	25	27	32	35	40	45	55	20
铁路（中心线） 国家线	40	50	60	70	70	80	80	40
铁路（中心线） 企业专用线	25	25	25	30	30	35	35	30

续表

项目	名称	储罐总容积，m³							集中放散装置的天然气放散总管
		≤10	>10~≤30	>30~≤50	>50~≤200	>200~≤500	>500~≤1000	>1000~≤2000	
公路、道路（路边）	高速，Ⅰ、Ⅱ级，城市快速	20				25			15
	其他	15				20			10
架空电力线（中心线）		1.5倍杆高					1.5倍杆高，但35kV以上架空电力线不应小于40m		2.0倍杆高
架空通信线（中心线）	Ⅰ、Ⅱ级	1.5倍杆高		30			40		1.5倍杆高
	其他	1.5倍杆高							

注：(1) 居住区、村镇指1000人或300户以上者，以下者按本表民用建筑执行；
(2) 与本表规定以外的其他建筑物、构筑物的防火间距应按现行国家标准《建筑设计防火规范》(GB 50016—2014) 执行；
(3) 间距的计算应以储罐的最外侧为准。

2. 气化站总平面布置

LNG气化站总平面应分区布置，即分为生产区（包括储罐区、气化及调压等装置区）和辅助区。

(1) 生产区宜布置在站区全年最小频率风向的上风侧或上侧风侧。生产区和辅助生产区采用高度为2m的不燃烧体实体围墙隔开。LNG气化站应设置高度不低于2m的不燃烧体实体围墙。

(2) LNG气化站的LNG储罐、集中放散装置的天然气放散总管与站内建筑物、构筑物的防火间距见表4-2。

表4-2 LNG气化站的LNG储罐、集中放散装置的天然气放散总管与站内建筑物、构筑物的防火间距（m）

项目	储罐总容积，m³							集中放散装置的天然气放散总管
名称	≤10	>10~≤30	>30~≤50	>50~≤200	>200~≤500	>500~≤1000	>1000~≤2000	
明火、散发火花地点	30	35	45	50	55	60	70	30
办公、生活建筑	18	20	25	30	35	40	50	25
变配电室、仪表间、值班室、汽车槽车库、汽车衡及其计量室、空压机室、汽车槽车装卸台柱（装卸口）、钢瓶灌装台	15		18	20	22	25	30	25
汽车库、机修间、燃气热水炉间	25			30		35	40	25

续表

项目	名称	储罐总容积，m³							集中放散装置的天然气放散总管
		≤10	>10~≤30	>30~≤50	>50~≤200	>200~≤500	>500~≤1000	>1000~≤2000	
天然气(气态)储罐		20	24	26	28	30	31	32	20
液化石油气全压力式储罐		24	28	32	34	36	38	40	25
消防泵房，消防水池取水口		30			40			50	20
站内道路（路边）	主要	10			15				20
	次要	5			10				
围墙		15			20			25	2
集中放散装置的天然气放散总管		25							

注：(1) 自然蒸发气的储罐(BOG罐)与LNG储罐的间距按工艺要求确定；
(2) 与本表规定以外的其他建筑物、构筑物的防火间距应按现行国家标准《建筑设计防火规范》(GB 50016—2014) 执行；
(3) 间距的计算应以储罐的最外侧为准。

(3) LNG气化站的生产区和辅助区至少应各设1个对外出入口。当LNG储罐总容积超过1000m³时，生产区应设置2个对外出入口，其间距不应小于30m。LNG气化站生产区应设置消防车道，车道宽度不应小于3.5m。当储罐总容积小于500m³时，可设置尽头式消防车道和面积不应小于12m×12m的回车场。

(4) LNG储罐和储罐区的布置应符合下列要求：

①储罐之间的净距不应小于相邻储罐直径之和的1/4，且不应小于1.5m；储罐组内的储罐不应超过两排。

②储罐组四周必须设置周边封闭的不燃烧体实体防护墙，防护墙的设计应保证在接触LNG时不应被破坏。

③防护墙内的有效容积(V)应符合下列规定：对因低温或因防护墙内一储罐泄漏着火而可能引起防护墙内其他储罐泄漏，当储罐采取了防止措施时，V不应小于防护墙内最大储罐的容积。当储罐未采取防止措施时，V不应小于防护墙内所有储罐的总容积。

④防护墙内不应设置其他可燃液体储罐。

⑤严禁在储罐区防护墙内设置LNG钢瓶灌装口。

⑥容积大于0.15m³的LNG储罐(或容器)不应设置在建筑物内；任何容积的LNG容器均不应永久地安装在建筑物内。

(5) 气化器、低温泵设置应符合下列要求：

①环境气化器和热流媒体为不燃烧体的远程间接加热气化器、天然气气体加热器可设置在储罐区内，与站外建筑物、构筑物的防火间距应符合现行国家标准《建筑设计防火规范》(GB 50016—2014) 中甲类厂房的规定。

②气化器的布置应满足操作维修的要求。

③对于输送液体温度低于-29℃的泵，设计中应有预冷措施。

(6) LNG 集中放散装置的汇集总管应符合的要求为：应将放散物加热成比空气轻的气体后排入放散总管；放散总管管口高度应高出距其 25m 内的建筑物、构筑物 2m 以上，且距地面不得小于 10m。

(7) LNG 气化后向城镇管网供应的天然气应进行加臭，加臭量应符合《城镇燃气设计规范》(GB 50028—2006) 的规定。

(8) LNG 气瓶组气化站采用气瓶组作为储存及供气设施，应符合下列要求：

①气瓶组总容积不应大于 4m³。

②单个气瓶容积宜采用 175L 钢瓶，最大容积不应大于 410L，灌装量不应大于其容积的 90%。

③气瓶组储气容积应按 1.5 倍计算月最大日供气量确定。

④气瓶组应在站内固定地点露天（可设置罩棚）设置。气瓶组与建筑物、构筑物的防火间距不应小于表 4-3 的规定。

表 4-3　气瓶组与建筑物、构筑物的防火间距 (m)

项目		气瓶总容积, m³ ≤2	>2～≤4
明火、散发火花地点		25	30
民用建筑		12	15
重要公共建筑、一类高层民用建筑		24	30
道路（路边）	主要	10	10
	次要	5	5

注：气瓶总容积应按配置气瓶个数与单瓶几何容积的乘积计算，单个气瓶容积不应大于 410L。

(9) 设置在露天（或罩棚下）的空温式气化器与气瓶组的间距应满足操作的要求。与明火、散发火花地点或其他建筑物、构筑物的防火间距应符合表 4-3 中气瓶总容积小于或等于 2m³ 的规定。

(10) 气化装置的总供气能力应根据高峰小时用气量确定。气化装置的配置台数不应少于 2 台，且应有 1 台备用。

(11) 瓶组气化站的四周宜设置高度不低于 2m 的不燃烧体实体围墙。

3. LNG 气化站平面布置

LNG 气化站内总平面应分区布置，即分为生产区（包括储罐区、气化区及调压计量区、卸车区等）和辅助区。某 LNG 气化站平面布置如图 4-8 所示。

(1) 生产区：根据浦江的风玫瑰图，本设计生产区布置在站区全年最小频率风向的上风侧，也就是站场西侧；生产区设置消防车道，宽度均设计为 5m。本生产区设备主要包括 LNG 储罐、增压器、空温式气化器、EAG 加热器、BOG 加热器、计量调压设备、加臭装置等设备。

(2) 辅助区：综合办公楼（包含控制室、变配电室、柴油发电机房）、消防泵房和消防水池等。

储罐设置于储罐区内，本区域周围建 1m 高防围堰将储罐区与外界分隔开，设置一个车用出口和 4 个爬梯出口。进出管线不能穿越围堰，均采用跨越。本站设置集中放散管，位于站场西南方向 25m 处，放散气体经过 EAG 加热器后埋地敷设至放散处。

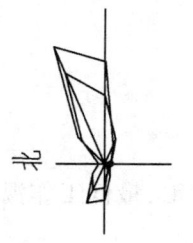

说明

一、设计依据
(1)建设单位提供电子版的征地红线图。
(2)《城镇燃气设计规范》(GB 50028—2006)。
(3)《建筑设计防火规范》(GB 50016—2014)。
(4)《总图制图标准》(GB/T 50103—2010)等规范。

二、其他
(1)图中尺寸、标高、坐标、转弯半径均以米为单位，围墙以轴线为计，储罐以中心为计。
(2)本项目挡土墙的做法可选用图集《挡土墙》，图集号为04J008，选型可为图集第20页，选用号YJA2和YJA3的做法，挡土墙高度按现场实际高差确定。
(3)本站外边需做好护坡工作，并在围墙外设排水沟，避免雨水侵袭。

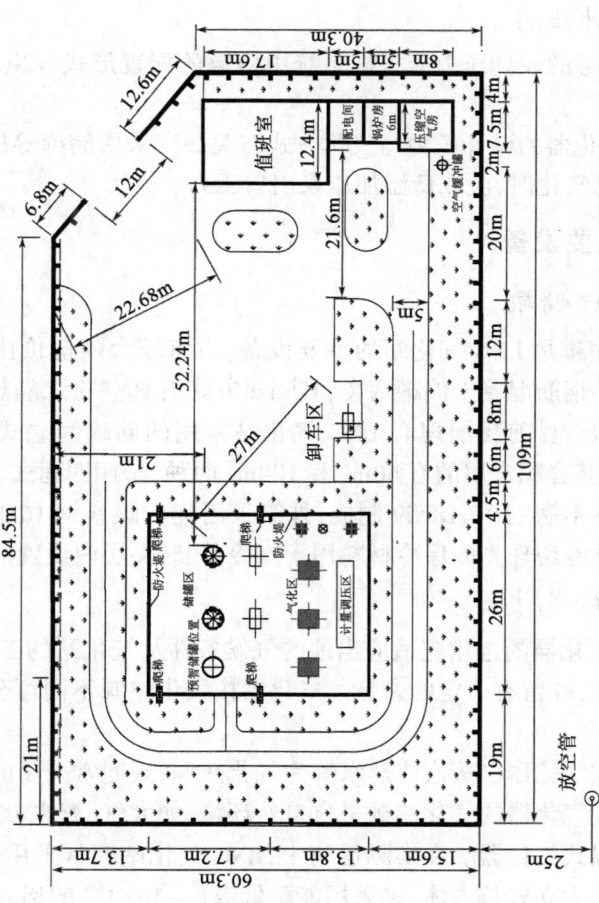

图4-8 某LNG气化站平面布置

第二节 LNG 气化站设备

一、设计温度和设计压力

1. 设计温度

(1)储罐的最高设计温度取当地历年最高温度,最低设计温度应取 -196℃,最低工作温度取其设计压力下 LNG 的饱和温度。

(2)气化器的工作温度取气化器设计压力下 LNG 的饱和温度,设计温度应取 -196℃。

(3)空温式气化器出口天然气的计算温度一般应取不低于环境温度 8~10℃,环境温度宜取当地历年最低温度。

2. 设计压力

(1)储罐的设计压力应根据系统中储罐的配置形式、LNG 组分以及工艺流程进行工艺计算确定。

(2)气化器的设计压力与气化方式有关。当采用储罐等压气化时,取储罐设计压力;当采用加压强制气化时,应取低温加压泵出口压力。

二、主要设备

1. LNG 储罐

LNG 储罐是 LNG 气化站的重要设备,占有较大的造价比例。LNG 储罐按材质主要分为金属储罐和钢筋混凝土储罐两类,其隔热方式有真空粉末隔热、正压堆积隔热、高真空多层隔热三种类型。目前我国现有 LNG 气化站常用的储罐为立式圆筒型双金属真空粉末隔热型 LNG 储罐,其容积常用的有 $60m^3$ 和 $100m^3$ 两种,采用四腿式支撑。储罐内筒及管道采用耐低温的奥氏体不锈钢 0Cr18Ni9 制成,外筒采用优质碳素钢 16MnR 压力容器用钢板制成。夹层内填装优质专用珠光砂保冷材料用于保冷,同时夹层内设置抽真空管道。

2. LNG 气化器

LNG 气化器的选用应适应当地的气候条件及气化站的工艺要求,其气化能力按高峰小时用气量确定,并留有一定的余量。气化器按气化热源不同可分为加热式气化器和环境式气化器两类。

加热式气化器以蒸汽或热水等为气化热源,现通常采用的加热式气化器是水浴式气化器。

环境式气化器的气化热源来自自然环境,如大气、海水、地热水等,现通常采用的环境式气化器是空温式气化器。在实际运用中,LNG 气化站通常采用的是空温式气化(加热)器,其结构型式一般为立式长方体,多采用能耐低温(-162℃)的铝合金(LF21)制造。气化器的导热管由散热片和管材挤压成型,导热管的横截面为星形翅片。

当冬季环境温度较低,空温式气化器出口天然气温度低于 5℃ 时,就需要启用空温式气化器后串联的加热式气化器(一般为水浴式)作为补充热源加热天然气。水浴式气化器多为立(卧)式圆筒形,其工作原理是利用浸没在热水槽中的导热盘管,使低温天然气与热水进行热交换,成为常温天然气。导热盘管材质为不锈钢(0Cr18Ni9),筒体材质为碳钢。

3. BOG 缓冲罐

设置 BOG 缓冲罐的主要目的是为了缓冲经过加温后的 BOG 气体,稳定出站天然气压力。对于调峰型 LNG 气化站,为了回收非调峰期接卸槽车的余气和储罐中的 BOG,或对于天然气混气站为了均匀混气,常在 BOG 加热器的出口增设 BOG 缓冲罐,其容量按回收槽车余气量设置。LNG 气化站也可以将 BOG 气体经过加温后直接进入汇管。

4. 加臭装置

天然气本身无味,需要在出站前加入臭味剂,便于用户检漏和安全使用。加臭剂采用四氢噻吩,加臭以隔膜式计量泵为动力,根据流量信号将臭味剂按比例注入燃气管道中。

三、储罐容积

1. 供气能力

LNG 气化站的规模应符合城镇总体规划的要求,根据供应用户类别、数量和用气量指标等因素确定。

气化站的供气能力,按城镇燃气供气能力计算。

2. 储罐容积

储罐的设计总容积应根据其规模、气源情况、运输方式和运距等因素确定。

气化站的 LNG 储罐设计总容量一般应按月平均日用气量的 3~7 天的用气量计算。当气化站由两个或两个以上 LNG 气源点供气或气化站距离气源供应点较近时,储罐的设计容量可小一些;反之,储罐的设计容量应取较大值,储罐设计总容量可按式(4-1)计算:

$$V = \frac{nk_{m,max}q_d\rho_g}{\rho_L\varphi_b} \tag{4-1}$$

式中 V——总储存容积,m^3;

n——储存天数,d;

$k_{m,max}$——月高峰系数;

q_d——年平均日供气量,m^3/d;

ρ_g——天然气的气态密度,kg/m^3;

ρ_L——操作条件下的 LNG 的密度,kg/m^3;

φ_b——储罐允许充装率,一般取 0.95。

四、增压器

LNG 气化站内的增压器包括卸车增压器和储罐增压器。增压器宜采用卧式。

增压器的换热面积按式(4-2)计算:

$$A = \frac{\omega Q_0}{k\Delta t} \tag{4-2}$$

其中

$$Q_0 = h_2 - h_1 \tag{4-3}$$

式中 A——增压器的换热面积,m^2;

ω——增压器的换热能力,kg/s;

Q_0——气化单位质量 LNG 所需的热量,kJ/kg;
h_2——离开增压器时 LNG 的比焓,kJ/kg;
h_1——进入增压器时 LNG 的比焓,kJ/kg;
k——增压器的传热系数,kW/(m²·K);
Δt——加热介质与 LNG 的平均温差,K。

1. 卸车增压器

卸车增压器的增压能力应根据日卸车量和卸车速度确定。卸车台单柱卸车速度一般按照 1~1.5h/车计算。当单柱日卸车时间不超过 5h,增压器可不设置备用。每个卸车柱宜单独设置卸车增压器。卸车增压器宜选择空温式结构。

2. 储罐增压器

储罐增压器的增压能力应根据气化站小时最大供气能力确定,储罐增压器宜联合设置、分组布置,一组工作,一组化霜备用。储罐增压器宜采用卧式。

3. 气化器

气化器一般选用空温式,如站区周围有合适的蒸汽或热水资源时,在进行详细的经济技术分析后也可采用。空温式气化器的总气化能力应按用气城市高峰小时流量的 1.5 倍确定。当空温式气化器作为工业用户主气化器连续使用时,其总气化能力应按工业用户高峰小时流量的 2 倍考虑。气化器的台数不应少于 2 台,其中应有一台备用。

4. 加热器

LNG 气化站内的加热器一般包括蒸发气(BOG)加热器、放空气体(EAG)加热器和空温式气化器后置加热器(即 NG 加热器)。BOG 和 EAG 加热器宜采用空温、立式结构,也可以根据周围热源情况选用电加热式或热水循环式。

5. BOG 加热器

气化站内 LNG 蒸发气(BOG)主要来源有以下几个方面:储罐的日蒸发量,可根据厂家提供的最大日蒸发率计算;向储罐内充装 LNG 时,会出现瞬时气化(即闪蒸);装卸作业时,从热管道来的热量输入,此部分热量与卸车管道的长度、管道保冷绝热层效果有关。

如果 LNG 开始处于平衡状态,当带压的 LNG 进入储罐时,其膨胀前的温度比储罐内部压力下的沸点温度要高,会产生瞬间气化,此时 BOG 产生量可由式(4-4)近似计算:

$$q = 3600 \frac{q_m F}{\rho_g} \quad (4-4)$$

其中
$$F = 1 - \exp\left[\frac{c(T_2 - T_1)}{r}\right] \quad (4-5)$$

式中 q——BOG 产生量,m³/h;
q_m——进入储罐的 LNG 量,kg/h;
ρ_g——BOG 密度,kg/m³;
c——液体的比热容,J/(kg·K);
T_2——在储罐压力下 LNG 的沸点,K;
T_1——LNG 膨胀前的温度,K;
r——LNG 气化潜热,J/kg。

BOG 加热器的加热能力应根据蒸发气的来源分别计算后确定。通常可按照卸车作业产生的 BOG 量作为设计依据。

第三节　LNG 加气站场

LNG 加气站场主要包括 LNG 加气站和 L-CNG 加气站。

LNG 加气站是 LNG 汽车储瓶充装 LNG 燃料的专门场所。L-CNG 加气站是由 LNG 转化为 CNG,为 CNG 汽车储瓶充装 CNG 燃料的专门场所。LNG 加气站实景和 L-CNG 加气站实景分别见视频 4-1 和视频 4-2。

视频4-1　LNG加气站实景

视频4-2　L-CNG加气站实景

LNG 加气站一般分为常规站和橇装站。

(1)常规站:建在固定地点,LNG 通过卸气装置储存在 LNG 储罐中,采用加气机给汽车加 LNG。

(2)橇装站:将加气站相关设备和装置安装在汽车或橇体上,工厂高度集成,便于运输和转移,适用于规模较小的加气站。

根据我国现行规范《汽车加油加气站设计与施工规范》(GB 50156—2012),LNG 加气站、L-CNG 加气站、LNG/L-CNG 加气站的等级划分应符合表 4-4 规定。

表 4-4　LNG 加气站、L-CNG 加气站、LNG/L-CNG 加气站的等级划分

级别	LNG 加气站		L-CNG 加气站、LNG/L-CNG 加气站		
	LNG 储罐总容积 m³	LNG 储罐单罐容积 m³	LNG 储罐总容积 m³	LNG 储罐单罐容积 m³	CNG 储罐总容积 m³
一级	120<V≤180	≤60	120<V≤180	≤60	≤12
二级	60<V≤120	≤60	60<V≤120	≤60	≤9
三级	≤60		≤60		≤8

注:V 为 LNG 储罐总容积。

一、LNG 加气站的工艺流程及主要设备

1. LNG 加气站的工艺流程

通过槽车将 LNG 运至 LNG 加气站,在卸车台用潜液泵把槽车内的 LNG 送至 LNG 储罐储存,经过 LNG 液相泵将储罐内的 LNG 抽出送至加注机给 LNG 汽车加注。LNG 加气站的工艺流程包括卸车流程、加气流程、调压流程、泄压流程和 BOG 回收流程。其原理流程和工艺流程如图 4-9、图 4-10(见书末插页)所示。LNG 加气站流程见视频 4-3。

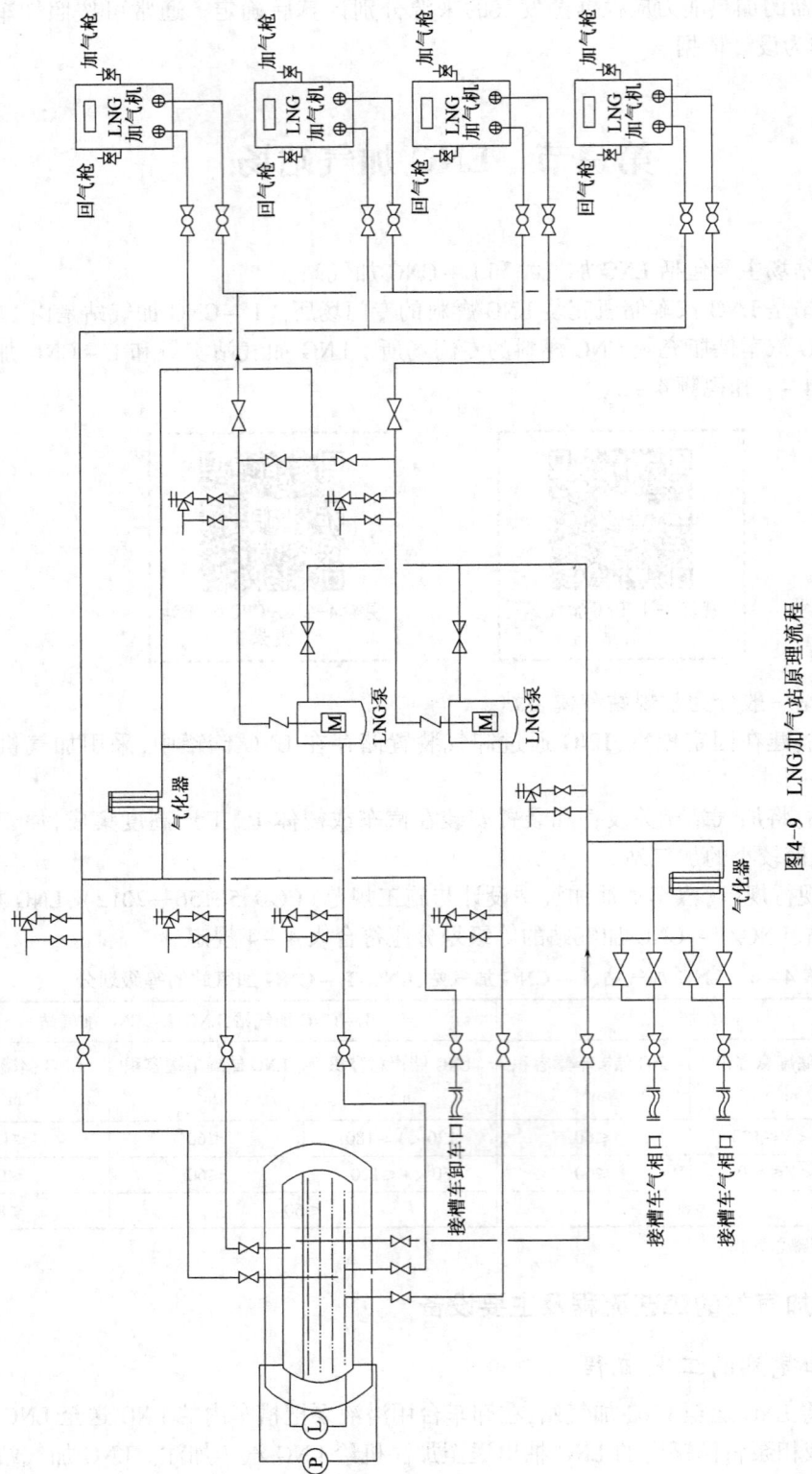

图4-9 LNG加气站原理流程

液化天然气(简称LNG)由LNG低温槽车(0.2MPa、-145℃)运来,在卸车台处利用槽车自带的增压器(或站内增压器)给槽车增压至0.6~0.8MPa,利用压差将LNG送入储罐(50m³LNG低温储罐一台、100m³LNG低温储罐一台)。

通过储罐自增压器对储罐增压至0.6~0.7MPa,然后自流进入空温式气化器,在空温式气化器中LNG吸热气化发生相变,成为气态(简称NG),在空温式气化器的加热段升高温度,夏季气体温度最高达到15℃,冬季气体温度为-10℃。经调压、计量、加药(加臭)后进入外输管网,管网压力设定为0.25~0.35MPa(A路)或8~12kPa(B路)。

视频4-3 LNG加气站流程

为控制LNG储罐的使用压力,分别设有储罐增压器和BOG加热器(自动泄压),也可操作罐区手动放散阀高空泄压(限量)。

1)卸车流程

将集装箱或汽车槽车内的LNG转移至LNG汽车加气站储罐内,有3种方式:增压器卸车、浸没式低温泵卸车、增压器和低温泵联合卸车。

(1)增压器卸车。通过增压器将气化后的气态天然气送入LNG槽车,增大槽车的气相压力,将槽车内的LNG压入LNG储罐。增压器卸车方式节约电能,工艺流程简单。卸完车后需要给槽车减压0.2~0.3MPa,需排出大量的气体,卸车时间长。

(2)浸没式低温泵卸车。将LNG槽车和LNG储罐的气相空间相连通,通过低温泵将槽车内的LNG卸入LNG储罐。这种卸车方式不产生放空气体,缺点是耗能、工艺流程相对复杂。此方式工程上选用较多。

(3)增压器和低温泵联合卸车。先将LNG槽车和LNG储罐的气相空间相连通,然后断开,在卸车的过程中通过增压器适当增大槽车的气相压力,用低温泵卸车。缺点是耗电能,也产生放空气体,流程较复杂。

2)加气流程

储罐中的饱和LNG通过潜液泵加压、加液机计量后通过加液枪给汽车加液,加液压力小于等于1.6MPa。在给车辆加液时,先将加注、回气管路通过专用的LNG加液、回气软管与汽车上的LNG瓶进液、回气接口相连接。通过回气接口回收车载瓶中余气以降低LNG储罐内的压力。将低温储罐内的LNG输送至低温潜液泵中,通过加液机来控制泵运转输送的流量,同时用LNG低温剂计量出输送的液体,再在面板上显示出加液量及价格。

3)调压流程

调压流程主要是利用增压装置对储罐内LNG进行增压,由于汽车上的车载气瓶中的液体必须是饱和液体,为此在给汽车加气之前,必须对其进行升压升温,使之成为饱和液体方可给汽车加气。升压方式也有3种:通过储罐自增压装置升压、通过低温泵进行升压、通过储罐压力调节器与泵低速循环联合使用进行升压。

4)泄压流程

LNG储罐内气相压力高于安全阀设定压力,安全阀自动泄压。

在给储罐调压过程中,储罐中的液体同时在不断地蒸发和气化,这部分气化了的气体如不及时排出,储罐压力会越来越大,当储罐压力大于设定值时,相关阀门打开,释放储罐中的气体,降低压力,保证储罐安全。目前的做法主要是直接放空,但这样一方面会造成资源的浪费,另一方面增加了安全方面的隐患。

5) BOG 回收流程

LNG 潜液泵泵池预冷过程中,LNG 储罐中 LNG 进入潜液泵泵池,部分 LNG 气化,产生的 BOG 通过回气管路返回 LNG 低温储罐,即可达到预冷潜液泵泵池的目的,又可回收 BOG 气体和对储罐进行压力调节。

给车辆加气时,将回气管路通过专用的回气接头与汽车上的 LNG 瓶回气接口相连接,通过回气管路将 LNG 瓶中的余气回收到 LNG 储罐中,同时用流量计计量出回收的气体量。

LNG 加气站工艺系统(储罐、设备、管道、余气回收装置)所产生的 BOG 气体应能通过专用 BOG 加热减压橇升温、调压、计量后进入城市管网(进入城市燃气管网气体温度应不低于环境温度15℃)或在城市燃气管网未完备时通过站内的放散管排放。

2. LNG 加气站的主要设备

LNG 加气站的主要设备是 LNG 低温泵、卸车接头、LNG 储罐、调压气化器、LNG 加气机、围堰、控制系统、LNG 槽车。其设备示意图如图 4-11 所示。

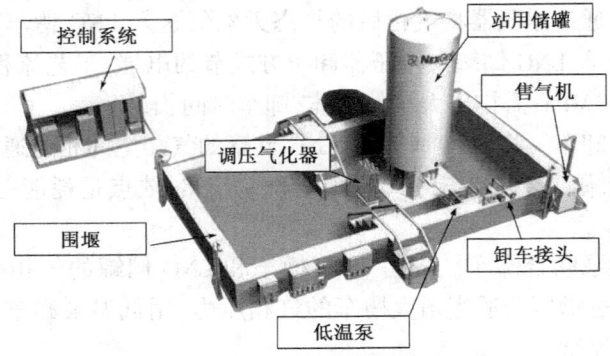

图 4-11 LNG 加气站设备示意图

1) LNG 低温泵

LNG 低温泵可分为浸没式地面低温泵和低温潜液泵。

浸没式地面低温泵的作用是将 LNG 槽车内的 LNG 卸至 LNG 加气站的站内储罐中。低温潜液泵常常与阀门、仪表等组成一个整体泵橇,用途比较多,可为汽车加气,可用于槽车卸气,还可进行压力调节。LNG 低温泵如图 4-12、视频 4-4 所示。

视频 4-4 LNG 低温泵

图 4-12 LNG 低温泵

2）卸车接头

卸车接头是 LNG 槽车和加气站储罐之间的连接装置,能够快速连接,并有可靠的密封。卸车接头如图 4-13 所示。

图 4-13 卸车接头

3）LNG 储罐

LNG 储罐是 LNG 加气站主要的设备之一,储罐可采用卧式或立式、地上或地下的形式。其设计、制造、安装以及定期检测等应满足 LNG 储罐的相关规范和标准。储罐要设计一个最高液位限定值,防止液面过高。在首次充注 LNG 前,或在需进行内部检修而停止使用后,要进行惰性处理,将罐内的空气或天然气置换出来,避免形成天然气与空气的爆炸性混合物。储罐还应配有压力控制装置,设置一定数量的压力安全阀和真空安全阀,分别预防管内发生超压和负压。

低温储罐一般采用双层金属结构,内罐采用低温不锈钢材料,如 0Cr18Ni9 等;外罐多采用普通低合金,如 16MnR 等。内外罐之间的支承宜采用在低温下既有较高强度又有较低导热系数的低温玻璃钢结构。内外罐之间可采用堆积绝热或高真空多层绝热方式进行绝热。LNG 储罐如图 4-14、视频 4-5 所示。

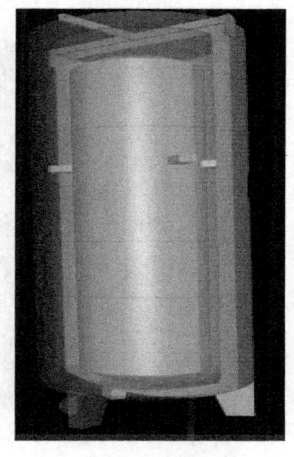

图 4-14 LNG 储罐

视频 4-5 LNG 储罐

4）调压气化器

调压气化器是一种专门用于液化天然气调压的换热器，由于液化天然气的低温特性，使得LNG气化器必须要有相应的热源提供热量才能气化。热源可以为环境空气和水，也可以是燃料的燃烧或者蒸汽。由于天然气属于易燃易爆的介质，同时如果在加气站中设置火源的话会有很大的安全隐患并且不符合相关的安全标准，所以现阶段LNG加气站中的气化器类型主要为空温式气化器。在冬季温度较低时，单纯依靠空温式气化器所提供的热量不足时可以串接一台水浴式加热器。调压气化器的作用是调节储罐中LNG的饱和压力，它具有的优点是无需动力驱动、无运动部件、免维护。调压气化器如图4-15、视频4-6所示。

视频4-6 调压气化器

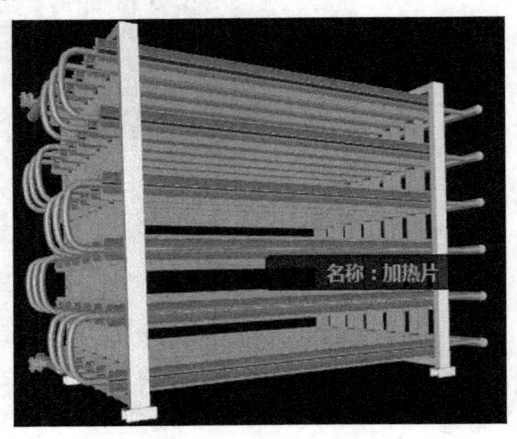

图4-15 调压气化器

5）LNG加气机

LNG加气机是给车载LNG气瓶加气计量的设备，主要包括流量计和加气枪。流量计是计量设备，采用质量流量计，具有温度补偿功能。加气枪是给车载LNG气瓶加气的快装接头。LNG加气机为LNG专用，外观和作用与汽柴油加油机类似，特点是加气速度快、精度高、无泄漏。

目前市场上的LNG加气机主要为加拿大FT1国际集团有限公司的FT1系列加气机。国内已建成的LNG加气机采用的计量方式是双管计量方式，即采用两个质量流量计分别测量加气或回气的质量。二者之差作为计量的最后结果。LNG加气机、LNG加注枪如图4-16、图4-17、视频4-7和视频4-8所示。

视频4-7 LNG加气机

图4-16 LNG加气机

视频4-8 LNG加注枪

图4-17 LNG加注枪

6)围堰

根据建站标准要求,设计设备区围堰,防止 LNG 在事故状态下外泄。围堰如图4-18所示。

图4-18 围堰

7)控制系统

LNG 加气站的控制系统包括 PLC 控制盘、可燃气体或火焰探测报警系统。

采用 PLC 控制盘可以对加气站的所有重要工艺参数进行设定和控制,与安全警报系统相连,具有自保护功能。可燃气体或火焰探测报警系统在出现可燃气体或火焰的情况下,探测及报警装置将启动,并通过程序控制盘关闭所有气动阀门。PLC 控制盘如图4-19所示。

8)LNG 槽车

LNG 的运输状态一般是常压,温度为110K 左右,由于 LNG 易燃易爆性,安全和绝热是最重要的技术要求。LNG 槽车如图4-20、视频4-9所示。

图 4-19 PLC 控制盘

视频 4-9 LNG 槽车

图 4-20 LNG 槽车

LNG 槽车的绝热方式主要有 3 种，即真空粉末绝热、真空纤维绝热和高真空多层绝热，其中高真空多层绝热以占用体积小、重量轻和绝热效率高的独特优势，随着工艺成熟而得到广泛的应用。

3. L-CNG 加气站

L-CNG 加气站是 LNG 与 CNG 两种加气方式的有机组合，是一种正在兴起、具有良好推广应用前景的加气站类型。

L-CNG 加气站将 LNG 经高压液体泵加压后气化向 CNG 汽车加气。它具有以下优势：

(1) 不必敷设天然气管道，只需用 LNG 槽车来运载 LNG。虽说槽车价格较高，但一辆槽车可同时为多个加气站服务，能节省费用，且随着 L-CNG 加气站规模的扩大，其追加费用会逐渐减少。

(2) 传统 CNG 加气站使用的压缩机、冷却装置、脱水以及脱硫装置等电力消耗很大，而

L-CNG加气站仅低温泵耗费较少的电能,其他费用很少。一般CNG压缩机功率为低温泵的5~15倍。

(3)低温LNG储罐单位容积储存密度高、用地少,甚至可以埋藏在地下,起到安全、绝热的保护作用,减少了设备投资费用。而普通CNG加气站却需要体积巨大的高压天然气储罐。

LNG通过槽车运至L-CNG加气站,在卸车台用潜液泵把槽车内的LNG送至LNG储罐储存,用高压泵将LNG从储罐内抽出,送入气化器气化,将气化后的LNG送入CNG钢瓶内储存,或直接通过售气机给汽车加气。L-CNG加气站原理流程如图4-21所示,工艺流程如图4-22所示(见书末插页)。L-CNG加气站流程见视频4-10。

视频4-10 L-CNG加气站流程

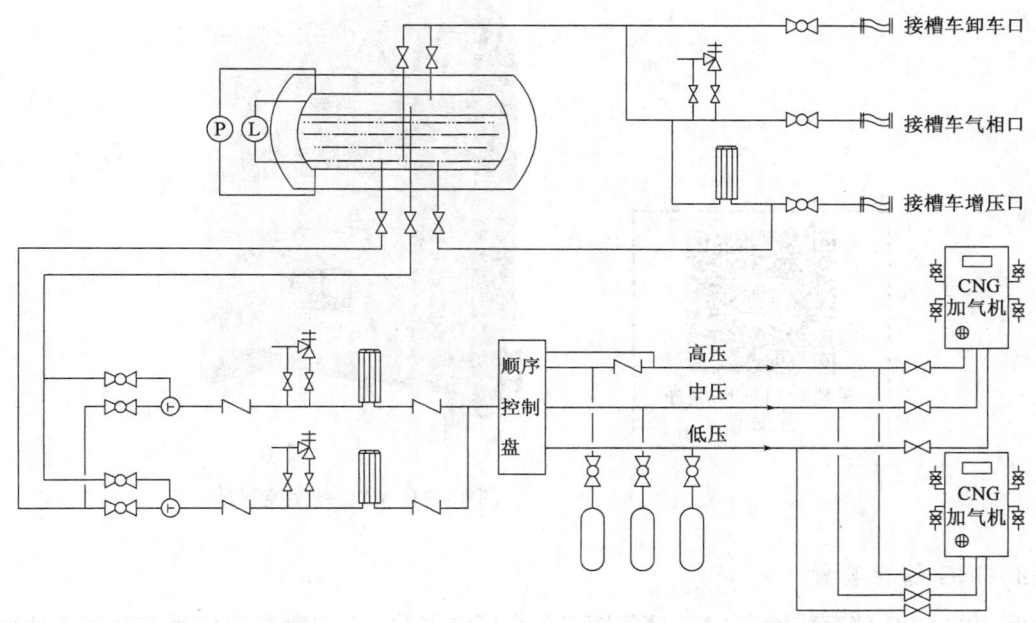

图4-21 L-CNG加气站原理流程

4. L-CNG加气站的主要设备

与LNG加气站相比较,L-CNG加气站在设备上多出了LNG高压泵、LNG高压气化器、CNG储存设施以及CNG售气机。同时,在温度较低时需要在空温式气化器的出口串接一台高压水浴加热器,在夏季的时候使用自然资源,在冬季温度较低时使用高压水浴加热器补充不足热量。在这种形式的加气站中一般还设有一个BOG加热器,回收由储罐降压调压阀所排放的BOG气体,用以作为锅炉燃料或者进入输气管网。

1) LNG高压气化器

LNG高压气化器是L-CNG加气站中特有的一种气化器,其形式虽然也是空温式气化器,但其运行的压力要在32MPa左右,并且耐温范围为-162~50℃。LNG通过吸收环境热量来达到气化目的,其耗能很低。为提高LNG与环境的换热效率和气化速度,气化器主体部分一般采用耐低温的铝合金纵向翅片管,同时大大增加了换热面积。

影响气化器工作的因素主要有相对湿度、风力、日照等气象条件以及流量、工作周期、大气温度、工作压力等。

气化器应设置切断阀和安全减压阀,为防止泄漏的 LNG 进入闲置气化器,应安装 2 个进口阀门,并采用其他安全措施排出聚集在 2 个阀门之间的 LNG。还应配备切断热源的装置来确保安全。

2) 顺序控制盘

顺序控制盘是保证高压储气瓶(井)的充气按一定顺序进行的设备。给高压储气瓶(井)充气的顺序是从高压到低压。在对外无售气机时,气化器将高压钢瓶组充满到高压后,再向压力较低的气瓶充气,直至全部充满为止。CNG 顺序控制盘如图 4-23、视频 4-11 所示。

视频 4-11 CNG 顺序控制盘

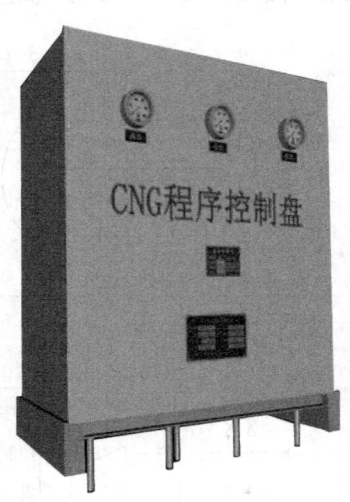

图 4-23 CNG 顺序控制盘

3) CNG 储存装置

常用的 CNG 储存装置有 CNG 储气瓶组和高压储气井。从储气装置使用安全和占地面积方面考虑,可以优先选用 CNG 高压储气井。储气容积越大,单车加气时间就会越短,天然气压缩机的排气量就可以小些,但出于安全的考虑储气容积不能过大。CNG 储存装置如图 4-24 所示。CNG 储气瓶组见视频 4-12。

视频 4-12 CNG 储气瓶组

图 4-24 CNG 储存装置

4) CNG 加气机

CNG 加气机是一个售气机计量系统，包括微机、控制器、显示器、键盘、流量计、安全阀、加气枪、高压管路等部分（视频4-13）。其核心部件是加气机的计量仪表，目前，采用比较多的是高质量的 CNG 专用质量流量计、容积式流量计和涡轮流量计。

加气机应能承受一定的低温或高压，一般应满足以下要求：出于安全考虑，不宜安装在距罐很近的地方；加注完成后可通过控制系统轻松关闭；能够显示加注的燃料总量、金额及单价。

视频4-13 CNG加气机

5) LNG 高压泵

LNG 高压泵是整个 L-CNG 加气站的动力装置，其性能要求主要是能耐低温且绝热效果好，以及能承受高压。

L-CNG 加气站一般使用非潜液式的立式无轴封电动泵，它有单级和多级之分，其特点是将泵体与电动机的机壳通过密封结构连在一起，即叶轮直接安装在电动机的主轴上，从而成为一个整体而无需轴封，因此不存在 LNG 的泄漏问题。由于两者是静密封，使得泵对工作环境的适应性大为增强，很适合输送 LNG 之类的低温可燃液体。

在泵的 LNG 排出口引出少量低温流体来对电动机进行冷却，然后从回气管流回泵内。设置翅片和气/液迷宫是为了避免由于导热引起电动机温度过低，同时使底部轴承在适宜的温度范围内工作。LNG 高压泵如图4-25、视频4-14 所示。

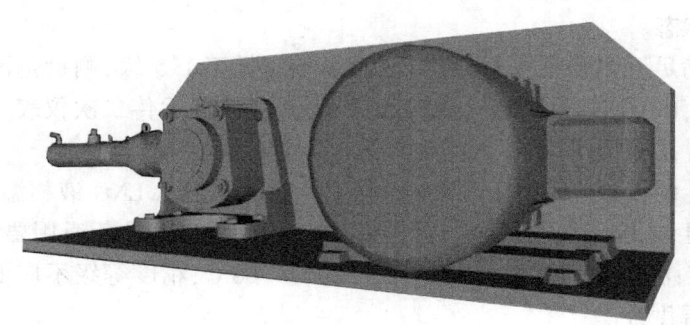

视频4-14 LNG高压泵

图4-25 LNG 高压泵

二、LNG 加气站的设计要求

1. LNG 储罐系统

LNG 储罐设计应符合现行国家标准《压力容器》(GB 150.1~GB 150.4—2011)和《固定式压力容器安全技术监察规程》(TSG 21—2016)的有关规定；储罐内筒的设计压力不应小于1.2MPa，设计温度不应高于-196℃；建在城区内的加气站立式 LNG 储罐罐顶不宜高出周边地面10m。

内罐与外罐之间应设绝热层，绝热层应与 LNG 和天然气相适应，并为不可燃材料。外罐外部着火时，绝缘层不能因熔融、塌陷等原因，使绝缘层的绝缘性能明显变差。

储罐应设置全启封闭式安全阀，且不应少于2个(1用1备)。安全阀的设置应符合《固定式压力容器安全技术监察规程》(TSG 21—2016)的有关规定，安全阀与储罐之间应设切断阀，切断阀在正常操作时应处于铅封开启状态。

储罐的液相连接管道上应设置紧急切断阀,与储罐气相空间相连的管道上应设置人工放散阀、液位显示控制组合阀、压力表(包括压力远传)、根部阀门等。

LNG储罐应设2套高液位报警器,高液位报警器应与进液管道紧急切断阀联锁。高液位报警器可以是液位计的一部分。

LNG储罐在内罐与外罐之间应设置检测环形空间绝对压力的仪器或检测接口。

液位计、压力表、温度计应能就地指示,并应将检测信号传送至控制室集中显示。

LNG储罐管路系统的设计压力不应小于2.5MPa,设计温度不应高于-196℃;同时运行2台以上LNG泵的汇总管管径不宜小于DN80。

充装LNG汽车系统宜使用潜液泵,潜液泵罐的容积不宜小于$0.3m^3$。

LNG储罐的内罐罐底与潜液泵罐入口的高差不宜小于0.5m,且应符合LNG潜液泵的安装使用要求。从LNG储罐至潜液泵罐前的液相管道应坡向潜液泵罐,且不得有窝存气体的地方;潜液泵罐的回气管道宜与LNG储罐的气相管道相接通。当利用潜液泵卸车时,则宜与槽车气相管相接;出口管道和储罐的气相之间应设旁通阀;在泵出口管道上应设置全启封闭式弹簧安全阀。每台泵的出口管道上应设置止回阀。

LNG储罐液位计的设置应满足下列要求:LNG储罐应配备具备就地显示和远传功能的液位计。液位计应明确显示储罐的上限和下限液位;液位计应设置带远传二次仪表的液位传感器,应为隔爆产品;二次仪表应有直接显示功能。应设置液位上、下限报警和液位上限限位控制的联锁装置,上限与进液系统联锁,下限与出液系统联锁。自控系统或关断系统应满足当遇到动力源中断时,系统应停止在安全状态。

LNG储罐压力表的设置应满足下列要求:压力表精度等级不应低于1.5级,测量范围上限值——LNG系统宜为1.6MPa,L-CNG系统宜为30MPa;压力表应设置远传二次仪表。使用带远传二次仪表的压力传感器,应为隔爆产品。二次仪表应直接指示压力值。

LNG储罐出液管线上温度计的设置应满足下列要求:温度计应明确显示LNG液相温度。应设置带就地显示的温度传感器,防爆等级应符合《爆炸性环境 第1部分:设备通用要求》(GB 3836.1—2010)的相关规定;温度计的测量范围应为-200~+60℃,精度等级不应低于1.0级;潜液泵泵池顶部应设置温度计。

2. LNG柱塞泵

加气站及合建站应设置2台及2台以上LNG柱塞泵。

邻近居民区、旅业、公寓及办公楼等加气站,柱塞泵的噪声设置应符合城市居住区域噪声标准。柱塞泵室的外壁与LNG储罐防护堤脚线的距离不应小于1m。

从LNG储罐至泵前的液相管道应符合LNG柱塞泵的吸头要求。管道应坡向泵的进口,不得有窝存气体的地方;泵的进出口及预冷管道上宜安装长度不小于0.3m的挠性管;在泵口上应设置止回阀;在泵出口管道上应设置全启封闭式弹簧安全阀。每台泵应有就地启动和控制室启动功能,就地启动按钮应为防爆型。

3. 气化器

LNG储罐宜设置空温式自增压气化器,进入LNG储罐的气相管道上宜设调压阀。LNG储罐系统空温式气化器的设计、制造应符合国家相关规范的要求,设计压力不应小于2.5MPa,设计温度不应大于-196℃;L-CNG高压气化器宜采用空温式气化器,且不应少于2台。在寒冷地区应增设 1 台复热式高压气化器。L-CNG 空温式及复热式高压气化器的设计、制造应符合《压力容器》(GB 150.1~GB 150.4—2011)和《固定式压力容器安全技术监察规程》(TSG 21—2016)的有关规定。L-CNG 高压气化器的设计压力不应小于 30MPa，设计温度不应高于 -196℃；高压气化器的通过能力可按冬季环境平均温度条件下 CNG 充装能力的 1.25 倍；L-CNG 空温式高压气化器出口阀与储气设施之间应安装全启封闭式弹簧安全阀。安全阀的设置应符合《安全阀安全技术监察规程》(TSG ZF001—2006)。

4. LNG 管道

LNG 管道组成件及设备外保冷结构的设计，应考虑工艺、防结露和经济性的要求，同时对绝热结构的机械强度提出要求。对有振动的设备与管道的绝热结构应进行加固。绝热保冷材料应为具良好防潮性能的阻燃性材料。

LNG 充装管路系统的设计压力不应小于 2.5MPa，L-CNG 充装管路系统的设计压力不应小于 1.2 倍最大工作压力；LNG 和 L-CNG 管道的设计温度不应高于 -196℃；选用的管子和管件应符合现行国家标准《工业金属管道设计规范》(GB 50316—2008)、《压力管道安全技术监察规程——工业管道》(TSG D0001—2009)和《压力管道规范　工业管道　第 3 部分：设计和计算》(GB/T 20801.3—2006)的有关规定；管件应与管子材质相同，应采用 0Cr18Ni9。

管子标准应符合《流体输送用不锈钢无缝钢管》(GB/T 14976—2012)，管件标准应符合《钢制对焊管件　类型与参数》(GB/T 12459—2017)的有关规定；法兰、垫片、紧固件应符合《钢制管法兰、垫片、紧固件》(HG/T 20592~20635—2009)的有关规定。法兰、垫片、紧固件的配制应与相连的装置、阀门等连件的标准体系、规格一致；法兰宜选用带颈法兰。公称通径大于 DN50，焊接宜采用对接焊；公称通径小于等于 DN40 可采用承插焊；垫片宜选用高性能不锈钢金属缠绕垫片，外环和金属带材料宜为 0Cr18Ni9，非金属带材料宜为柔性石墨；紧固件材质与管道材料相同。

5. 阀门

输送 LNG 管道和低温气相管道上的阀门应选用 LNG 专用阀门。LNG 储罐液相管道阀门与管道的连接应采用焊接，阀体材质与管子材质一致。保温管道上的阀门宜采用长轴式，非保温管道上的阀门可采用短轴式。

6. 放散

天然气系统宜采用集中放散。放散管管口应高出 LNG 储罐以及 12.0m 范围内的建筑物、构筑物 2.0m 以上，且距地面不应小于 5.0m。放散管管口不得设雨罩等改变放散气流垂直向上的装置。放散管底部宜有排污措施，需放散的天然气应按 2 个压力系统进行集中放散。LNG 系统放散汇总管是由 LNG 卸车、储罐和 LNG 充装的放散接管组成，CNG 系统放散汇总管是由 CNG 或 L-CNG 柱塞泵后的放散接管组成；低温天然气系统的放散应经空温式气化器进行加热气化和升高温度。放散天然气的温度不宜低于 -20℃。

7. LNG 卸车

LNG 卸车全过程平均流量不应小于 300L/min。连接槽车的液相管道上应设置紧急切断阀和止回阀，气相管道上宜设置紧急切断阀。LNG 卸车软管应采用奥氏体不锈钢波纹软管，其试验压力不应小于系统最高工作压力的 5 倍。与槽车连接的软管应设置拉断装置。卸车系统应设有吹扫、预冷管路。

8. LNG 加气机

LNG 加气机数量应根据加气汽车数量确定,每辆汽车加气全过程平均流量不宜小于 50L/min。加气系统的设计压力不应小于 2.5MPa;加气机计量精度不应低于 1.0 级;加气机应配置 LNG 预冷系统,充装汽车 LNG 储罐的放散气宜回收利用或回至储罐;加气枪上的加气口应和汽车的 LNG 加气口配套,且加气嘴应为自封式,卸开连接后应立即自行关闭,由此引发的液体泄漏量不应大于 3mL;过流控制系统关闭流量宜为最大工作流量的 1.6~1.8 倍。

9. 紧急切断系统

LNG 加气站应设置紧急切断系统,应能在事故状态下迅速使加气站停车及关闭 LNG 管道阀门。LNG 储罐的进口和出口液相管道、连接槽车的液相管道上应设紧急切断阀。紧急切断阀宜为气动阀,气源可选 1 台小型空压机或氮气系统。紧急切断阀,应具备手动或自动功能,应实现就地和远程操控。由手动启动的遥控切断系统操纵关闭,并用人工复位供电。紧急切断系统应只能手动复位。

紧急切断系统应在以下位置操控:距卸车点或储罐 10m 处;在加气机旁;在控制室内。

10. 报警系统

储罐区、卸车点、LNG 泵区、加气岛等容易泄漏的场所应设置天然气浓度检测器和配备固定式防爆型可燃气体浓度检测报警器;检测器所测环境天然气浓度报警设定值按照爆炸下限的 25%;检漏报警装置的安装和使用应符合现行国家标准《石油化工可燃气体和有毒气体检测报警设计规范》(GB 50493—2009)的有关规定。报警装置宜集中设置在控制室或值班室内,并与紧急切断系统联锁。

三、LNG 加气站的选址与总平面布置

1. 站址选择

LNG 加气站的站址选择,应符合城市规划、交通规划、环境保护和防火安全的要求,并应选在交通便利的地方。城市建成区内的加气站宜靠近城市道路,与城市干道交叉路口的距离不宜小于 50m。加气站及其合建站的 LNG 储罐、放散管管口、LNG 卸车点与站外建筑物、构筑物的防火距离,不应小于表 4-5 的规定。加气站内的 LNG 储存装置与站外建筑物、构筑物的防火距离,应符合《汽车加油加气站设计与施工规范》(GB 50156—2012)的有关规定。

表 4-5 LNG 储罐、放散管管口、LNG 卸车点与站外建筑物、构筑物的防火距离(m)

站外建(构)筑物		站内 LNG 设备				
		地上 LNG 储罐			放散管管口、加气机	LNG 卸车点
		一级站	二级站	三级站		
重要公共建筑物		80	80	80	50	50
明火地点或散发火花地点		35	30	25	25	25
民用建筑保护物类别	一类保护物	35	30	25	25	25
	二类保护物	25	20	16	16	16
	三类保护物	18	16	14	14	14
甲、乙类生产厂房、库房和甲、乙类液体储罐		35	30	25	25	25

续表

站外建(构)筑物		站内LNG设备				
		地上LNG储罐			放散管管口、加气机	LNG卸车点
		一级站	二级站	三级站		
丙、丁、戊类物品生产厂房、库房和丙类液体储罐,以及容积不大于50m³的埋地甲、乙类液体储罐		25	22	20	20	20
室外变配电站		40	35	30	30	30
铁路		80	60	50	50	50
城市道路	快速路、主干路	12	10	8	8	8
	次干路、支路	10	8	8	6	6
架空通信线和通信发射塔		1倍杆(塔)高	0.75倍杆(塔)高		0.75倍杆(塔)高	
架空电力线路	无绝缘层	1.5倍杆(塔)高	1.5倍杆(塔)高		1倍杆(塔)高	
	有绝缘层		1倍杆(塔)高		0.75倍杆(塔)高	

注:(1)室外变、配电站指电力系统电压为35~500kV,且每台变压器容量在10MV·A以上的室外变、配电站,以及工业企业的变压器总油量大于5t的室外降压变电站。其他规格的室外变、配电站或变压器应按丙类物品生产厂房确定。
(2)表中道路指机动车道路。油罐、加油机和油罐通气管管口与郊区公路的安全间距应按城市道路确定,高速公路、一级和二级公路应按城市快速路、主干路确定;三级和四级公路应按城市次干路、支路确定。
(3)埋地LNG储罐、地下LNG储罐和半地下LNG储罐与站外建(构)筑物的距离,分别不应低于本表地上LNG储罐的安全距离的50%、70%和80%,且最小不应小于6m。
(4)一、二级耐火等级民用建筑物面向加气站一侧的墙为无门窗洞口实体墙时,站内LNG设备与该民用建筑物的距离,不应低于本表规定的安全间距的70%。
(5)LNG储罐、放散管管口、加气机、LNG卸车点与站外建筑面积不超过200m²的独立民用建筑物的距离,不应低于本表的三类保护物的安全间距的80%。

2.总平面布置

(1)LNG加气站的围墙设置应符合下列规定:

站内工艺设施与站外建筑物、构筑物之间的相邻一侧应设置高度不低于2.2m的非燃烧实体围墙;面向进、出口道路的一侧宜设置非实体围墙,或开敞。

LNG加气站的车辆入口和出口应分开设置。

(2)站区内停车场和道路应符合下列规定:

单车道宽度不应小于3.5m,双车道宽度不应小于6m。

站内的道路转弯半径按行驶车型确定,且不宜小于12m;道路坡度不应大于6%,且宜坡向站外;在汽车槽车卸车停车位处,宜按平坡设计。

站内停车场和道路路面不应采用沥青路面。

(3)LNG储罐的布置应符合下列规定:

LNG储罐之间的净距不应小于相邻较大罐的1/2直径,且不应小于2m。LNG储罐四周应设置防护堤,防护堤内的有效容量不应小于最大LNG储罐的容量。防护堤内地面应比周边地面低,且不小于0.2m。防护堤应比周边地面高,且不小于0.8m。防护堤内堤脚线至LNG储罐外壁净距:卧罐不应小于1.5m,立罐不应小于3m。

防护堤内不应设置其他可燃液体储罐;防护堤内应配有集液池。非明火气化器和低温泵可设置在防护堤内。

加气站内设施之间的防火间距,不应小于表4-6的规定。某LNG加气站平面布置总图如图4-26所示,某L-CNG加气站平面布置总图如图4-27所示。

表4-6 站内设施之间的防火间距(m)

设施名称	汽油罐、柴油罐	油罐通气管管口	LNG储罐一级站	LNG储罐二级站	LNG储罐三级站	CNG储气设施	天然气放散管管口 CNG系统	天然气放散管管口 LNG系统	油品卸车点	LNG卸车点	天然气压缩机(间)	天然气调压器(间)	天然气脱硫、脱水装置	加油机	CNG加气机	CNG/LNG加气机	LNG潜液泵池	LNG柱塞泵	LNG高压气化器	站房	消防泵房和消防水池取水口	有燃气(油)设备的房间	站区围墙
汽油罐、柴油罐	*	*	15	12	10	*	*	6	*	6	*	*	*	*	*	4	6	6	5	*	*	*	*
油罐通气管管口	*	*	12	10	8	8	5	6	12	8	*	*	*	*	*	8	8	8	5	10	20	15	*
LNG储罐 一级站	15	12		2	2	6	4	—	*	5	6	6	6	8	8	8	—	2	6	10	20	15	6
LNG储罐 二级站	12	10	2			4	4	—	10	3	4	4	4	6	6	4	—	2	4	8	15	12	5
LNG储罐 三级站	10	8			2	4	4	—	8	*	4	4	4	4	4	2	—	2	3	6	15	12	4
CNG储气设施	*	8	6	4	4		*	3	*	5	*	*	*	6	4	6	6	6	3	*	*	*	*
天然气放散管管口 CNG系统	*	*	5	4	4	*		—	*	4	*	*	*	6	8	6	6	4	5	8	12	12	3
天然气放散管管口 LNG系统	6	6	—	—	—	3	—		6	3	3	3	4	6	8	—	4	—	—	*	*	*	*
油品卸车点	*	8	*	10	8	*	*	6		6	*	3	*	6	6	6	6	2	5	6	15	12	2
LNG卸车点	6	8	5	3	*	5	4	3	6		*	*	*	*	*	*	6	6	6	6	*	*	*
天然气压缩机(间)	*	*	6	4	4	*	*	3	*	*		*	*	6	*	2	6	6	5	6	15	8	*
天然气调压器(间)	*	*	6	4	4	*	*	3	3	*	*		*	6	*	2	6	6	5	6	15	8	*
天然气脱硫、脱水装置	*	*	6	4	4	*	*	4	*	*	*	*		6	*	4	6	6	5	8	15	8	*
加油机	4	4	8	6	4	6	6	6	6	*	6	6	6		*	2	*	*	5	6	15	8	2
CNG加气机	6	6	8	6	4	4	8	8	6	*	*	*	*	*		4	*	*	*	6	15	8	2
LNG加气机	6	6	8	4	2	6	6	—	6	*	2	2	4	2	4		4	2	2	6	15	8	2
LNG潜液泵池	5	5	—	—	—	6	6	4	6	6	6	6	6	*	*	6		*	*	6	15	8	*
LNG柱塞泵	6	6	2	2	2	6	4	—	2	6	6	6	6	2	2	4	*		*	6	15	8	*
LNG高压气化器	6	6	4	4	3	3	5	—	5	6	5	5	5	6	*	5	*	*		8	15	8	*
站房	10	10	6	4	6	6	8	4	6	6	6	6	8	6	6	6	6	6	8		*	*	*
消防泵房和消防水池取水口	20	20	15	15	15	12	12	12	15	15	15	15	15	15	15	15	15	15	15	*		*	*
有燃气(油)设备的房间	15	15	12	12	12	12	12	12	12	12	8	8	8	8	8	8	8	8	8	*	*		*
站区围墙	*	*	6	5	4	*	3	*	2	*	*	*	*	*	*	2	2	2	2	*	*	*	

注:(1)站房、有燃气(油)等明火设备的房间的起算点应为门窗等洞口。
(2)表中"—"表示无防火设备要求,"*"表示应符合《汽车加油加气站设计与施工规范》(GB 50156—2012)的规定。

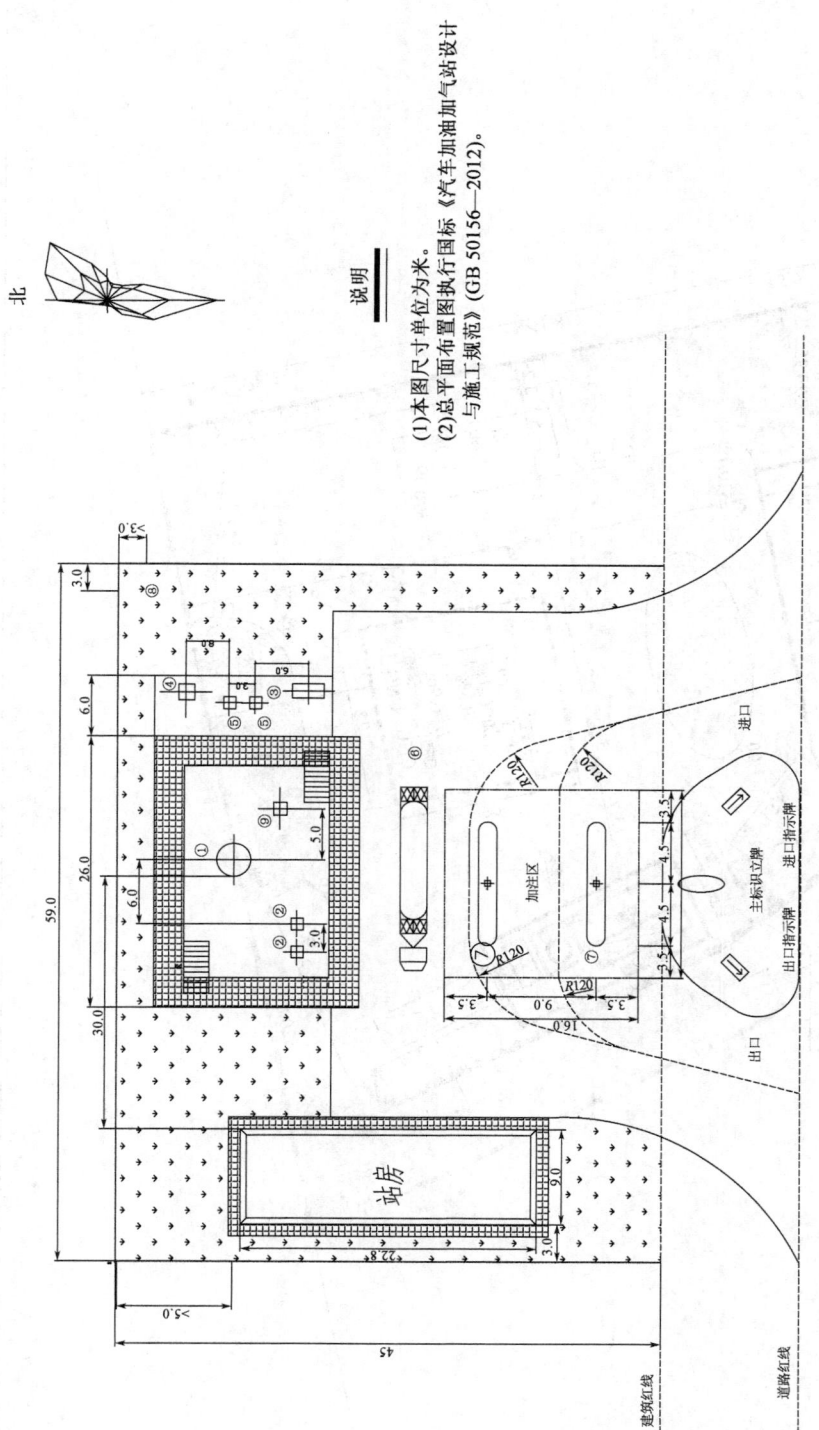

图4-26 某LNG加气站平面布置总图

1—储罐；2—潜液泵；3—卸车增压器；4—EAG加热器；5—空温式气化器；
6—卸车口；7—LNG加注机；8—放散口；9—储罐增压器

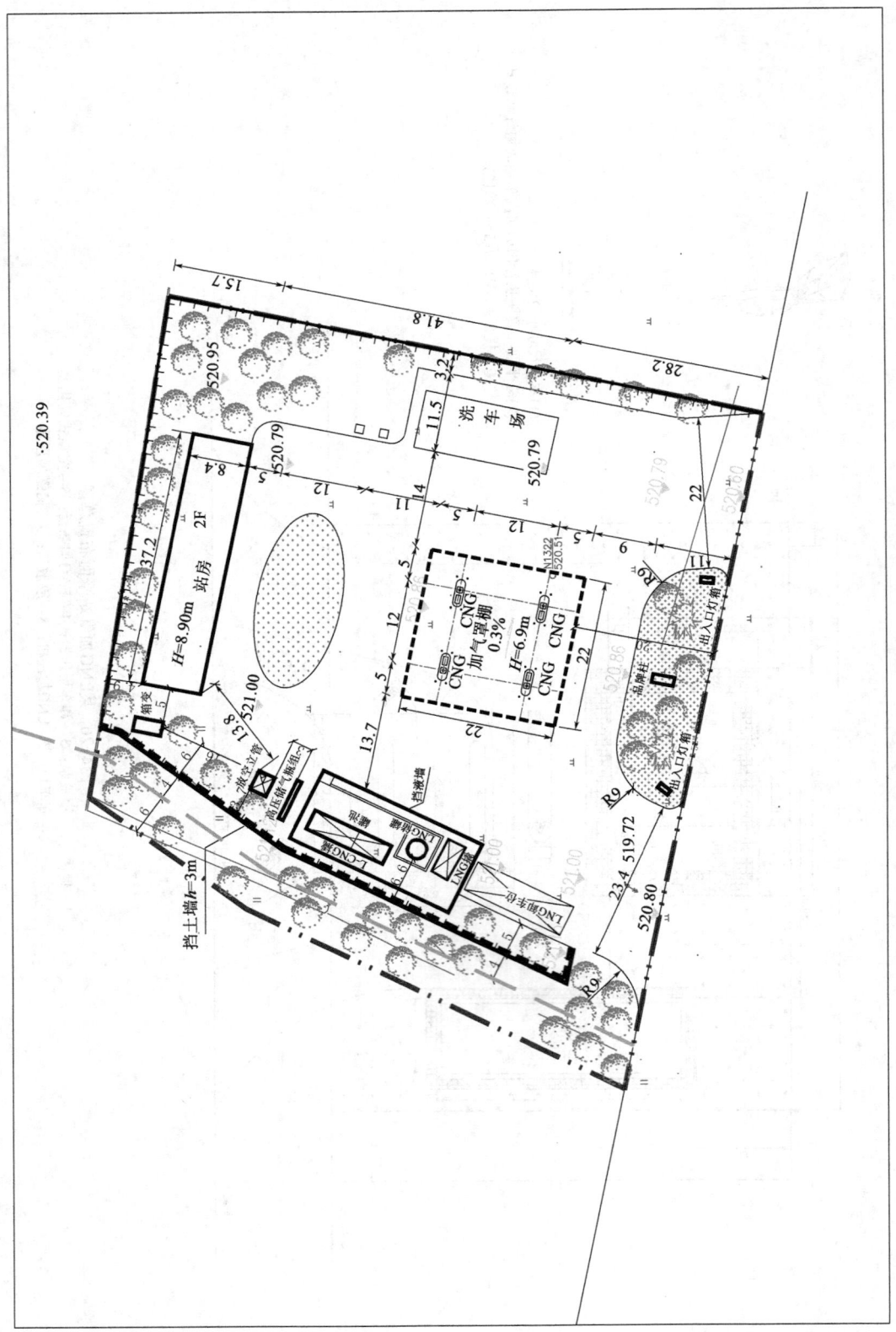

图4-27 某L-CNG加气站平面布置总图

四、LNG 加气站的设计计算

1. LNG 加气站供应流量

当设计条件确定了日供应规模时,按式(4-6)计算设计小时供应流量:

$$q'_h = K_h \frac{q'_d}{\tau} \tag{4-6}$$

式中　q'_h——LNG 站设计流量,m³/h;
　　　K_h——加注量小时高峰系数;
　　　q'_d——对 LNG 汽车的日供应规模,m³/d;
　　　τ——LNG 站每天工作小时数,h。

2. LNG 储罐设计容量

$$V = \frac{n K_{m,max} q_d \rho_g}{\rho_L \varphi_b} \tag{4-7}$$

式中　V——总储存容积,m³;
　　　n——储存天数,d;
　　　$K_{m,max}$——月高峰系数,取 1.1;
　　　q_d——日加注量,m³/d;
　　　ρ_g——天然气的气态密度,kg/m³;
　　　ρ_L——操作条件下的液化天然气密度,kg/m³;
　　　φ_b——储罐允许充装率,一般取 0.95。

3. LNG 管线计算

LNG 的流速和压力降推荐值见表 4-7。

表 4-7　流速和压力降推荐值

应用类型	最大流速,m/s	最大压力降,kPa/100m	备注
LNG 工艺管线	7.0	30	卸船管线的最大流速可为 10m/s
泵进口	0.4~1.5	4~7	
泵出口	2.0~4.5	30	

按照工艺过程的要求,可从表 4-7 中选定流速和允许的压力降,同时估计管道的长度(并附加管件的当量长度),再按下述方法初选管径。

(1)当选定流速时,可按式(4-8)计算管径:

$$d_i = 18.8 \sqrt{\frac{q_v}{v}} \tag{4-8}$$

式中　d_i——管内径,mm;
　　　q_v——在操作条件下流体的体积流量,m³/h;
　　　v——流体的流速,m/s。

当选定每100m管长的压力降时,可由式(4-9)计算管径:

$$d_i = 11.4\rho^{0.207}v^{0.033}q_v^{0.38}\Delta p^{-0.207} \qquad (4-9)$$

式中 ρ——流体密度,kg/m³;
v——流体运动黏度,mm²/s;
Δp——每100m管长允许压力降,kPa。

当管道走向、长度、阀门和管件的设置情况确定后,应计算管道的阻力,然后据此确定最终管径。

(2)LNG液相管径计算:

$$d = \sqrt{\frac{4q}{\pi v}} \qquad (4-10)$$

式中 d——管内径,m;
q——流量,m³/s;
v——平均经济流速,m/s。

一般情况下,泵前LNG的流速一般不超过1.2m/s,泵后LNG的流速一般不超过3m/s。

(3)LNG液相管壁厚计算。

为了避免LNG在输送中气化,一般均采用中高压输送。这就对管道的壁厚有了严格的要求,必须进行严格的计算以确定合适的壁厚。

管道壁厚是根据环向应力来决定的,在均匀内压力作用下,可按式(4-11)计算壁厚:

$$\delta = \frac{pD}{2[\sigma]} \qquad (4-11)$$

式中 δ——管道壁厚,mm;
p——管道的工作压力,MPa;
D——管道的外直径,mm;
$[\sigma]$——管材许用应力,MPa。

LNG输送直管段的许用应力应符合下列规定:

$$[\sigma] = K\varphi\sigma_s \qquad (4-12)$$

式中 K——设计参数,其值参见《输油管道工程设计规范》(GB 50253—2014);
σ_s——管材的最低屈服强度,MPa;
φ——焊缝系数,无缝钢管取1.0。

LNG管道的许用应力可根据《工业金属管道设计规范》(GB 50316—2008)。

在相同输送压力和管外径的情况下,9% Ni钢管道的厚度值要比殷钢和AISI 300系奥氏体不锈钢的一半还小,可以节省大量的钢材,节约成本,降低焊接难度。

9% Ni钢、殷钢和AISI 300系奥氏体不锈钢均可以用于输送LNG,在实际操作时应根据管材的价格、输送距离、输送工艺和施工技术水平等条件,从技术经济的角度选取管材。

思 考 题

1. 储罐增压器的工作原理是什么?
2. 简述 LNG 加气站工艺流程。
3. LNG 气化加热工艺一般有哪几种?分别介绍其工作原理。
4. BOG 产生的原因有哪些?
5. LNG 气化站的加热器有哪几类?分别用于哪种工艺流程?
6. LNG 储罐容积如何确定?
7. 为什么要在卸车前用储罐中的 LNG 对卸车管道进行预冷?

参 考 文 献

[1] 城镇燃气设计规范:GB 50028—2006.
[2] 汽车加油加气站设计与施工规范:GB 50156—2012.
[3] 建筑设计防火规范:GB 50016—2014.
[4] 液化天然气(LNG)生产、储存和装运:GB/T 20368—2012.
[5] 马国光,吴晓南,王春元.液化天然气技术.北京:石油工业出版社,2010.
[6] 黄坤,吴晓南,田欣,等.液化天然气供应技术.北京:石油工业出版社,2015.
[7] 严铭卿.燃气工程设计手册.北京:中国建筑工业出版社,2008.
[8] 顾安忠,鲁雪生,石玉美,等.液化天然气技术.北京:机械工业出版社,2003.
[9] 樊宝德,朱焕勤.加油加气站设计与技术管理.北京:中国石化出版社,2009.
[10]《城镇燃气系统设计》编委会.城镇燃气系统设计.北京:石油工业出版社,2016.
[11] 中国石油天然气集团公司职业技能鉴定指导中心.燃气输配站场运行工:上册.北京:石油工业出版社,2016.

第五章 液化石油气储配站

第一节 LPG 储配站工艺

一、LPG 储配站功能

液化石油气(简称 LPG)储配站是从气源厂接收液化石油气,储存在站内的固定储罐中,并通过各种形式转售各种用户。主要功能如下:

(1) 从气源厂或储罐站接收 LPG;
(2) 卸车,储罐储存;
(3) 灌钢瓶、槽车或其他储罐;
(4) 接收空瓶,发送实瓶;
(5) 倒残液(空瓶内的,实瓶有缺陷的);
(6) 残液处理;
(7) 外运(做汽车、工业原料);
(8) 锅炉房自用燃料。

液化石油气供应基地的规模应以城镇燃气专业规划为依据,按其供应用户类别、户数和用气量指标等因素确定。

1. 用气量指标

居民用户液化石油气用气量指标应根据当地居民用气量指标统计资料确定。当缺乏这方面资料时,可根据当地居民生活水平、生活习惯、气候条件、燃料价格等因素并参考类似城市居民用气量指标确定。

我国一些城市居民用户液化石油气实际用气量指标见表 5-1。

表 5-1 我国一些城市居民用户液化石油气实际用气量指标

城市名称	北京	天津	上海	沈阳	长春	桂林	青岛	南京	济南	杭州
每户用气量指标 kg/(户·月)	9.6~10.76	9.65~10.8	13~14	10.5~11	10.4~11.5	10.23~10.3	10.0	15~17	10.5	10.0
每人用气量指标 kg/(人·月)	2.4~2.69	2.4~2.69	3.25~3.5	2.6~2.75	2.6~3.25	2.55~3.07	2.50	3.75~4.25	2.6	2.50

根据表 5-1 并考虑生活水平逐渐提高的趋势,北方地区可取 15kg/(月·户),南方地区可取 20kg/(月·户)。

商业用户的用气量可根据当地商业用户现状和城市总体规划、城镇燃气专业规划指标确定。估算时,用气量可取居民用气量的20%~30%。

其他用户用气量可根据其他燃料的消耗量折算或参考同行业的用气量指标确定。

2. 设计规模

(1)液化石油气年供气量由各类用户年用气量叠加计算。

居民和商业用户年用气量:

$$q_a = 12m\varphi q_{hm}\left(1 + \frac{c}{100}\right) \times 10^{-3} \quad (5-1)$$

式中　q_a——居民和商业用户年用气量,t/a;

　　　m——居民用户户数,户;

　　　φ——居民用户气化率;

　　　q_{hm}——居民用户月用气量指标,kg/(月·户);

　　　c——商业用户用气量占居民用户用气量的百分比,%。

(2)液化石油气计算月平均日供气量由各类用户计算月平均日用气量叠加而得。

$$q_d = \frac{K_m m \varphi q_{hm}}{30}\left(1 + \frac{c}{100}\right) \times 10^{-3} \quad (5-2)$$

式中　q_d——居民和商业用户计算月平均日用气量,t/d;

　　　K_m——用气月高峰系数,可取1.2~1.3。

二、LPG储配站工艺流程

1. 管路系统

(1)液相管道:所有液相管道互相连通,形成统一的液相系统,相连的设备有火车、槽车、卸车、栈桥的液相干管,储罐的液相进出口管,泵、灌瓶车间,汽车、槽车装卸台。

(2)气相管道:任何一个设备的装、卸都要有气相管连到压缩机车间。通过两条气相干管,接向压缩机的吸、排气干管。所有气相管道既可作吸气管,又可作排气管。

(3)残液管道:残液的倒空以及装车外运。

2. LPG的装卸

1)利用泵装卸

卸车流程:如图5-1所示,打开阀门2和3,开启泵,LPG经液相管道到储罐中,气相管道只起平衡作用。

装车流程:打开阀门1和4,开启泵。

为了保证吸入泵的LPG都是液体,泵的入口压力一定要大于饱和蒸气压,否则LPG会气化。在安全允许的范围内,泵要尽量靠近槽车,减少压力损失。

2)利用压缩机装卸

卸车流程:如图5-2所示,打开阀门2和3,用压缩机抽出储罐中的气相液化石油气,压入拟倒空的槽车中去,从而使储罐中的压力降低,槽车中的压力升高,这样,槽车中的液态LPG

在压差(通常为0.2~0.3MPa的压差)作用下进入储罐中。

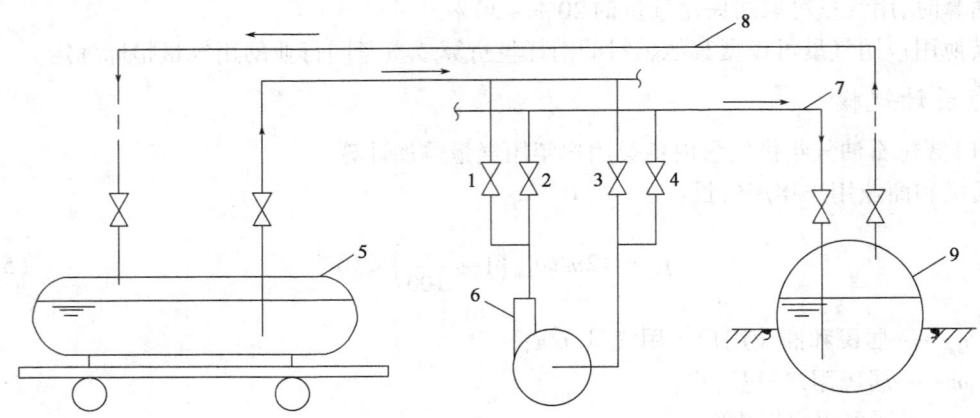

图 5-1 利用泵装卸的工艺流程
1,2,3,4—阀门;5—槽车;6—泵;7—液相管;8—气相管;9—储罐

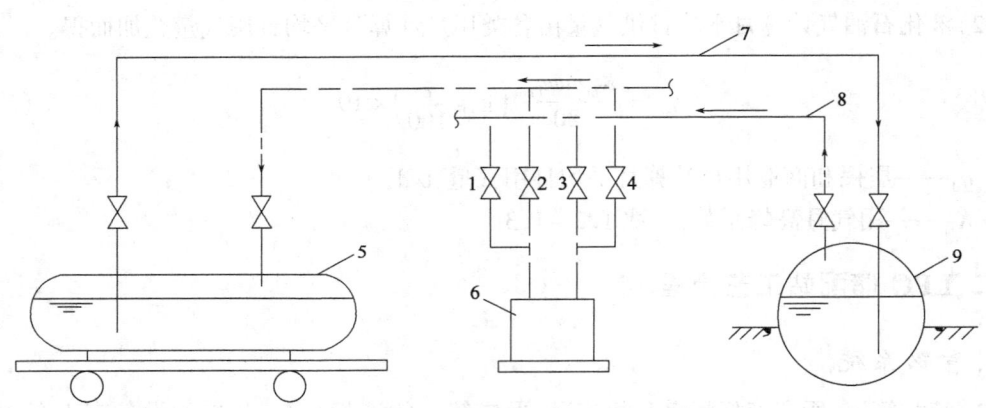

图 5-2 利用压缩机装卸的工艺流程
1,2,3,4—阀门;5—槽车;6—压缩机;7—液相管;8—气相管;9—储罐

装车流程:打开阀门 1 和 4,用压缩机抽出槽车里的气体,压入储罐里,储罐里的液态 LPG 在压差的作用下进入槽车。

3) 利用静压差装卸

利用地形高程差所产生的静压下进行装卸。罐车在高处,储罐在低处,连通罐车与储罐的气、液相管,在压差足够的情况下,罐车中的 LPG 经液相管流入储罐。为保证卸车,在罐车和储罐的温度差别不大时,二者的静压差不应小于 74~98kPa,即高度差不低于 15~20m。

$$\Delta H = \frac{p_{t1} - p_{t2}}{\rho_y} \times 10^4 + \sum \Delta P \tag{5-3}$$

式中 ΔH——自流装卸所需的静压差,m;

p_{t1}——储罐内温度为 t_1 时的 LPG 饱和蒸气压,10^5Pa;

p_{t2}——槽车内温度为 t_2 时的 LPG 饱和蒸气压,10^5Pa;

ρ_y——LPG 平均密度,kg/m³;

$\sum \Delta P$——液相管道阻力,m。

4)利用蒸发器装卸

利用蒸发器装卸的工艺流程如图5-3所示。

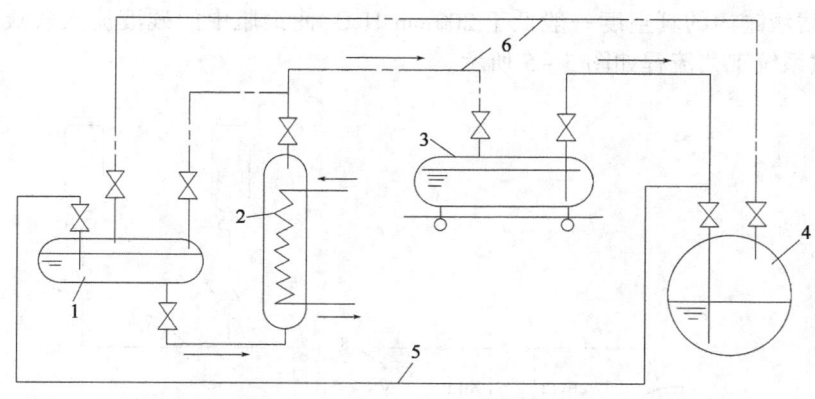

图5-3 利用蒸发器装卸的工艺流程
1—中间储罐;2—蒸发器;3—槽车;4—储罐;5—液相管;6—气相管

5)利用压缩气体装卸

用一种不溶于LPG的高压气体,送入要排空的槽车中,由于压力升高,使槽车中的液态LPG经液相管道进入灌装的储罐中。全部卸完后,必须放空其中的混合气体,或将混合气体送入城市管网。

这种方法的缺点是要损失相当数量的液化石油气,还要定期供应压缩气体。

对压缩气体的要求为不溶于LPG,同时不与LPG形成爆炸性混合气体。

3. 残液回收系统

残液为C_5以上组分和少量C_4组分。气瓶中残液的压力一般比残液罐中的压力小,所以残液的回收可以通过增大钢瓶的压力,也可以通过降低残液罐的压力来实现。

(1)正压法:提高钢瓶的压力,使残液流入残液罐,如图5-4所示。

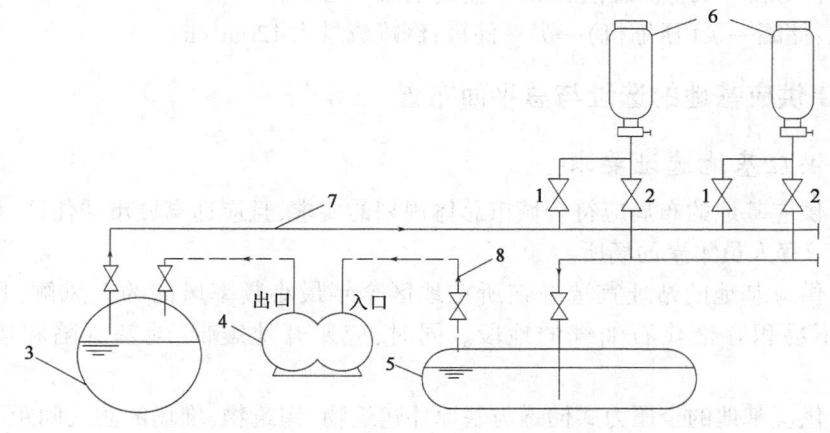

图5-4 正压法残液倒空回收系统工艺流程
1,2—阀门;3—储罐;4—压缩机;5—残液罐;6—钢瓶;7—液相管;8—气相管

正压法流程为:打开阀门1,气相进入钢瓶。关1,开2,翻转钢瓶,残液流入残液罐。压缩机抽出残液罐上部空间的气体储罐。

(2)负压法:使残液罐处于负压,直接倒残液。用压缩机抽出残液罐上部空间的气体,以降低压力,使残液罐内的真空度一般低于200mm H_2O,使钢瓶中的残液流入残液罐。负压法残液倒空回收系统工艺流程如图5-5所示。

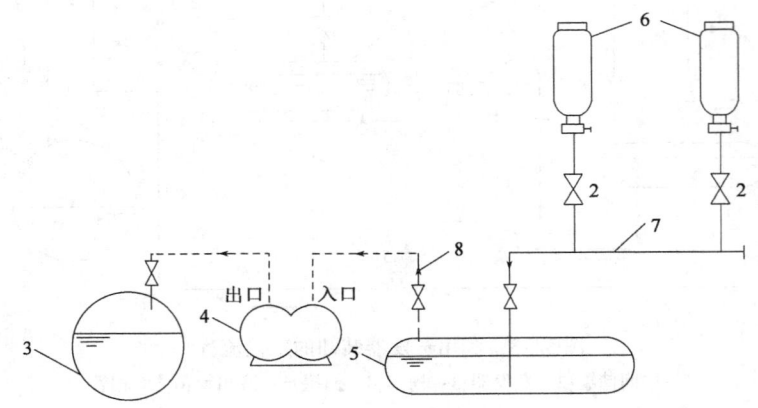

图5-5 负压法残液倒空回收系统工艺流程
1,2—阀门;3—储罐;4—压缩机;5—残液罐;6—钢瓶;7—液相管;8—气相管

4. 某LPG储配站工艺流程

某LPG储配站工艺流程如图5-6所示,主要工艺流程包括卸LPG、装LPG和倒罐。

(1)卸LPG:火车槽车→压缩机→储罐;卸车流量为120m^3/h×2。火车槽车到达栈桥定位后,装卸鹤管的液相、气相分别与火车槽车的液相、气相接口连接好,启动压缩机向火车槽车气相增压,二者压差达到0.4~0.6MPa时,启动卸车泵,将液体LPG直接由液相管输送至库区球罐。

(2)发LPG:储罐→发车泵→流量计→汽车槽车;发车泵流量40m^3/h,1台泵对应1个汽车槽车车位。汽车槽车到装卸棚定位后,装卸鹤管的液相、气相分别与汽车槽车的液相、气相接口连接好,启动装车泵将储罐液态LPG输送至汽车槽车。

(3)倒罐:储罐→泵(压缩机)→另一储罐;倒罐流量为120m^3/h。

三、LPG供应基地的选址与总平面布置

1. LPG供应基地选址要求

(1)LPG供应基地的布局应符合城市总体规划的要求,且应远离城市居住区、村镇、学校、影剧院、体育馆等人员集聚的场所。

(2)LPG供应基地的站址宜选择在所在地区全年最小频率风向的上风侧,且应是地势平坦、开阔、不易积存液化石油气的地段。同时,应避开地震带、地基沉陷和废弃矿井等地段。

(3)LPG供应基地的全压力式储罐与基地外建筑物、构筑物、堆场的防火间距不应小于表5-2的规定。

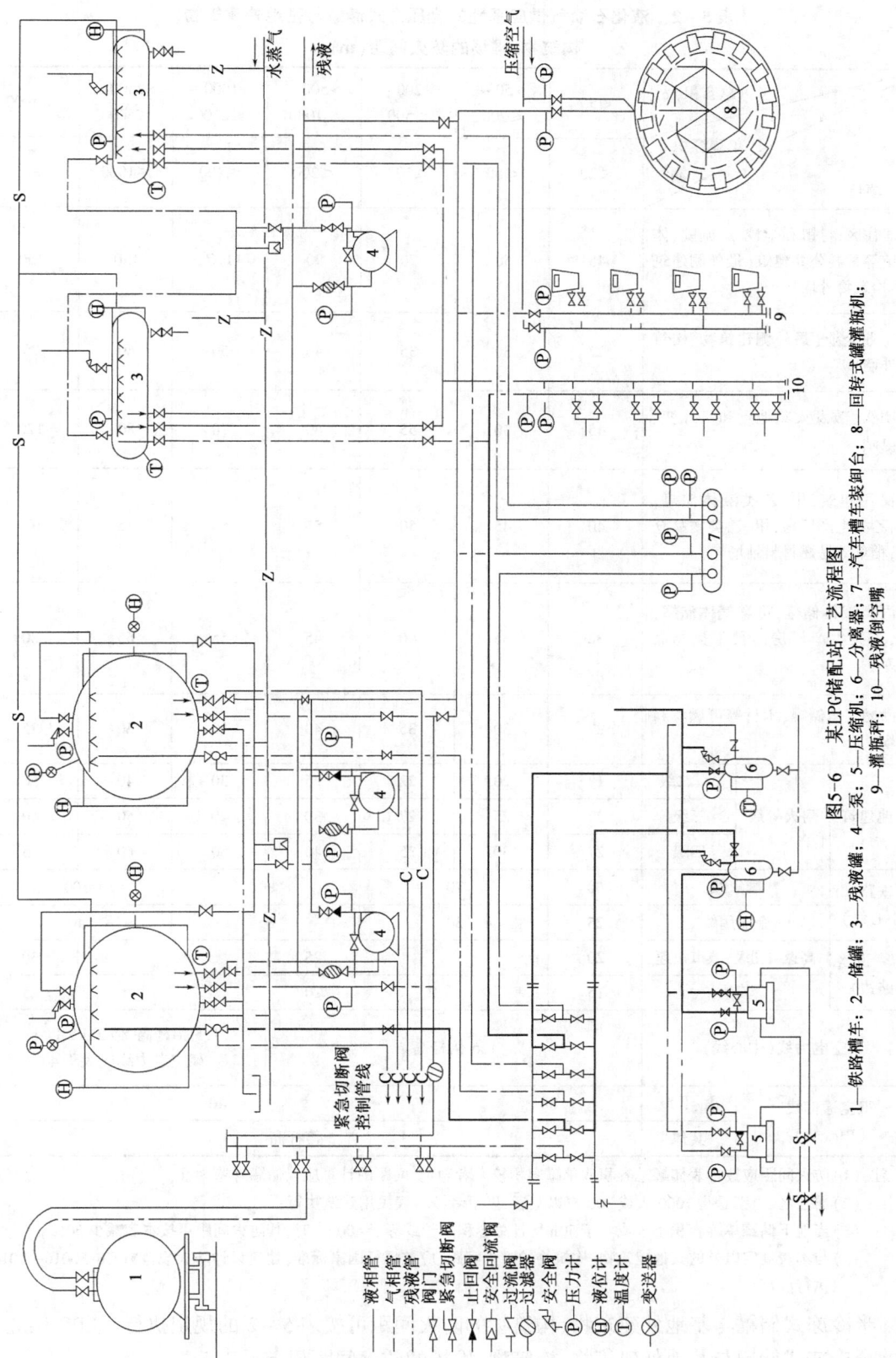

图5-6 某LPG储配站工艺流程图

1—铁路槽车；2—储罐；3—残液罐；4—泵；5—压缩机；6—分离器；7—汽车槽车装卸台；8—回转式罐灌瓶机；9—灌瓶秤；10—残液倒空嘴

表5-2 液化石油气供应基地的全压力式储罐与基地外建筑物、
构筑物、堆场的防火间距(m)

项目	总容积,m³ 单罐容积 m³	≤50 ≤20	>50~ ≤200 ≤50	>200~ ≤500 ≤100	>500~ ≤1000 ≤200	>1000~ ≤2500 ≤400	>2500~ ≤5000 ≤1000	>5000 —
居住区、村镇和学校、影剧院、体育馆等重要公共建筑(最外侧建筑物、构筑物外墙)		45	50	70	90	110	130	150
工业企业(最外侧建筑物、构筑物外墙)		27	30	35	40	50	60	75
明火、散发火花地点和室外变、配电站		45	50	55	60	70	80	120
民用建筑,甲、乙类液体储罐,甲、乙类生产厂房,甲、乙类物品仓库,稻草等易燃材料堆场		40	45	50	55	65	75	100
丙类液体储罐,可燃气体储罐,丙、丁类生产厂房,丙、丁类物品仓库		32	35	40	45	55	65	80
助燃气体储罐、木材等可燃材料堆场		27	30	35	40	50	60	75
其他建筑	耐火等级 一、二级	18	20	22	25	30	40	50
	三级	22	25	27	30	40	50	60
	四级	27	30	35	40	50	60	75
铁路(中心线)	国家线	60	70	70	80	80	100	100
	企业用线	25	30	30	35	35	40	40
公路、道路(路边)	高速,Ⅰ、Ⅱ级、城市快速	20	25	25	25	25	30	30
	其他	15	20	20	20	20	25	25
架空电力线(中心线)		1.5倍杆高				1.5倍杆高,但35kV以上架空电力线应大于40		
架空通信线(中心线)	Ⅰ、Ⅱ级	30	30	30	40	40	40	40
	其他	1.5倍杆高						

注:(1)防火间距应按本表储罐总容积或单罐容积较大者确定,间距的计算应以储罐外壁为准;
(2)居住区、村镇是指1000人或300户以上者,以下者按本表民用建筑执行;
(3)当地下储罐单罐容积小于或等于50m³,且总容积小于或等于400m³时,其防火间距可按本表减少50%;
(4)与本表规定以外的其他建筑物、构筑物的防火间距,应按现行国家标准《建筑设计防火规范》(GB 50016—2014)执行。

半冷冻式储罐与基地外建筑物、构筑物的防火间距可按表5-2的规定执行。LPG供应基地的全冷冻式储罐与基地外建筑物、构筑物、堆场的防火间距规定见表5-3。

表5-3 LPG供应基地的全冷冻式储罐与基地外建筑物、构筑物、堆场的防火间距

项目			间距,m
明火、散发火花地点和室外变配电站			120
居住区、村镇和学校、影剧院、体育场等重要公共建筑(最外侧建筑物、构筑物外墙)			150
工业企业(最外侧建筑物、构筑物外墙)			75
甲、乙类液体储罐,甲、乙类生产厂房,甲、乙类物品仓库,稻草等易燃材料堆场			100
丙类液体储罐、可燃气体储罐、丙、丁类生产厂房、丙、丁类物品仓库			80
助燃气体储罐、可燃材料堆场			75
民用建筑			100
其他建筑	耐火等级	一级、二级	50
		三级	60
		四级	75
铁路(中心线)		国家线	100
		企业专用线	40
公路、道路		高速,Ⅰ、Ⅱ级,城市快速	30
路边		其他	25
架空电力线(中心线)			1.5倍杆高,但35kV以上架空电力线应大于40
架空通信线		Ⅰ、Ⅱ级	40
中心线		其他	1.5倍杆高

注:(1)本表所指的储罐为单罐容积大于5000m³,且设有防液堤的全冷冻式液化石油气储罐。
(2)居住区、村镇是指1000人或300户以上者,以下者按本表民用建筑执行。
(3)与本表规定以外的其他建筑、构筑物的防火间距,应按现行国家标准《建筑设计防火规范》(GB 50016—2014)执行。
(4)间距的计算应以储罐外壁为准。

2. LPG供应基地总平面布置

(1)LPG供应基地的储罐与基地内建筑物、构筑物的防火间距应符合下列规定:
①全压力式储罐的防火间距不应小于表5-4的规定;
②半冷冻式储罐的防火间距可按表5-4的规定执行;
③全冷冻式储罐与基地内道路和围墙的防火间距可按表5-4的规定执行。

表5-4 LPG供应基地的全压力式储罐与基地内建筑物、构筑物的防火间距(m)

项目	总容积,m³	≤50	>50~≤200	>200~≤500	>500~≤1000	>1000~≤2500	>2500~≤5000	>5000
	单罐容积,m³	≤20	≤50	≤100	≤200	≤400	≤1000	—
明火、散发火花地点		45	50	55	60	70	80	120
办公室、生活建筑		25	30	35	40	50	60	75
灌瓶间、瓶库、压缩机室、仪表间、值班室		18	20	22	25	30	35	40

续表

项目 \ 总容积,m³ / 单罐容积,m³	≤50 / ≤20	>50~≤200 / ≤50	>200~≤500 / ≤100	>500~≤1000 / ≤200	>1000~≤2500 / ≤400	>2500~≤5000 / ≤1000	>5000 / —
汽车槽车库、汽车槽车装卸柱（装卸口）、汽车衡及其计量室、门卫	18	20	22	25	30	35	40
铁路槽车装卸线（中心线）	—	—	—	20	20	20	30
空压机室、变配电室、柴油发电机房、新瓶库、真空泵房、库房	18	20	22	25	30	35	40
汽车库、机修间	25	30	35	35	40	40	50
消防泵房、消防水池(罐)取水口	40	40	40	40	50	50	60
站内道路(路边) 主要	10	10	15	15	15	15	20
站内道路(路边) 次要	5	5	10	10	10	10	15
围墙	15	15	20	20	20	20	25

注：(1)防火间距应按本表总容积或单罐容积较大者确定，间距的计算应以储罐外壁为准；
(2)地下储罐单罐容积小于或等于 50m³，且总容积小于或等于 400m³ 时，其防火间距可按本表减少 50%；
(3)与本表规定以外的其他建筑物、构筑物的防火间距应按现行国家标准《建筑设计防火规范》(GB 50016—2014)执行。

(2) 全冷冻式 LPG 储罐与全压力式 LPG 储罐不得设置在同一罐区内，两类储罐之间的防火间距不应小于相邻较大储罐的直径，且不应小于 35m。

(3) LPG 供应基地总平面必须分区布置，即分为生产区（包括储罐区和灌装区）和辅助区。生产区宜布置在站区全年最小频率风向的上风侧或上侧风侧，灌瓶间的气瓶装卸平台前应有较宽敞的汽车回车场地。

(4) LPG 供应基地的生产区应设置高度不低于 2m 的不燃烧体实体围墙。辅助区可设置不燃烧体非实体围墙。

(5) LPG 供应基地的生产区应设置环形消防车道。消防车道宽度不应小于 4m。当储罐总容积小于 500m³ 时，可设置尽头式消防车道和面积不应小于 12m×12m 的回车场。

(6) LPG 供应基地的生产区和辅助区至少应各设置 1 个对外出入口。当 LPG 储罐总容积超过 1000m³ 时，生产区应设置 2 个对外出入口，其间距不应小于 50m。对外出入口宽度不应小于 4m。

(7) LPG 供应基地的生产区内严禁设置地下和半地下建筑物、构筑物（寒冷地区的地下式消火栓和储罐区的排水管、沟除外）。生产区内的地下管（缆）沟必须填满干砂。

(8) 基地内铁路引入线和铁路槽车装卸线的设计应符合现行国家标准《工业企业标准轨距铁路设计规范》(GBJ 12—1987) 的有关规定。

(9) 供应基地内的铁路槽车装卸线应设计成直线，其终点距铁路槽车端部不应小于 20m，并应设置具有明显标志的车挡。

(10) 铁路槽车装卸栈桥应采用不燃烧材料建造，其长度可取铁路槽车装卸车位数与车身长度的乘积，宽度不宜小于 1.2m，两端应设置宽度不小于 0.8m 的斜梯。

(11)铁路槽车装卸栈桥上的 LPG 装卸鹤管应设置便于操作的机械吊装设施。

(12)全压力式 LPG 储罐不应少于 2 台,其储罐区的布置应符合下列要求:

①地上储罐之间的净距不应小于相邻较大罐的直径;

②数个储罐的总容积超过 $3000m^3$ 时,应分组布置,组与组之间相邻储罐的净距不应小于 20m;

③组内储罐宜采用单排布置;

④储罐组四周应设置高度为 1m 的不燃烧体实体防护墙;

⑤储罐与防护墙的净距:球形储罐不宜小于其半径,卧式储罐不宜小于其直径,操作侧不宜小于 3.0m;

⑥防护墙内储罐超过 4 台时,至少应设置 2 个过梯,且应分开布置。

(13)地下储罐宜设置在钢筋混凝土槽内,槽内应填充干砂。储罐罐顶与槽盖内壁净距不宜小于 0.4m;各储罐之间宜设置隔墙,储罐与隔墙和槽壁之间的净距不宜小于 0.9m。

(14)LPG 储罐与所属泵房的间距不应小于 15m。当泵房面向储罐一侧的外墙采用无门窗洞口的防火墙时,其间距可减少至 6m。LPG 泵露天设置在储罐区内时,泵与储罐之间的距离不限。

(15)LPG 泵的安装高度应保证不使其发生气蚀,并采取防止振动的措施。

(16)灌瓶间和瓶库与站外建筑物、构筑物之间的防火间距,应按现行国家标准《建筑设计防火规范》(GB 50016—2014)中甲类储存物品仓库的规定执行。

(17)灌瓶间和瓶库与站内建筑物、构筑物的防火间距不应小于表 5-5 的规定。

表 5-5 灌瓶间和瓶库与站内建筑物、构筑物的防火间距(m)

项目	总容积,m^3 ≤10	>10~≤30	>30
明火、散发火花地点	25	30	40
办公室、生活建筑	20	25	30
铁路槽车装卸线(中心线)	20	25	30
汽车槽车库、汽车槽车装卸柱(装卸口)、汽车衡及其计量室、门卫	15	18	20
压缩机室、仪表间、值班室	12	15	18
空压机室、变配电室、柴油发电机房	15	18	20
汽车库、机修间	25	30	40
新瓶库、真空泵房、备件库等非明火建筑	12	15	18
消防泵房、消防水池(罐)取水口	25	30	
站内道路(路边) 主要	10		
站内道路(路边) 次要	5		
围墙	10	15	

注:(1)总存瓶量应按实瓶存放个数和单瓶充装质量的乘积计算;

(2)瓶库与灌瓶间之间的距离不限;

(3)计算月平均日灌瓶量小于 700 瓶的灌瓶站,其压缩机室与灌瓶间可合建成一幢建筑物,但其间应采用无门、窗洞口的防火墙隔开;

(4)当计算月平均日灌瓶量小于 700 瓶时,汽车槽车装卸柱可附设在灌瓶间或压缩机室山墙的一侧,山墙应是无门、窗洞口的防火墙。

(18) LPG 压缩机室的布置宜符合下列要求：
①压缩机机组间的净距不宜小于 1.5m；
②机组操作侧与内墙的净距不宜小于 2.0m，其余各侧与内墙的净距不宜小于 1.2m；
③气相阀门组宜设置在与储罐、设备及管道连接方便和便于操作的地点。

(19) LPG 汽车槽车库与汽车槽车装卸台柱之间的距离不应小于 6m。当邻向装卸台柱一侧的汽车槽车库山墙采用无门、窗洞口的防火墙时，其间距不限。

(20) 使用 LPG 或残液做燃料的锅炉房，其附属储罐设计总容积不大于 $10m^3$ 时，可设置在独立的储罐室内，并应符合下列规定：
①储罐室与锅炉房之间的防火间距不应小于 12m，且面向锅炉房一侧的外墙应采用无门、窗洞口的防火墙。
②储罐室与站内其他建筑物、构筑物之间的防火间距不应小于 15m。
③储罐室内储罐之间及储罐与外墙的净距，均不应小于相邻较大罐的半径，且不应小于 1m。

某 LPG 储配站总平面布置图如图 5-7 所示。

第二节 LPG 储配站设备

一、储配站储罐设计容积

液化石油气储配站的储罐设计容量宜根据其规模、气源情况、运输方式和运距等因素确定。

灌装站的储罐设计容积宜取 1 周左右的计算月平均日供应量，其余为储配站的储罐设计容积。

储罐设计总容积小于 $3000m^3$ 时，可将储罐全部设置在储配站。

$$V = \frac{nKG}{\rho_y \varphi_b} \tag{5-4}$$

式中　V——总储存容积，m^3；
　　　n——补充储存天数，d；
　　　K——月高峰系数，$K = 1.2 \sim 1.4$；
　　　G——储罐最大允许年平均日用气量，kg/d；
　　　ρ_y——最高工作温度下的液化石油气密度，kg/m^3；
　　　φ_b——最高工作温度下储罐允许充装率，一般取 $\varphi_b = 90\%$；
　　　ρ——40℃时液化石油气的密度，该密度应按其组分计算确定，当组分不清时，按丙烷计算，组分变化时，按最不利组分计算。

液温为 40℃时，储罐最大允许体积充装率为 90%。液化石油气储罐在此规定值下运行，可保证罐内留有足够的剩余空间（气相空间），以防止过量灌装。

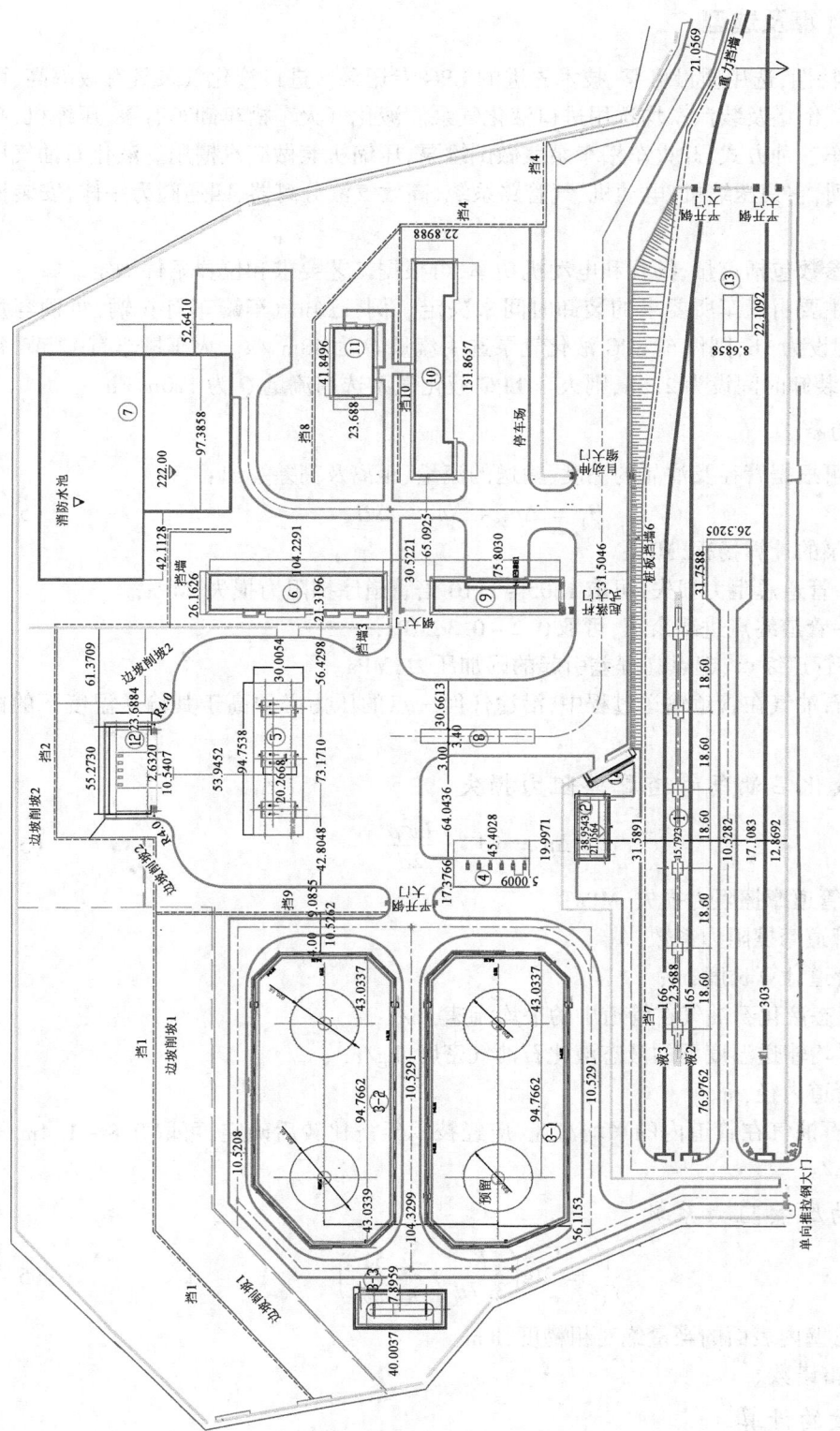

图 5-7 某 LPG 储配站总平面布置图

1—火车装卸栈桥；2—设备棚；3-1—储罐组1；3-2—储罐组2；3-3—排污罐；4—泵组；5—槽车装卸棚；6—消防泵房及变配电间；7—消防水池；8—电子汽车衡；9—营业自控室；10—综合楼；11—食堂；12—灌瓶站；13—铁路值班室；14—椅子

二、机泵计算及选型

考虑 LPG 特性,选用质量可靠、技术先进的 LPG 专用泵。进口液化气泵具有效率高、可靠的特点,卸火车、倒罐及装汽车均选用进口液化气泵。液化气火车槽车卸车有泵、压缩机、泵与压缩机联合卸车三种方式,卸火车槽车泵兼做倒罐泵,压缩机兼做卸汽槽用。液化石油气压缩机采用 ZW 系列,它集压缩机、电动机、气管路系统、高效气液分离器、四通阀为一体,安装操作简便,易维护。

泵的工作参数包括流量、扬程和电动机功率,可根据工艺要求和位置条件确定。

泵的流量主要由罐车所要求的装卸时间来决定。例:已知汽车罐车有 6 辆,每辆容量为 40m³,装卸时间设为 1h,则汽车 LPG 液化气泵选用流量 Q 为 40m³/h。火车槽车有 12 节,每节容量为 100m³,装卸时间设为 2.5h,则火车 LPG 液化气泵选用流量 Q 为 120m³/h。

1. 泵的扬程

泵的扬程可根据管径及油品的黏度、输送的流量、距离及高差算出:

$$H_{\mathrm{J}} = \Delta p_{\mathrm{Z}} + \Delta p_{\mathrm{Y}} + \Delta H \tag{5-5}$$

式中 H_{J}——泵的计算扬程,MPa;

Δp_{Z}——管道总阻力损失,可取 1.05~1.10 倍管道摩擦阻力损失,MPa;

Δp_{Y}——管道终点进罐余压,可取 0.2~0.3,MPa;

ΔH——管道终点、起点高程差引起的附加压力,MPa。

液态液化石油气在管道输送过程中,沿途任何一点的压力必须高于其输送温度下的饱和蒸汽压力。

2. 液态液化石油气管道摩擦阻力损失

$$\Delta p = 10^{-6} \lambda \frac{L v^2 \rho}{2d} \tag{5-6}$$

式中 Δp——管道摩擦阻力损失,MPa;

λ——管道摩擦阻力系数;

L——管道计算长度,m;

v——液态液化石油气在管道中的平均流速,m/s;

ρ——平均输送温度下的液态液化石油气密度,kg/m³;

d——管道内径,m。

液态液化石油气在管道内的平均流速,应经技术经济比较后确定,可取 0.8~1.4m/s,最大不应超过 3m/s。

3. 管道的摩擦阻力系数

$$\frac{1}{\sqrt{\lambda}} = 2\lg\left(\frac{K}{3.7d} + \frac{2.51}{Re\sqrt{\lambda}}\right) \tag{5-7}$$

式中 K——管壁内表面的当量绝对粗糙度,mm;

Re——雷诺数。

4. 雷诺数的计算

$$Re = \frac{dv}{\mu} = \frac{4Q}{\pi d \mu} \tag{5-8}$$

式中 d——管内径,m;
v——液态液化石油气在管道中的平均流速,m/s;
μ——液态液化石油气的运动黏度,m^2/s;
Q——油品在管道中的体积流量,m^3/s。

5. 离心泵电动机功率

$$N = K\frac{10^3 Q_s H\rho}{102\eta} \tag{5-9}$$

式中 N——电动机功率,kW;
K——电动机轴功率储备系数,一般取 1.10~1.15;
Q_s——泵的排量,即管道设计流量,m^3/s;
H——泵的扬程(液柱),m;
ρ——工作温度下液态液化石油气密度,t/m^3;
η——泵的效率。

三、压缩机计算及选型

利用液化石油气压缩机卸铁路(汽车)槽车,是目前国内液化石油气储配站最常用的方法。这种方法的原理是靠压缩机自罐抽吸气态液化石油气并压入槽车的气相空间,使槽车和罐之间形成卸车所需要的压差,将液态液化石油气卸入罐内。在卸车过程中整个系统处于复杂的物理—热力过程。液化石油气压缩机卸车公式如下:

$$Q_m = a(5-4y)Q_L^b\left(\frac{100}{T}\right)^c \tag{5-10}$$

其中 $T = t + 273.16$

式中 Q_m——液化石油气压缩机活塞排气量,m^3/h;
y——在计算温度下液化石油气气相中 C_2 和 C_3 体积分数组成;
Q_L——液态液化石油气卸车强度,m^3/h;
t——计算温度,选择6℃;
a、b、c——条件系数及幂指数,槽车几何容积为 $51.7m^3$ 时,a 取 11.03×10^3,b 取 1.19,c 取 10.20。

四、装卸流量及管径选择

LPG 储库设计中,管径都是通过经济流速来计算的,即首先根据油品性质选择相应的经济流速 v,然后按照业务要求的输送量 Q,求得管道内径,计算公式为

$$d = 1000\sqrt{\frac{4G_d}{\tau\pi\rho v \times 3600}} = 33.3\sqrt{\frac{G_d}{\tau\pi\rho v}} \tag{5-11}$$

式中 d——管道内径,mm;
G_d——质量流量,t/h;
ρ——液化石油气在平均输送温度(平均输送温度可取管道中心埋深处最冷月的平均地温)下的密度,t/m^3;

v——管道内液化石油气流速,m/s;

τ——管道工作小时数,h。

五、灌瓶车间和储瓶库的设计

1. 日灌瓶量确定

灌瓶车间和储瓶库的主要任务是接收空瓶,经检斤、倒残液后进行灌瓶,再经检漏、检斤合格后外送或送入储瓶库。以灌装15kg家用标准钢瓶为例,日灌瓶量计算公式为

$$N_d = \frac{K_m m q_{hm}}{30q} \quad (5-12)$$

式中 N_d——计算月平均日灌瓶量,瓶/d;

K_m——月用气高峰系数,可取1.2~1.3;

m——供气户数,户;

q_{hm}——居民用气量指标,kg/(月·户);

q——单瓶灌装质量,取15kg/瓶。

例:月用气高峰系数取1.2,供气户数为3万户,居民用气量指标为30kg/(月·户)。计算得 N_d = 2400 瓶/d。

2. 灌瓶秤台数确定

任何灌瓶工艺的灌瓶秤台数可根据计算月平均日灌瓶量、工作班数、每班工作小时数和实际选用秤的灌瓶能力计算确定,计算公式为

$$N_c = \frac{N_d}{s\tau n_p} \quad (5-13)$$

式中 N_c——所需灌瓶秤的台数,台;

N_d——计算月平均日灌瓶量,瓶/d;

s——每天工作班数,班/d;

τ——每班工作小时数,h/班;

n_p——单台秤的灌瓶能力,瓶/h。

例:计算月平均日灌瓶量为2400瓶/d,每天工作两班,每班8h,单台秤的灌瓶能力为75瓶/h。计算得 N_c =2 台。

3. 残液回收系统

残液回收系统的主要设备有残液倒空架、残液钢、残液泵及运送残液的汽车槽车。残液倒空架的数目计算式如下:

$$N_j = \frac{N_s t_s}{60TK} \quad (5-14)$$

式中 N_j——残液倒空架的数目,台;

N_s——倒空残液的钢瓶数,取日灌装量的一半;

t_s——倒空一个钢瓶所需的时间,一般15kg钢瓶倒空速度约3min;

T——工作小时数,取6h/班;

K——倒空架的工作班制,班/日。

六、安全阀的选用

为防止由于储罐附近发生火灾或其他操作错误而使储罐的压力突然提高,在储罐上必须设置安全阀,应符合下列要求:
(1)必须选用全启封闭弹簧式;
(2)储罐应设置2个安全阀;
(3)安全阀应装设放散管,其管径不小于放散阀的管径,放散管管口高出储罐操作平台2m以上,且高出地面5m以上;
(4)安全阀与储罐之间必须装设阀门。

安全阀的开启压力应取储罐最高工作压力的1.10~1.15倍,其阀口的总通过面积计算公式为

$$F = \frac{3.85CA^{0.85}}{rp\sqrt{\dfrac{M}{T}}} \qquad (5-15)$$

式中 F——阀口的总通过面积,cm^2;
C——储罐保温修正系数,C取0.15;
A——储罐的湿表面积,m^2;
r——储罐内液化石油气的气化潜热,kJ/kg;
p——安全阀开启的绝对压力,MPa;
M——液化石油气相对分子质量;
T——储罐内液化石油气对应于安全阀开启压力p的饱和温度,K。

根据 $F = \pi D h$,全启式安全阀 $h \geq \dfrac{1}{4}D$,则

$$F = 0.785 D^2$$
$$D = \sqrt{\dfrac{F}{0.785}} \qquad (5-16)$$

式中 D——阀口的通径,cm。

思 考 题

1. LPG装卸车有哪些方法?
2. 简述LPG储配站工艺流程。
3. LPG储配站主要设备有哪些?
4. 选择LPG专用泵,主要考虑哪些参数?
5. 采用LPG压缩机卸铁路(汽车)槽车的工作原理是什么?
6. 储罐安全阀设置要求有哪些?
7. 简述LPG供应基地总平面布置主要有哪些要求?

参 考 文 献

[1] 城镇燃气设计规范:GB 50028—2006.
[2] 建筑设计防火规范:GB 50016—2014.
[3] 储罐区防火堤设计规范:GB 50351—2014.
[4] 严铭卿.燃气工程设计手册.北京:中国建筑工业出版社,2008.
[5] 严铭卿,康乐明,等.天然气输配工程.北京:中国建筑工业出版社,2005.
[6] 郭光臣,董文兰.油库设计与管理.东营:中国石油大学出版社,2006.
[7] 严铭卿,等.燃气输配工程分析.北京:中国建筑工业出版社,2007.
[8] 煤气设计手册编写组.煤气设计手册.北京:中国建筑工业出版社,1983.
[9] 姜正侯.燃气工程技术手册.上海:同济大学出版社,1993.
[10]《城镇燃气系统设计》编委会.城镇燃气系统设计.北京:石油工业出版社,2016.
[11] 中国石油天然气集团公司职业技能鉴定指导中心.燃气输配站场运行工:上册.北京:石油工业出版社,2016.

附录

附录1 工程项目建设阶段

工程项目建设阶段是指工程项目从策划、评估、决策、设计、施工到竣工验收、投入生产或交付使用的整个建设过程中,各项工作必须遵循的工作次序。工程项目建设程序是工程建设过程客观规律的反映,是建设工程项目科学决策和顺利进行的重要保证。程序流程如附图1所示。工程项目建设阶段可以划分为以下7个阶段。

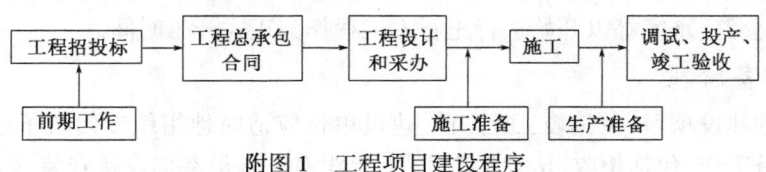

附图1 工程项目建设程序

1. 策划决策阶段

策划决策阶段,又称为建设前期工作阶段,主要包括编报项目建议书和可行性研究两项工作内容。

1) 编报项目建议书

对于政府投资工程项目,编报项目建议书是项目建设最初阶段的工作。

其主要作用是推荐建设项目,以便在一个确定的地区或部门内,以自然资源和市场预测为基础,选择建设项目。

项目建议书经批准后,可进行可行性研究工作,但并不表明项目非上不可,项目建议书不是项目的最终决策。

2) 可行性研究

可行性研究是在项目建议书被批准后,对项目在技术上和经济上是否可行所进行的科学分析和论证。

根据《国务院关于投资体制改革的决定》(国发[2004]20号),对于政府投资项目须审批项目建议书和可行性研究报告。

《国务院关于投资体制改革的决定》指出,对于企业不使用政府资金投资建设的项目,一律不再实行审批制,区别不同情况下实行核准制和登记备案制。

对于《政府核准的投资项目目录》以外的企业投资项目,实行备案制。

2. 勘察设计阶段

勘察设计阶段一般划分为两个阶段,即初步设计阶段和施工图设计阶段。对于大型复杂项目,可根据不同行业的特点和需要,在初步设计之后增加技术设计阶段。

初步设计是设计的第一步,如果初步设计提出的总概算超过可行性研究报告投资估算的10%以上或其他主要指标需要变动时,要重新报批可行性研究报告。

初步设计经主管部门审批后,建设项目被列入国家固定资产投资计划,方可进行下一步的施工图设计。

施工图一经审查批准,不得擅自进行修改,必须重新报请原审批部门,由原审批部门委托审查机构审查后再批准实施。

3. 建设准备阶段

建设准备阶段主要内容包括:组建项目法人、征地、拆迁、"三通一平"乃至"七通一平";组织材料、设备订货;办理建设工程质量监督手续;委托工程监理;准备必要的施工图纸;组织施工招投标,择优选定施工单位;办理施工许可证等。按规定做好施工准备,具备开工条件后,建设单位申请开工,进入施工安装阶段。

4. 施工阶段

建设工程具备了开工条件并取得施工许可证后方可开工。项目新开工时间,按设计文件中规定的任何一项永久性工程第一次正式破土开槽时间而定。不需开槽的以正式打桩作为开工时间。铁路、公路、水库等以开始进行土石方工程作为正式开工时间。

5. 生产准备阶段

对于生产性建设项目,在其竣工投产前,建设单位应适时地组织专门班子或机构,有计划地做好生产准备工作,包括招收、培训生产人员;组织有关人员参加设备安装、调试、工程验收;落实原材料供应;组建生产管理机构,健全生产规章制度等。生产准备阶段是由建设阶段转入经营的一项重要工作。

6. 竣工验收阶段

竣工验收是全面考核建设成果、检验设计和施工质量的重要步骤,也是建设项目转入生产和使用的标志。验收合格后,建设单位编制竣工决算,项目正式投入使用。

7. 考核评价阶段

建设项目后考核评价是工程项目竣工投产、生产运营一段时间后,在对项目的立项决策、设计施工、竣工投产、生产运营等全过程进行系统评价的一种技术活动,是固定资产管理的一项重要内容,也是固定资产投资管理的最后一个环节。

附录 2 设计阶段文件

1. 可行性研究阶段文件

可行性研究阶段所编写的可行性研究报告的内容应包括:
(1)项目提出的背景和依据;
(2)建设规模、产品方案、市场预测和确定的依据;
(3)技术工艺、主要设备、建设标准;

(4)资源、燃料、原材料、动力、运输、供水等协作配合条件；
(5)建设地点、布置方案、占地面积；
(6)项目构成、设计方案、配套工程；
(7)环保、节能、工业卫生、防火专篇；
(8)劳动定员和人员培训；
(9)建设工期和实施进度,投资估算和资金筹措方式；
(10)经济效益和社会效益。

下面以燃气输配工程为例,编写可行性研究报告的内容如下：

1　总论
　　1.1　城镇概况
　　1.2　燃气供应现状
　　1.3　气源条件
　　1.4　用气市场现状与前景
　　1.5　编制依据、原则和主要内容
　　1.6　遵循的主要规范和标准
　　1.7　工程概况
　　1.8　可研结论
2　气源与市场
　　2.1　气源概况
　　2.2　用气需求
3　输配系统供气设计参数
4　输配系统方案设计
　　4.1　用气负荷
　　4.2　输配系统规模和结构
　　4.3　系统流程及水力计算
　　4.4　管材选择及管道敷设
　　4.5　防腐
　　4.6　场站工程(站址及建站条件、工艺流程、设备选型)
5　自控系统
6　公用工程
　　6.1　供电工程
　　6.2　给水排水工程
　　6.3　消防
　　6.4　采暖通风
　　6.5　通信工程
　　6.6　总图
　　6.7　建筑结构
7　安全生产与劳动保护
8　环境保护
9　节能
10　组织机构
11　工程建设计划进度
12　投资估算与资金筹措
13　财务评价
14　结论与建议

2.初步设计阶段文件

初步设计阶段的文件包括：
(1)设计说明及图表:设计说明书、设备汇总表、材料汇总表、设计图纸等。
(2)专篇:环境保护、安全设施设计、消防、职业卫生、节能等。
(3)概算文件。
(4)同条款中要求的其他技术文件。

以燃气站场为例,初步设计阶段需要的文件如下:
(1)说明书。
①站场设置;
②站场的功能及规模:功能、建设规模、设计原则、自动化水平;
③站场工艺及工艺流程:工艺特点、工艺流程、安全保障措施、新工艺、新技术、新设备、新材料的采用情况;
④站场工艺设计(管径、壁厚、敷设方式);
⑤主要设备选型;
⑥防腐阴极保护;
⑦自动控制机仪表工程;
⑧通信工程;
⑨供配电工程;
⑩机械;
⑪公用工程等。
(2)图纸。
①总工艺流程图;
②站场工艺管道仪表流程图;
③主要管线及设备平竖面布置图。
(3)计算书。
①计算方法的选择原则;
②计算书的内容:列出计算公式、参数取值、计算过程、计算结果,软件版本、名称、选择的公式、输入参数、计算结果。
(4)概算。
概算编制说明、总概算表、单项工程综合概算表、单位工程概算表、其他费用概算表、附件。
(5)主要设备、材料技术规格书。
(6)设计专篇编制。
消防、环境、职业卫生、安全设施。

3. 施工图设计阶段文件

施工图设计包括说明书、图纸、设备表、材料表等文件,其内容包括:
(1)总平面布置;
(2)设备制造,建筑物、构筑物详图;
(3)工艺流程(PFD、P&ID)及设备安装详图;
(4)系统和公用设施详图;
(5)预算(设计单位可据建设单位委托,按有关协议承做预算)。

思 考 题

1. 工程项目建设程序有哪些?
2. 施工图设计包括哪些主要内容?
3. 简述工程项目建设程序。